BUNKER BELEBEN

jovis

BUNKER BELEBEN

Bundesanstalt für Immobilienaufgaben (Hg.)

INHALT

GRUSSWORT

Gemäß dem Gesetz über die Bundesanstalt für Immobilienaufgaben (BImAG) soll die Bundesanstalt für Immobilienaufgaben nicht betriebsnotwendige Liegenschaften des Bundesvermögens nach wirtschaftlichen Gesichtspunkten verwerten. Die Bundesanstalt für Immobilienaufgaben hat zurzeit noch 170 Hochbunker in ihrem Bestand – in diesem Fall ist die Kategorie „nicht betriebsnotwendig" natürlich ein Segen. Gleichzeitig sind aber die Nachnutzungsmöglichkeiten solcher Spezialliegenschaften nicht ohne weiteres offensichtlich.

Aus der Natur der Sache ergibt sich, dass diese Liegenschaften mehrheitlich innerstädtisch liegen, da sie an strategischen Punkten gebaut wurden, an denen möglichst viele Menschen schnell Schutz finden konnten.

Aus den in diesem Projekt ermittelten Gemeinsamkeiten und Unterschieden bei der Konstruktion und der Gestaltung von Bunkern ergeben sich Erkenntnisse für sinnvolle und umsetzbare Nachnutzungen.

Die vorliegende Publikation stellt die baulichen Besonderheiten ebenso dar wie den aktuellen Stand der städtebaulichen und architektonischen Lösungen für die bunkerspezifischen Herausforderungen. Die BImA möchte unter Berücksichtigung bereits umgebauter Beispiele Lösungsvorschläge für den noch verbliebenen Bestand anbieten. Im Rahmen des hier dokumentierten Wettbewerbs in Zusammenarbeit mit der Technischen Universität Dortmund sollten sich junge Talente im Rahmen von Forschung und Lehre an diesem Spezialthema ausprobieren.

Die Vermarktung der Bunkerliegenschaften der BImA, die seit mehr als 60 Jahren im Bundesbestand sind, ist durch die Fokussierung auf diese besondere Immobilie in den letzten Jahren erheblich beschleunigt worden. Ich möchte mich an dieser Stelle bei allen Projektbeteiligten für die engagierte Arbeit bedanken und wünsche den Lesern viel Kurzweil mit der vorliegenden Veröffentlichung.

Wir gehen davon aus, dass hier wertvolle Anregungen für die weitere Entwicklung angeboten werden.

Jörg Musial
Leiter Sparte Verkauf, Bundesanstalt für Immobilienaufgaben

A) 53129 Bonn, Quirinusplatz (as)
Bunker aus dem Bestand der BImA in Bonn,
Arbeitssitz von Jörg Musial

VORWORT

Der Forschungsbegriff ist in den klassischen Naturwissenschaften klar definiert, für die Architektur fehlt eine eindeutige Bestimmung. Neuerungen entstehen zwar beispielsweise in der Baustofftechnologie oder bei den technischen Ausbaugewerken, jedoch bei den zentralen Aufgaben der Baukunst wie der Raumbildung oder der Grundrissdisposition gibt es lediglich Veränderungen und Anpassungen aber keine Entwicklungsmöglichkeiten zu etwas Neuem, Unbekanntem.

Für die Architektur kann man nichts erfinden, in diesem Metier kann man nur entdecken: eine Suche nach dem Unbekannten oder eine Erforschung des Vergessenen. Dieses Abenteuer bieten Bunker.

Der Bundesanstalt für Immobilienaufgaben verdankt mein Lehrstuhl an der Technischen Universität Dortmund den Hinweis auf diese untergegangene Bautypologie, deren architektonisches Potenzial und die Ermöglichung der wissenschaftlichen Erforschung einer neuzeitlichen Nutzung. Im Rahmen eines gemeinsamen Projektes konnten wir die Bauwerke erfassen, untersuchen, bewerten und Vorschläge zu einem sinnvollen Umbau erarbeiten. Zusammen mit neugierigen Professoren anderer Universitäten konnten wir engagierte Studierende zur Teilnahme an einer experimentellen Entwurfsbearbeitung verschiedener Bunkerstandorte motivieren. Das hier dargestellte Resultat zeigt das nahezu unerschöpfliche baukünstlerische Reservoir in diesen Bauwerken. Trotz großer technischer Herausforderungen lassen sich außergewöhnliche Räume von hoher Qualität herausarbeiten, ohne den Charakter des historischen Bestandes zu negieren. Es ist zu hoffen, dass einige der vorgestellten Lösungen ihre Potenziale durch eine Realisierung verdeutlichen können.

Die Publikation zeigt auch, dass durch eine qualifizierte und intensive Forschung unter Einbeziehung verschiedener Akteure auch für scheinbar nicht umnutzbare Bauwerke sinnvolle Lösungen gefunden werden können.

Die beteiligten Studierenden konnten aus der Mitwirkung an dem Projekt viele Erkenntnisse für ihre Ausbildung und ihre spätere Beschäftigung mit vergleichbaren Aufgaben gewinnen. Insbesondere die Schwierigkeit einer engen Funktionsbestimmung bei Bauwerken für eine spätere Weiternutzung ist eine wichtige Erfahrung aus der Bearbeitung.

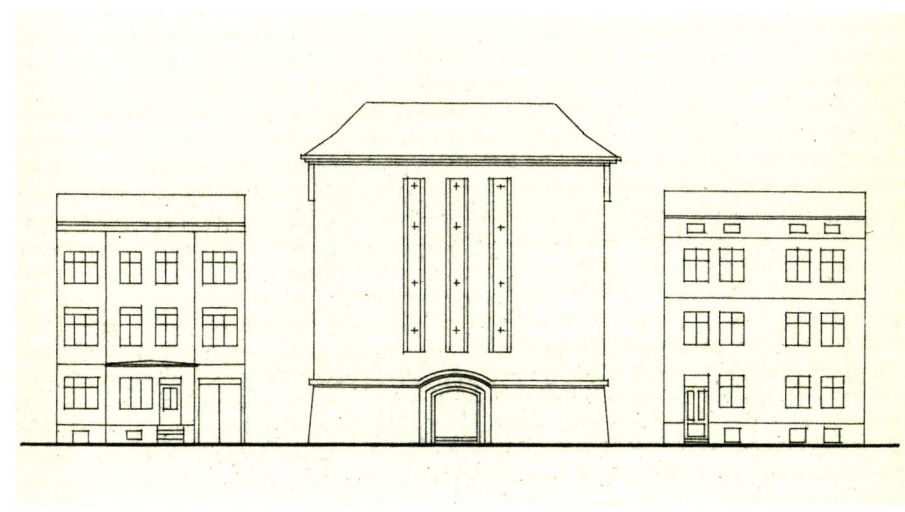

A) 23554 Lübeck, Warendorpstraße (BImA)
Ein Bunkerfavorit von Paul Kahlfeldt

Darüber hinaus hat die Beschäftigung mit dem Thema allen Beteiligten viele neue Erkenntnisse vermittelt und den Bunkeranlagen zu einer neuen Wertschätzung nicht nur aus historischer Betrachtung verholfen.

Dank gilt neben der Bundesanstalt für Immobilienaufgaben – hier insbesondere Herrn Michael Odenthal – den beteiligten Lehrstühlen und Studierenden und den vielen an dem Verfahren und der Publikation mitwirkenden Personen. Stellvertretend möchte ich Frau Doktor Anke Kuhrmann vom LWL-Denkmalpflege, Landschafts- und Baukultur in Westfalen, den Kollegen Uwe Schröder von der RWTH Aachen, Stefan Höglmaier von Euroboden und Susanne Rösler nebst Philipp Sperrle vom jovis Verlag nennen.

Viele Mitarbeiter der Technischen Universität Dortmund haben die komplizierten Bedingungen von Forschungsprojekten lösbar gemacht und so nehme ich diesen Hinweis auch zum Anlass für einen besonderen Dank an die Universität als Ganzes.

Ohne meine wissenschaftliche Mitarbeiterin Alexandra Schmitz wäre das Vorhaben nicht zustande gekommen. Als Projektleiterin hat sie sich die Bearbeitung zu ihrer Aufgabe gemacht und somit mehr als gefordert und erwartet geleistet. Unterstützt wurde sie von Anna-Lena Letsch, die als studentische Mitarbeiterin ein vorbildliches Engagement zeigte. Beiden gilt daher mein persönlicher Dank.

Univ.-Prof. Dr.-Ing. Paul Kahlfeldt

EINFÜHRUNG

Alexandra Schmitz

„Hochbunker gibt es hier nicht"

Fragt man in Innenstädten Passanten bei der Suche nach Hochbunkern nach dem genauen Standort, können die Älteren meistens genau beschreiben, wo der nächste Hochbunker steht. Im Bewusstsein der Jüngeren sind sie hingegen meist nicht vorhanden. „Einen Hochbunker gibt es hier nicht", habe ich bei meinen Recherchen häufig als Antwort erhalten, auch wenn sich der Bau teilweise sogar in Sichtweite befand. Getarnt durch Bemalung oder Berankung spielen Hochbunker als städtebauliches Element in unserer Wahrnehmung von Stadt fast keine Rolle mehr.

Das betrifft auch die Fachwelt. In der heutigen Architekturausbildung und Stadtplanung bilden Themen wie Nachhaltigkeit und Energieeinsparung, die Entwicklung neuer Wohnformen und der Einfluss der Demografie auf die Stadtplanung bedeutende Herausforderungen. Militärische Strategien spielen, bedingt durch die veränderten Bedrohungsszenarien, keine Rolle mehr im Städtebau der Bundesrepublik. Der heutigen Generation ist in der Mehrheit nicht mehr bewusst, dass Verteidigungsstrategien entwurfsbestimmende Parameter bei der Stadtentwicklung waren und Verteidigungsarchitektur eine klassische Bauaufgabe darstellte. Die noch existierenden Hochbunker geben Zeugnis davon.

Und es sind viele. Genaue Zahlen gibt es nicht. In ganz Nordrhein-Westfalen waren es allein im Besitz der Bundesanstalt für Immobilienaufgaben (BImA) bis 2005 noch ungefähr 175, bundesweit rund 400 Stück. Das macht die Hochbunker auch heute noch zu relevanten Bausteinen im Gefüge der Städte. Ihre Sonderstellung und der mögliche bevorstehende Verlust ihrer Art aufgrund von Abriss und Umnutzung in naher Zukunft bildete den Anlass, sich mit Hochbunkern intensiver zu beschäftigen.

Zusammen mit Studierenden der Technischen Universität Dortmund habe ich 2012 einen Hochbunker aus dem ehemaligen Bestand der BImA in der Wielandstraße in Hamburg untersucht. Die Studierenden sollten Strategien zur inhaltlichen und konstruktiven Umnutzung des Gebäudes entwickeln. Heute ist der betrachtete Bunker bereits zu großen Teilen zurückgebaut worden, an seiner Stelle sind Wohnungen entstanden.

Bei der Auseinandersetzung mit dem Thema wurde uns bewusst, wie unübersichtlich Hochbunker dokumentiert sind. Die einzelnen Bunker befinden sich im Besitz unterschiedlicher Eigentümer (Privatleute, Städte, Länder, BImA), die die Bauten zu unterschiedli-

A) 59071 Hamm, Vorheider Weg (as)
Häufiger Bunkerbegleiter

chen Zeiten erworben, zu verschiedenen Zwecken genutzt oder abgerissen haben. Zu einem großen Teil sind Planunterlagen bereits während des Krieges verlorengegangen. Wenn vorhanden, sind sie oft lückenhaft und entstammen unterschiedlichen Zeiträumen: der Entstehungszeit der Bunker 1940–45, der Nachkriegszeit in Form von Umnutzungs- oder Entfestigungsplänen der Alliierten oder der Zeit der Instandsetzung der Bunker von den 60er bis in die 90er Jahre, als sie während des Kalten Kriegs zu Zivilschutzzwecken wieder nutzbar gemacht werden sollten.

Natürlich gibt es eine Vielzahl umfassender Bücher zum Thema. Die *Bunkerarchäologie* von Paul Virilio ist vielleicht das bekannteste Buch über die Bunker des Atlantikwalls mit beeindruckenden Fotografien. Der Historiker Michael Foedrowitz hat in seinem Buch *Bunkerwelten* umfangreiche und detaillierte Informationen über Entstehung und Beschaffenheit von Hochbunkern mit den Schwerpunkten Hamburg und Norddeutschland zusammengetragen. 2012 hat das Denkmalamt in Frankfurt eine Übersicht der dort noch vorhandenen Hochbunker herausgegeben und 2013 erschien das Buch *Bunker – Expedition zum Nullpunkt der Moderne* von Christian Welzbacher mit einer Betrachtung der Bunker des Atlantikwalls – um nur einige zu nennen. In den Windungen des Internets findet sich darüber hinaus eine Vielzahl von Bunkerinteressierten und -engagierten, die meistens lokal oder regional umfangreiche Informationen zusammengetragen haben, und Fotos und Fakten veröffentlichen.

Die Quellen sind vielfältig im Hinblick auf Inhalt und Material, eine Übersicht kann sich der Bunkerinteressierte daher nur verschaffen, wenn er selbst aufwendig recherchiert und verschiedene Quellen sichtet. Die vorliegende Untersuchung soll hierbei helfen.

Sie sammelt noch vorhandene Hochbunker und ordnet sie in ihre Umgebung und zueinander ein, stellt bereits erfolgte und geplante Umnutzungen vor und gibt einen Überblick über den Status quo der Hochbunkerlandschaft der Bundesrepublik, mit dem Schwerpunkt auf Nordrhein-Westfalen. Sie lässt den Denkmalschutz Stellung nehmen und stellt Mittel und Methoden im Umgang mit Hochbunkern vor. Der Leser erhält so ein umfangreiches Werkzeug zur Betrachtung und Beurteilung eines möglichen Umgangs mit Hochbunkern.

Eine Gebäudetypologie sucht neue Aufgaben

Im Jahr 2007 hat die Bundesregierung die Zivilschutzbindung für die Schutzbauten der Bundesrepublik endgültig aufgehoben. Die BImA hat die Aufgabe, diese Bunker zu veräußern und bietet sie auf dem Immobilienmarkt an, was das Interesse an den Gebäuden deutlich ansteigen ließ und bereits zum Verkauf einer Reihe von Objekten geführt hat.

Bei der Umplanung von Bunkern gelten andere Fragestellungen und Lösungsansätze als bei konventionellen Bauaufgaben. Wie bereits erfolgte Umnutzungen zeigen, ist es möglich, neue Nutzungen sinnvoll zu integrieren. Waren Bunkerumbauten lange Jahre Projekte von Pionieren und Individualisten, ist aktuell als Reaktion auf vereinzelte, prominente Umbauten beinahe ein Trend zum Bunkerumbau zu verspüren. Zusätzlich haben der technische Fortschritt aufgrund erster Erfahrungswerte im bunkerspezifischen Betonbau und die Entwicklung der Bodenpreise in den Innenstädten Hochbunker als Immobilie auch wirtschaftlich attraktiver gemacht. In Städten mit hohen Bodenrichtwerten sind der Verkauf und der Umbau von Hochbunkern – bis hin zum Abriss – trotz hoher Investitionskosten aufgrund der Quadratmeterpreise ein profitables Geschäft. An anderen Orten stellen die dicken Außenwände der Bunker immer noch eine konstruktive und finanzielle Herausforderung dar.

Bei der vorliegenden Untersuchung haben wir uns die folgenden Fragen gestellt: Die standardisierte Bauweise der Bunker, ihre Ähnlichkeit in Material, Konstruktion und Entstehungszeit impliziert die mögliche Anwendung von allgemeingültigen Herangehensweisen für den baukonstruktiven Umgang mit ihnen. Gibt es Regeln für den Bunkerumbau?

Die Masse ist das größte Argument des Bunkers. Sie macht die baukonstruktiven Eingriffe aufwendig, gleichzeitig bildet sie den größten Wert, der heute nur unter unverhältnismäßigem Aufwand so hergestellt werden kann. Sie ist eine vorhandene Ressource, sichtbare graue Energie. Kann man sich die Masse des Bunkers zunutze machen?

B) 20359 Hamburg, Feldstraße 66 (as)
Flakbunker am Millerntor:
Ausblick vom Arbeitsplatz der Autorin

Die Geschichte der Bunker erfordert einen sensiblen Umgang mit ihnen, vereinzelt wurden Bunker bereits unter Denkmalschutz gestellt. Unter Denkmalpflegern und Architekten, aber auch unter Anwohnern und Zeitzeugen wird über die Zeugnisfähigkeit der Bunker gestritten. Sind Luftschutzbunker schützenswert?

Alles läuft auf die Frage hinaus: Können Bunker Architektur?

BUNKER BETRACHTEN

A b s c h r i f t
Land Commissioner's Office
Düsseldorf
B. A. O. R. (4)

Ref. NRW/3401/4/3   No. **0334**
                                               Date:
To: Datum **14. März 1950**
Oberfinanzpräsident
For the Office for the Administration of
Reich and State Property
Düsseldorf, Harkortstr. 2-4

Subject: Retention of Air Raid Bunkers/Shelters	Betrifft: Erhaltung von Luftschutzbunkern/Räumen
B.A.O.R. Serial-No. **15/10273**	

Kreis Identification No. **15/NEU/27**	Kreis Kenn-No. **15/NEU/27**
With reference to your letter No. **O.6335-VB-VII-5b** of the **16.1.50** enclosing proposals for the conversion of the undermentioned bunker/shelter; I am to inform you that your proposals are approved. Conversion must be completed within **8** months from the date of this letter.	Bezugnehmend auf Ihr Schreiben Nr. **O.6335-VB-VII-5b** vom **16.1.50** mit dem Sie Vorschläge für die Umwandlung des untengenannten Bunkers/Räumes unterbreiten, teile ich Ihnen mit, dass Ihre Vorschläge genehmigt sind. Die Umwandlung muss innerhalb von **8** Monaten vom Datum dieses Schreibens ab, abgeschlossen sein.

Summary: Zusammenfassung:	OFPräs. **Düsseldorf**	**VIII.** Finanzamt:	**Neuss Nr. A 2**
Map Reference: Kartengradnetz:	**F 263 900**	Type: Typ:	**Highbunker Hochbunker**
Regierungsbezirk:	**Düsseldorf**	Area: Gebiet:	**Neuss**

Location:
Ort: **Neuss, Kapitelstrasse**

Kind of future utilization: **Acdomodation for Refuges and Transit Traveller**

künftiger Verwendungszweck: **Unterkunft für Flüchtlinge und Durchreisende**

                        signed:
                        gez.   **F. Carttling**
                                       for Land Commissioner
                                       Land Nordrhein-Westfalen

                        Für die Richtigkeit der Abschrift:
                        Düsseldorf, den **22.3.1950**

                        Reg.Oberbauinspektor

HISTORIE

Anmerkungen zu Hintergründen, Entwicklungen und Auswirkungen der Bauaufgabe Hochbunker

Anke Kuhrmann

Überlebensorte – Leidensorte.
Zeitzeugen des Kriegsalltags

Die Ausdehnung des Luftkriegs auf zivile Ziele – die mit den Bombardierungen Warschaus, Rotterdams und Londons durch die deutsche Luftwaffe eingeleitet worden war, im Sommer 1940 in die eigene Heimat zurückkehrte und dort immer mehr Todesopfer forderte – ließ wirksame Schutzmaßnahmen für die Bevölkerung unabdingbar werden. Zu Beginn des Luftkriegs 1940 existierten lediglich zu Luftschutzzwecken ertüchtigte Keller sowie Luftschutzdeckungsgräben in den Grünanlagen der Städte. Diese Einrichtungen schützten jedoch lediglich vor Bombensplittern und Trümmern. Volltreffern, selbst Angriffen mit leichten Sprengbomben, hielten sie kaum stand. Aus diesem Grund ordnete Reichskanzler Adolf Hitler am 10. Oktober 1940 per „Führererlass" das sogenannte Luftschutz-Sofortprogramm an (offizieller Titel: „Anordnung des Führers zur sofortigen Durchführung baulicher Luftschutzmaßnahmen", auch „Führer-Sofortprogramm"). Ehrgeiziges Ziel des Programms war es, den „absoluten Volltrefferschutz für die gesamte Zivilbevölkerung"[1] in Städten mit mehr als 100.000 Einwohnern, in denen sich kriegswichtige industrielle und militärische Anlagen befanden, zu gewährleisten. 94 Städte, die diese Kriterien erfüllten, waren bereits 1934 als „Luftschutzorte I. Ordnung" festgelegt worden. Aus diesem Kreis wählte das Reichsluftfahrtministerium 1940 reichsweit 61 sogenannte Bunkerstädte aus, die im Zuge des „Luftschutz-Sofortprogramms" mit bomben-, trümmer- und splittersicheren Luftschutzbauten ausgestattet werden sollten.[2]

Bereits zur Laufzeit des ambitionierten Bauprogramms wurde klar, dass die hiermit zu schaffenden Bunkerplätze bei Weitem nicht ausreichend wären, um einem Großteil der Stadtbevölkerung sicheren Schutz zu bieten. So rechnete Georg Assmann vom Luftschutz-Bauamt in Bremen 1944 vor: „Nimmt man an, dass zunächst nur die Bewohner der besonders geförderten städtischen Siedlungen des gesamten Reichsgebiets Bunkerschutz erhalten sollten, so ergibt sich bei der Annahme einer Sollzahl von rund 50.000.000 Schutzsuchenden bei einem Baustoffaufwand von

1) Assmann, Georg: *Beitrag zur Entwicklung des Schutzraumbaues für die Zivilbevölkerung nach den bisherigen Luftkriegserfahrungen unter besonderer Berücksichtigung des Sicherheitsbegriffs.* Bremen 1944; zitiert nach: Foedrowitz, Michael: *Bunkerwelten. Luftschutzanlagen in Norddeutschland.* Berlin 1998, S. 9f.

2) Ebd., S. 13. Die „Luftschutzorte I. Ordnung" erhielten finanzielle Mittel zum Luftschutzbau. Die „Luftschutzorte II. und III. Ordnung" verfügten lediglich über Luftschutzkeller. Ab 1943 wurde in den „Luftschutzorten II. Ordnung" in den Bau von Luftschutzstollen investiert. (Foedrowitz 1998, S. 188)

◄
Bunker 41460 Neuss, Adolf-Flecken-Straße
Genehmigung Weiternutzung Luftschutzbunker
14.03.2015 (BlmA)

3) Assmann 1944; zitiert nach Foedrowitz 1998, S. 19

4) So bezeichnet der Historiker Wilfried Beer das „Luftschutz-Sofortprogramm" als „reine Illusion und Augenwischerei." (Beer, Wilfried: *Kriegsalltag an der Heimatfront. Alliierter Luftkrieg und deutsche Gegenmaßnahmen zur Abwehr und Schadensbegrenzung, dargestellt für den Raum Münster.* Bremen 1990, S. 112)

5) Foedrowitz, Michael: „Beten in Beton – Der Luftschutzbunkerbau in Deutschland 1940–1945", in: *monumentum.magazin,* 18.3.2014; http://momentum-magazin.de/de/beten-in-beton-der-luftschutzbunkerbau-in-deutschland-1940-1945/ (20.04.2015)

6) Die Weisungsbefugnis für Planung, Konstruktion und Ausbau sowie Unterhaltung lag beim Reichsluftfahrtminister Hermann Göring und die Oberaufsicht der Baudurchführung erfolgte durch den „Generalbevollmächtigten für die Regelung der Bauwirtschaft" (GB Bau) Fritz Todt. Dieser stellte die notwendigen Arbeitskräfte, Baumaterialien und Transportmittel. Nach Todts Tod im Februar 1942 übernahm Albert Speer diese Aufgabe. Speer war als „Generalbauinspektor für die Reichshauptstadt" bereits seit 1940 für den Luftschutzbau in Berlin verantwortlich gewesen. Foedrowitz 1998, S. 17

etwa vier Kubikmeter Beton je geschützter Person eine Gesamtleistung von 200.000.000 Kubikmeter Schutzbeton, was einem etwa 20-jährigen ununterbrochenen Einsatz der gesamten Bauwirtschaft des Reiches (…) entspräche."[3] Auch die jüngere Forschung konstatiert, dass die Intention des Programms nicht mit den zur Verfügung stehenden Arbeitskräften und Baumaterialien umzusetzen war und dass einige der schnell errichteten Bauten keinen wirklichen Volltrefferschutz boten.[4] Gleichwohl retteten die Bunker bei der Vielzahl von Luftangriffen unzählige Menschenleben. Schätzungen gehen davon aus, dass ohne die Bunker zwei bis drei Millionen Menschen mehr im Luftkrieg getötet oder schwer verletzt worden wären.[5]

Erinnerungsorte der Stadt(bau)geschichte

Die Hochbunker des Zweiten Weltkriegs sind sprechende Zeugen für die Bau- und Stadtgeschichte zahlreicher deutscher Großstädte in einer Zeit, in der das Bauwesen fast vollständig zum Erliegen gekommen war. Bereits im November 1939 hatte Hitler das „Verbot aller nichtkriegswichtigen Neubauten" erlassen. Offiziell durften nur Gebäude, die im Rohbau fertiggestellt waren, weitergebaut werden.

An der neuen Bauaufgabe Hochbunker verdeutlicht sich der Gestaltungswille der jeweiligen kommunalen Planungsbehörden. Denn ungeachtet der reichsweiten Veranlassung des Bunkerbaus durch das „Luftschutz-Sofortprogramm" vom 10. Oktober 1940 und dessen zentralisierter Lenkung und Finanzierung[6] hatten die städtischen Hochbauämter bzw. die dort speziell eingerichteten „Luftschutz-Bauämter" die vollständige Verantwortung für Konzeption, Detailplanung und Realisierung der Luftschutzbunker. Die breite gestalterische Variation der überkommenen Bunker belegt die weitgehende gestalterische Freiheit der kommunalen Planungsbehörden. Die einzige, sehr allgemein formulierte Forderung in Bezug auf die architektonische Gestaltung lautete, dass der „wehrhafte Charakter" der neuen Bauaufgabe zum Ausdruck kommen sollte. Ausschließlich in Bezug auf den baukonstruktiven Aufbau sowie den lüftungstechnischen Ausbau gab es Vorgaben des Reichsluftfahrtministeriums. Diese wurden in der *Anweisung zum Bau bombensicherer Luftschutzräume* zusammengefasst und Mitte November 1940 anlässlich einer vom Generalbevollmächtigten für die Regelung der Bauwirtschaft Fritz Todt veranlassten Fortbildungsveranstaltung mit technischem Lehrgang in Berlin 400 Bürgermeistern und hohen Kommunalbeamten vorgestellt.

Die überlieferten Hochbunker belegen die Anstrengungen der zuständigen Bauämter der sogenannten Bunkerstädte, ihrer Bevöl-

A) Der 1941–43 im Zuge der „I. Welle" noch vollständig mit Back- und Naturstein verblendete „Lazarettbunker" in Münster zitiert sowohl architektonisch als auch in seiner Gesamtanlage mit angedeutetem Wassergraben und Brücke die mittelalterliche und neuzeitliche Stadtbefestigung, deren Verlauf sich noch heute am Promenadenring und erhaltenen Baulichkeiten ablesen lässt. (Aufnahme: Angelika Brockmann-Peschel, LWL-Amt für Denkmalpflege, Landschafts- und Baukultur in Westfalen, 2015)

kerung Bauten zum Schutz vor den Luftangriffen zur Verfügung zu stellen. Sie veranschaulichen ferner das Bestreben, die „Anweisung" des Reichsluftfahrtministeriums einzuhalten und gleichzeitig entsprechend der örtlichen Bauentwicklung eine ansprechende architektonische Lösung zu finden, die sich in das Stadtbild einfügt. Denn trotz ihres grundsätzlich wehrhaften Charakters sind die Luftschutzbauten in der Regel auf ihr bauliches Umfeld abgestimmt und sowohl zu Tarnzwecken als auch aufgrund gestalterischer Überlegungen mit einer zivilen Optik versehen worden.

Je nach städtebaulichem Kontext erscheinen die Bunker als Teil der mittelalterlichen Stadtbefestigung, als Gehöft, Lagerhaus, Stadtpalais oder sogar Sakralbau. In der Regel sind die Hochbunker architektonische Sonderlösungen. Die Hochbunker einiger Städte, wie Berlin, Hannover oder Emden, veranschaulichen, dass die dortigen Bauämter für ihre Stadt standardisierte Bunkertypen entwickelten, in der Hoffnung, so den Bunkerbau durch Rationalisierung zu beschleunigen. Gebaute Belege für eine reichsweite Typisierung gibt es nicht, da die „Vorschrift für den Normbau größerer Bunker", die als eine verbindliche, standardisierte Planung im Dezember 1944 vom Reichsluftfahrtministerium vorgelegt worden war, aufgrund der Mangelwirtschaft und des baldigen Kriegsendes nicht mehr zur Ausführung kam.

Im Rückblick mag die gestalterische Bezugnahme der Bunkerarchitektur auf das über Jahrhunderte gewachsene bauliche Umfeld zynisch anmuten, lagen die historischen Städte doch schon bald in Schutt und Asche. Häufig sind die Hochbunker die ältesten in ihrer originären Bausubstanz gänzlich überlieferten Bauwerke einzelner Stadtviertel. Die umliegende Bebauung war zu einem hohen Prozentsatz im Krieg zerstört und dann enttrümmert, wiederaufgebaut oder durch Neubauten ersetzt worden.

7) The United States Strategic Bombing Survey, Bd. 2: Final Report C.D.D. No. 40 (Hg. David MacIsaac). New York/London 1976, S. 150; zitiert nach Foedrowitz 1998, S. 9

8) Die von dem Historiker Michael Foedrowitz berechnete Anzahl von 8000 Objekten bezieht sich auf die Hochbunker. Insgesamt geht er von 10.000 Tief- und Hochbunkern, Luftschutztürmen und Luftschutzstollen aus, die zwischen 1941 und 1944 im ehemaligen Reichsgebiet errichtet wurden. (Foedrowitz 1998, S. 13 und Foedrowitz „Beten in Beton", 2014)

9) Foedrowitz 1998, S. 13

10) Die Deckendicke musste bei bewehrtem Beton mindestens 1,40 Meter und die Wanddicke mindestens 1,10 Meter betragen.

11) Reichsminister der Luftfahrt und Oberbefehlshaber der Luftwaffe, Inspektion des Luftschutzes (Hg.): Bestimmungen für den Bau von Luftschutz-Bunkern. Berlin 1941 (siehe auch Kapitel Typologie)

„Probably the most tremendous constructional program in civilian or passive defense for all time"[7] – Zur architekturhistorischen Bedeutung der Bauaufgabe Hochbunker

Die als bombensicher errichteten Bunker stellen eine eigene Bauaufgabe dar, die sich erstmals im Verlauf des Zweiten Weltkriegs herausgebildet hat und mit kurzer Unterbrechung nach Kriegsende bis 1990 fortgeführt wurde. Die substanziell und technisch gut überlieferten Ergebnisse dieser ehemals rund 8000 Objekte[8] umfassenden Bauaufgabe sind unschätzbare Quellen für die wissenschaftliche Beschäftigung mit dem Luftschutzbau im Speziellen und den Fortifikationen des 20. Jahrhunderts im Allgemeinen.

Sie dokumentieren Konstruktion, Architektur, Technik, Ausführungsumstände und -weise, Funktionsweise und Nutzung dieser nur innerhalb eines engen Zeitraums von fünf Jahren geplanten, gestalteten, realisierten und genutzten Baugattung sowie der Ertüchtigung dieser Schutzbauten zu Atombunkern.

Das 1940 initiierte „Luftschutz-Sofortprogramm" der Nationalsozialisten wurde in zwei Abschnitten, der sogenannten I. und II. Welle, realisiert. Die „I. Welle" setzte unmittelbar nach dem „Führererlass" im November 1940 ein und endete im Herbst/Winter 1941. Die ersten Baumaßnahmen brachten reichsweit 839 Bunker mit 400.000 Schutzplätzen hervor.[9] Technisch wie konstruktiv basierten die Luftschutzbauten der „I. Welle" auf der im November 1940 vom Reichsluftfahrtministerium (Inspektion des Luftschutzes) herausgegebenen Anweisung für den Bau bombensicherer Luftschutzräume. Grundlage dieser Leitlinie waren die wissenschaftlichen Forschungen des Instituts für Luftschutz der Technischen Hochschule Braunschweig unter der Leitung von Professor Theodor Kirsten.

Die Bunker der „I. Welle" waren deutlich kleiner dimensioniert als die „II. Welle"-Bunker. Augenscheinliches und bei Volltreffern folgenschwerstes konstruktives Charakteristikum der Bunker der „I. Welle" sind die im Vergleich zu den späteren Hochbunkern dünneren Außenwände und Abschlussdecken.[10] Gestalterisch zeichnen sie sich durch eine aufwendigere Baukörperverkleidung und Detailgestaltung aus, die – der städtebaulichen Einbindung und Tarnung dienend – zugleich dem martialischen Charakter der Betonbauwerke entgegenwirken sollte. Die baukünstlerische Ausgestaltung wurde jedoch bereits wenige Monate nach Beginn des „Luftschutz-Sofortprogramms" auf die künftige Friedenszeit verschoben.

Im Sommer 1941 begann die „II. Welle" des Bunkerbaus. Ihr Leitfaden waren die Bestimmungen für den Bau von Luftschutz-Bunkern[11], die acht Hefte zu sämtlichen relevanten Themen enthiel-

C 8

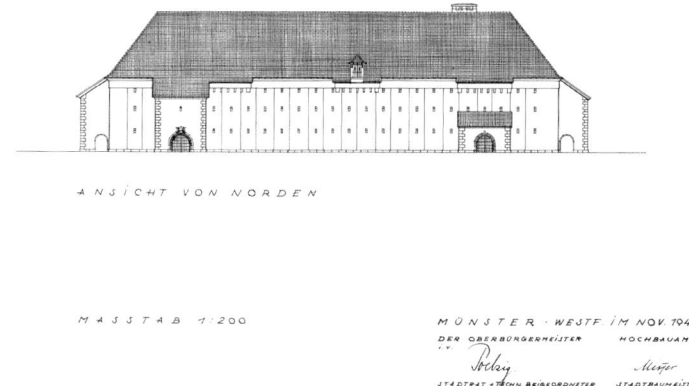

ANSICHT VON NORDEN

MASSTAB 1:200

MÜNSTER · WESTF. IM NOV. 1942
DER OBERBÜRGERMEISTER   HOCHBAUAMT I
Pöhling   *Meyer*
STADTRAT U.TECHN.BEIGEORDNETER   STADTBAUMEISTER

B) Der Schützenhofbunker in Münster ist aufgrund seiner Größe und als Sichtbetonbauwerk ohne weitere gestalterische Zutat ein sprechendes Beispiel für den Bunkerbau der „II. Welle", weist aber in seiner baulichen Ausführung – beispielsweise in der nur 1,40 m starken Abschlussdecke – noch Charakteristika der „I. Welle"-Bunker auf. Der Ausführungsentwurf von Friedrich Meyer verdeutlicht, dass auch der Schützenhofbunker mit schwerlastendem Dach und Fassadenverblendung gedacht war. (Stadtarchiv Münster)

ten. Mit (bau-)technischen Modifikationen, wie beispielsweise verstärkten Abschlussdecken und Außenwänden, reagierte man auf die wachsende Durchschlagskraft der Bomben: Aufgrund der nunmehr auch eingesetzten 2000 Kilogramm schweren Bomben lautete die Empfehlung des Instituts für Luftschutz der TH Braunschweig, Hochbunker mit 300 bis 1500 Plätzen mit drei Meter dicken Decken und Wänden auszustatten. Aufgrund von Materialmangel wurde dies allerdings nicht umgesetzt, wie die baulich überlieferten Anlagen vor Augen führen. Erhard Milch, Staatssekretär im Reichsluftfahrtministerium, legte 1941 unabhängig von der Größe und dem Fassungsvermögen der Bunker eine Maximalstärke von 2,5 Meter für die Raumabschlüsse fest und reduzierte diese im Juni 1942 noch einmal auf maximal zwei Meter. Wie sich jedoch an zahlreichen der überlieferten Hochbunker ablesen lässt, wurden selbst die zwei Meter dicken Raumabschlüsse nicht immer realisiert; mancher Bunker der „II. Welle" wurde regelwidrig mit dünneren Abschlussdecken und Wänden betoniert, die den Vorgaben der früheren „Anweisung" entsprachen.

Die „II. Welle" brachte die größere Zahl von Hochbunkern hervor. Bauten jener Phase prägen als betonsichtige Kolosse bis heute unser Verständnis vom Weltkriegsbunker. Aufgrund der verschiedenen Engpässe weisen die Schutzbauwerke der „II. Welle" durchgängig keine aufwendige Gestaltung mit vorgeblendeten Backsteinfassaden, Werksteingewänden an Lüftungs- und Türöffnungen, hohen, pfannengedeckten Dächern sowie dekorativem und propagandistischem Bauschmuck auf. Absätze, Rück- und Vorsprünge in den Fassaden einiger betonsichtiger Hochbunker lassen noch heute erkennen, dass hier Platz für spätere Verblendungen gelassen wurde.

12) Brugmann: „Baustab Speer im Luftschutz",
in: Baulicher Luftschutz 1/1942 (1. Jg.), S. 4–6,
hier S. 5

13) Schrader, Hermann: „Über die Planung von
LS.-Bunkern des LS.-Führerprogramms. Rückschau und Ausblick", in: Baulicher Luftschutz
5/1943 (7. Jg.), S. 74

14) Brödner: „Gedanken über die architekto-
nische Gestaltung von Luftschutzbauten", in:
Baulicher Luftschutz. Mitteilungsblatt amtlicher
Nachrichten im 11. Jg. von „Gasschutz und
Luftschutz". Berlin Oktober 1941, S. 39–42,
hier S. 41

15) Beer 1990, S. 4

16) Ebd., S. 9

17) Reichspropagandaminister Joseph
Goebbels warnte noch im Sommer 1943, wenige Monate nach seinem Aufruf zum „totalen
Krieg", dass das Volk der Kern der nationalsozialistischen Kriegsführung sei, und wenn
dieses einmal seine innere Widerstandskraft
und seinen Glauben an die deutsche Führung
verlieren würde, eine Führungskrise unbekannten Ausmaßes entstünde. Louis Lochner (Hg.):
Goebbels Tagebücher aus den Jahren 1942-
1943. Zürich 1948; zitiert nach Beer 1990, S. 9

Interessanterweise führte die in den Luftschutzbau involvierte Architektenschaft einen Diskurs um ein der Bauaufgabe Bunker –
mit ihrer spezifischen Konstruktion und Materialität – gerechter
werdendes Vokabular. Die Architekten forderten, „von Verkleidungen der Betonkörper mit Klinkern oder Werkstein (…) abzusehen"
und stattdessen die Betonaußenflächen durch manuelle Bearbeitung aufzuwerten.[12] Um weiterhin nobilitierende Baumaterialien zu
imitieren, lautete die Empfehlung, eingeölte Stahlschalungen zu
verwenden, da hierdurch eine optische Annäherung des Betons
an glattpolierte Natursteinoberflächen zu erreichen sei.[13] Weiter-
gehende Überlegungen wollten den Sichtbeton in seiner materiellen Ausdruckskraft stärken, indem vor allem die Arbeitsfugen und
Abdrücke der Schalungsbretter inszeniert werden sollten.[14]

Gegen die „moralbrechenden Bombardements" –
Propagandainstrument Bunkerbau

Vor Beginn des Luftkriegs verstieg sich der Oberbefehlshaber der
Luftwaffe Hermann Göring zu der Aussage, dass feindliche Einflü-
ge militärisch zu unterbinden wären und damit der „Heimatschutz"
gewährleistet sei.[15] Nach den ersten wirksamen Luftangriffen der
Royal Air Force auf Berlin im August 1940 wurde deutlich, dass
Angriffe auf das „Reichsgebiet" nicht vermeidbar waren und es
sich bei Görings Einschätzung um reine Propaganda gehandelt
hatte. Der Luftkrieg hatte die Kampfhandlungen und damit den
Kriegsschauplatz von der Front ins Reichsgebiet gebracht und involvierte die Zivilbevölkerung unmittelbar in die militärische Auseinandersetzung. Zielten die Bombardements zunächst auf die Zerstörung militärischer und wirtschaftlicher Ressourcen, wurden sie
schnell zum „moral bombing": Moral und Durchhaltewillen der Bevölkerung sollten erschüttert und damit das nationalsozialistische
Regime geschwächt werden:[16] eine Gefahr, die auch auf oberster
Führungsebene erkannt wurde.[17]
Der 1940 einsetzende Bunkerbau erfuhr seinerseits ebenfalls eine
propagandistische Instrumentalisierung, erschien er doch als ge-
eignetes Instrument zur Stabilisierung der nationalsozialistischen
Politik. Durch ihre raumgreifenden Dimensionen in der Stadt sowie
ihre aus der Funktion resultierende Massigkeit demonstrierten die
Hochbunker scheinbare Unzerstörbarkeit und Uneinnehmbarkeit.
Die formale Ausgestaltung, die bewusst Elemente historischer Be-
festigungsanlagen zitierte, sollte den Menschen Schutz, Sicherheit und Geborgenheit suggerieren, wie die Aussage des für den
Bunkerbau in Hamburg maßgeblich verantwortlichen Architekten
Konstanty Gutschow zeigt: „Schon das äußere Gesicht des bombensicheren Luftschutzbaus muß im Volksgenossen das Gefühl
erzeugen: Hier bin ich geborgen, sicher gegen feindliche Bomben.

18) Konstanty Gutschow: *Bombensichere Luftschutzbauten*. Hamburg 1941; zitiert nach Foedrowitz 1998, S. 41

19) Guilio Douhet: *Denkschrift zum Festungsbau*, 1938; zitiert nach Friedrich 2000, S. 407

20) Thießen, Malte: „Von der ‚Heimstätte' zum Denkmal. Bunker als städtische Erinnerungsorte – das Beispiel Hamburg", in: *Bunker. Kriegsorte, Zuflucht, Erinnerungsraum* (hg. von Inge Marszolek und Marc Bruggeln). Frankfurt am Main 2008, S. 45–60, hier S. 46

21) Ebd., S. 57

Es ist natürlich, dass wir in der architektonischen Haltung an jene Bauten anknüpfen, die in der Vergangenheit dem Volksgenossen Schutz boten und Wehrbauten waren."[18] Mithilfe des den Luftschutzbauten innewohnenden psychologischen Momentes – ein Gefühl der Sicherheit hervorzurufen – sollte der Durchhaltewille an der „Heimatfront" gestärkt werden. Hierbei handelt es sich um eine allen Fortifikationsanlagen gemeinsame propagandistische Funktion, wie die zynische Feststellung des italienischen Generals und Luftkriegtheoretikers Guilio Douhet augenscheinlich verdeutlicht: „Es ist nicht Zweck einer Festungsanlage, einer bestimmten Zahl von Kämpfern unter allen Umständen die Erhaltung ihres Lebens sicherzustellen, sondern die Erhaltung der Kampfkraft."[19]

Vor dem Hintergrund, dass die für das Vorhaben benötigten Baumaterialien und Arbeitskräfte in keinem Verhältnis zu den realen Gegebenheiten der Materiallage und des Arbeitsmarktes im Krieg führenden Deutschland standen und auch in der Spätphase des Krieges nur einem Bruchteil der Bevölkerung ein Platz in einem „volltreffersicheren Bunker" zur Verfügung stand, muss die propagandistische Funktion der Bunker deutlich höher eingeschätzt werden als ihre praktische. Auch wenn natürlich jedes einzelne gerettete Leben einen hohen Wert hat. Darüber hinaus bemühten sich die Nationalsozialisten „mit aller Kraft, eine jetzt erst Recht geeinte ‚Volksgemeinschaft' zu propagieren und die ‚Katastrophe' zu einer erfolgreichen Bewährungsprobe umzudeuten. Für dieses Propagandabild waren Bunker eine der letzten verbliebenen Projektionsflächen."[20]

Von den „Zukunftssorgen der Zusammenbruchsgesellschaft" zu den „kollektiven Ängsten der Wiederauf- und Nachrüstung"[21] – Zeugen der bundesrepublikanischen Nachkriegsgeschichte

Mit Kriegsende verloren die Hochbunker ihre eigentliche Schutzfunktion, übernahmen aber zugleich neue wichtige Aufgaben im städtischen Leben. Zunächst forderten die Alliierten die Beseitigung aller Bunker in Deutschland aufgrund ihrer eindeutig militärischen Bestimmung und legten dies im Kontrollratsgesetz Nr. 23 „Verbot militärischer Bauten in Deutschland" vom 10. April 1946 fest. Doch aus Mangel an trockenem und sicherem Raum in den weitgehend zerstörten Großstädten strebten die Kommunen für ihre Bunkerbauten wirtschaftliche Nutzungen an.

Am 21. Juli 1948 erlaubte die Militärregierung, was längst praktiziert wurde: Die Bunker durften als Notquartiere für Ausgebombte und Flüchtlinge sowie als Lager dienen. Nach einer Phase der Konsolidierung und des voranschreitenden Wiederaufbaus wurden Hotels, Restaurants oder Kleingewerbe in den Bunkerräumen

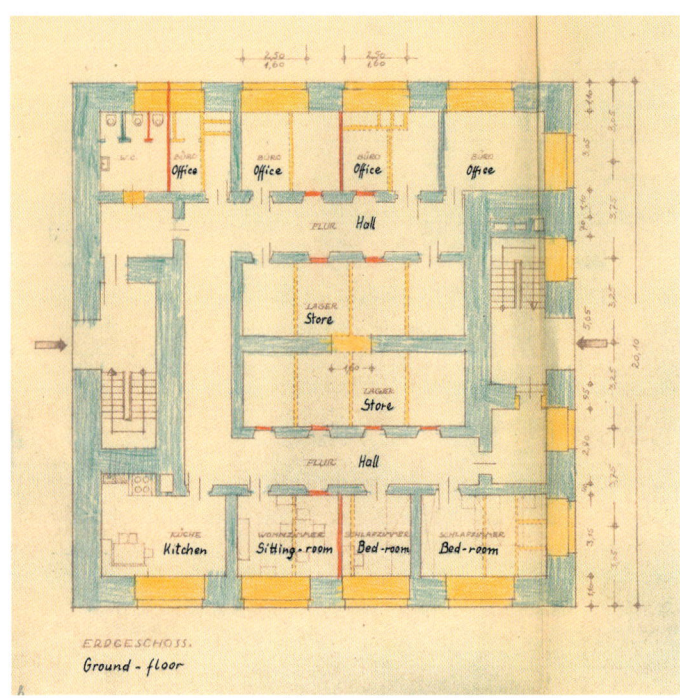

C) Beispielhafter Entfestigungsplan
45476 Mülheim an der Ruhr, Hammerstraße
(BImA)

22) Das Buchstabenkürzel ABC bezieht sich
auf die Waffenarten, vor denen diese Räume
Schutz bieten sollten: atomare, biologische und
chemische Waffen.

eröffnet. Später kamen vor allem kulturelle Nachnutzungen hinzu.
Mit der Erlaubnis zur zivilen Nutzung verbanden die Alliierten
aber auch die Forderung zur „Entfestigung" der Hochbunker:
Die gas-sicheren Panzertüren an den Schleusenbereichen waren
auszubauen und Tür- sowie Fensteröffnungen auf mindestens
15 Prozent der Fassadenflächen einzubrechen. Eine Auflage, die
aufgrund der hohen Kosten und aufwendigen Bauarbeiten nur
an einigen Hochbunkern umgesetzt wurde. Viele der Hochbunker überdauerten die Zeit äußerlich weitestgehend unversehrt und
schon wenige Jahre später kam ihnen aufgrund der politischen
Spannungen zwischen den Supermächten und dem beginnenden
Kalten Krieg eine neue Bedeutung im Zivilschutz zu.

Ab Ende der 1940er Jahre entwickelte die Bundesrepublik
Deutschland ein neues Zivilschutzprogramm, das aufgrund der
politischen Entwicklung in den folgenden Jahrzehnten ausgeweitet wurde. Nach der Errichtung der „Berliner Mauer" 1961 und der
Kubakrise im Oktober 1962 wurde 1964 das sogenannte Instandsetzungsprogramm für überkommene Bunkerbauten ins Leben
gerufen, dem 1977 das kostengünstigere „Nutzbarmachungsprogramm" folgte. Diese Programme brachten zahlreiche der nicht
„entfestigten" Bunker wieder in Nutzung und rüsteten sie vor
dem Hintergrund der atomaren Bedrohung mit moderner Schutzraumtechnik – Sandfilterkammern, Wasseraufbereitungsanlagen,
neuen Zugangstüren, Vermauerungen der Lüftungsklappen – zu
ABC-Schutzräumen[22] auf. In diesem Zusammenhang sind häufig

23) Das Luftschutzprogramm der Notstandsgesetze wurde als unmittelbare Kriegsvorbereitung angesehen, weshalb die stille Reaktivierung der Bunker und ihre Instandsetzung für einen eventuellen Kriegsfall auf eine breite öffentliche Ablehnung stießen. (Steneck, Nicholas J.: „Eine verschüttete Nation? Zivilschutzbunker in der Bundesrepublik Deutschland 1950–1965", in: *Bunker. Kriegsorte, Zuflucht, Erinnerungsraum* (hg. von Inge Marszolek und Marc Bruggeln). Frankfurt am Main 2008, S. 75–87, hier S. 78)

24) Thießen 2008, S. 55ff.

im Inneren die bauzeitlichen, nicht tragenden Zellenwände entfernt und große Gemeinschaftsräume geschaffen worden.

Mit dieser Ertüchtigung für einen mutmaßlich atomar geführten Dritten Weltkrieg wuchs den Schutzräumen des Zweiten Weltkriegs eine weitere Bedeutungsschicht zu. Die aufgerüsteten Bunker – in denen sich die politische Entwicklung in besonderer Weise baulich manifestierte – sind allgegenwärtige Erinnerungsorte des Kalten Kriegs. Sie spiegeln die Verfasstheit der bundesrepublikanischen Nachkriegsgesellschaft, tragen sie doch als Subtext immer auch die Debatten um Wiederbewaffnung und atomare Aufrüstung sowie die Ängste der Menschen vor einem Atomkrieg mit sich.[23]

Im Zuge ihrer erneuten Stilllegung mit Beendigung des Zivilschutzprogramms 1990, gefolgt von der Aufhebung der Zivilschutzbindung 2007 und mit der beginnenden Historisierung avancierten die Hochbunker zugleich auch zu Symbolen der Auseinandersetzung mit der NS-Vergangenheit. Der negierende bis zerstörende Umgang mit ihnen sowie die ablehnende Einstellung der Politik zu ihrer Erhaltung wurde als allgemeines Desinteresse an der Beschäftigung mit der NS-Zeit gelesen und somit als gesellschaftspolitischer Spiegel einer deutschen Verdrängungsmentalität verstanden.[24]

BUNKERTYPOLOGIE

Typen und Charaktere

Alexandra Schmitz

Schutz bauen

Hochbunker sind deutlich sichtbare Zeichen unserer jüngeren, kriegerischen Vergangenheit. Aber sie sind nicht die einzigen ehemaligen Verteidigungsbauten, die uns umgeben. Ortsbezeichnende Begriffe wie Schanze, Burg, Wall und andere zeugen noch heute davon, wie stark der Gedanke der Verteidigung unser direktes Umfeld in der Vergangenheit geformt hat.

Schutz von Leib und Leben, Hab und Gut bildete die ursprüngliche Motivation von Menschen, Gebäude zu erschaffen. Höhlen als naturgegebene Behausungen waren nicht in allen Umgebungen vorzufinden. Die sogenannte Urhütte bot einer Familie Schutz vor den Widrigkeiten der Natur: vor Tieren, Niederschlag und Kälte. Mit dichterer Besiedlung und zunehmender Bedrohung des Menschen durch den Menschen selbst wurden Aspekte der Verteidigung zu grundlegenden Parametern im Städtebau und in der Architektur.

Diese Parameter führten zu unterschiedlichen planerischen Strategien. Bereits aus der Antike sind konkrete Handlungsanweisungen für den Städtebau und die Baukonstruktion überliefert.

Aristoteles (384–322 v. Chr.) hält „die Anlage der Privathäuser (…) für geschmackvoller und den sonstigen praktischen Rücksichten entsprechender, wenn sie geradlinig ist und der neueren, hippodamischen Bauart folgt [Anm.: städtebauliches System nach Hippodamos von Milet], für die Sicherheit im Kriege dagegen ist das Gegenteil, wie es in alten Zeiten Brauch war, besser. Denn bei dieser Bauart können die Fremden aus dem Häuserwirrwarr schwer herauskommen und die Angreifer sich in ihm schwer zurechtfinden. Man muss deshalb bei der Anlage einer Stadt beide Systeme miteinander verbinden."[1]

Vitruv (ca. 80–15 v. Chr.), römischer Architekt, Ingenieur und bis heute einflussreicher Architekturtheoretiker und Verfasser der einzigen überlieferten architekturtheoretischen Schrift der Antike, beginnt in seinen *Zehn Büchern über die Architektur* bei der Beschreibung der Anlage einer Stadt direkt nach der Auswahl des Ortes mit der Befestigungsanlage: „Die Zwischenräume zwischen den Türmen aber sind so zu machen, daß der eine Turm vom anderen nicht weiter als einen Pfeilschuß entfernt ist." Auch sollen nach Vitruv die Türme rund oder vieleckig, nicht aber quadratisch

1) Aristoteles: Zitat nach Kruft, Hanno-Walter: *Städte in Utopia, Die Idealstadt vom 15. bis zum 18. Jahrhundert.* München 1989, S. 12

2) Vitruv: *Zehn Bücher über Architektur*, übersetzt von Curt Fensterbusch, Darmstadt 2013, S. 57

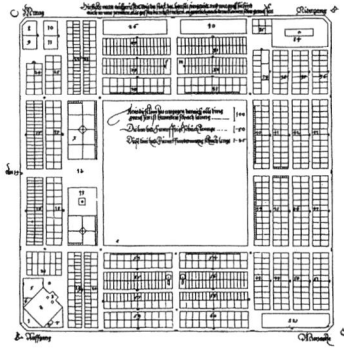

A) Idealstadt nach Dürer
Abbildung aus: Schoszberger, Hans: *Bautechnischer Luftschutz: Grundsätze des bautechnischen Schutzes gegen Fliegerbomben bei der Landesplanung, beim Aufbau der Gebäude und beim Schutzraumbau*. Berlin 1934, S. 12

3) Panchasi, Roxanne: *Future Tense: The Culture of Anticipation in France Between the Wars*.Ithaca, NY 2009, S. 94

sein, „weil die Widder [Anm.: Kriegsgerät zum Durchbrechen feindlicher Stadtmauern] die Ecken durch ihren Stoß zerbrechen"[2].

Die in Deutschland erhaltenen Burgen zeugen bis heute von den Verteidigungsstrategien des Mittelalters und können als Ahnen der Bunker betrachtet werden. Sie sollten durch Massivität und Geschlossenheit die darin befindlichen Menschen vor kriegerischen Angriffen schützen. Schutz fanden allerdings meist nur exklusive gesellschaftliche Gruppen: Adlige, Ordensangehörige, Angehörige der herrschenden Familie. Sie symbolisieren den Zusammenhalt einer kleinen Gruppe gegen einen gemeinsamen äußeren Gegner. In Vetschau in Brandenburg ist der Nachbau einer slawischen Fliehburg zu sehen, die der Landbevölkerung als Schutzort bei einem Angriff dienen sollte. Sie ist ein direkter typologischer Vorgänger der Zivilschutzbunker, allerdings nach oben offen, da die Bedrohung aus der Ebene und nicht aus der Luft zu erwarten war.

Albrecht Dürer veröffentlichte im Jahr 1527 in Nürnberg eines der ersten systematischen Werke der Befestigungskunst unter Zugrundelegung der Wirkung von Feuerwaffen: *Etliche underricht zu befestigung der Stett, Schloß und flecken.* Er sieht wieder die gesamte Stadt als Verteidigungsanlage und entwickelt die Schachbrettform der Antike weiter. Er umgibt sie mit einem freien Gelände, „so weit wie eine Schlange [Anm.: Feldschlange = Geschütz] reicht". Die Zuteilung der innerhalb der Stadtgrenzen befindlichen Wohnungen erfolgte unter anderem nach belagerungstechnischen Gesichtspunkten. [A]

Neue militärische Mittel, insbesondere die Bedrohung aus der Luft, machten im 20. Jahrhundert die Stadtmauer obsolet und veränderten die Verteidigungsstrategien. Auflockerung und Dezentralisierung sollten vorbeugend gegen Bedrohung sichern. Lieutenant Colonel Arsène Marie Paul Vauthier, Autor von *Le danger aérien et l' avenir du pays* (dt. etwa: „Die Gefahr aus der Luft und die Zukunft des Landes"), 1930 in Paris erschienen, sieht durch die Angriffe aus der Luft die Verteidigungsfronten verschoben. Nicht nur die äußeren Grenzen, sondern das gesamte Land sei unmittelbar bedroht.[3]

Vauthier favorisiert als Gegenstrategie die lockere Wolkenkratzerstadt. Wenn schon dicke Außenhüllen hergestellt werden müssten, hält er es für sinnvoll, dahinter möglichst viele Menschen zu sammeln. Aus diesem Grund ist er von Le Corbusiers „Plan Voisin" angetan, wie ein Brief von Le Corbusier belegt:

„Während der Drucklegung dieses Buches sendet mir Herr Lieutenant-Colonel Vauthier das Manuskript eines Werkes, welches er veröffentlichen wird (…) Diese von einem Spezialisten des Flugwesens (…) geschriebene Studie beweist, daß der ‚Plan Voisin' mit

4) Zit. nach Schoszberger, Hans: *Bautechnischer Luftschutz: Grundsätze des bautechnischen Schutzes gegen Fliegerbomben bei der Landesplanung, beim Aufbau der Gebäude und beim Schulzraumbau.* Berlin 1934, S. 182

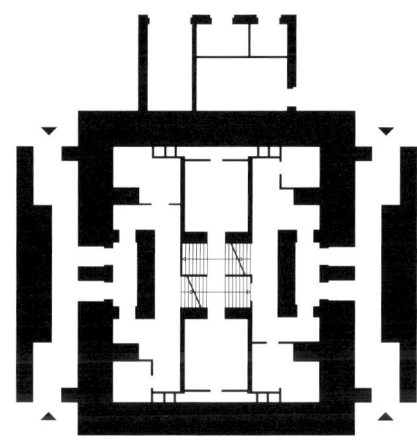

B) Hochbunker, Grundriss
51373 Leverkusen, Carl-Duisberg-Straße

seinen Forderungen des Hochhauses, seinen großen Freiflächen, seinen Grundpfählen, seinen Gärten mit Teichen, Punkt für Punkt den angsterregenden Forderungen entspricht, die der Zukunftskrieg, der ein Luftkrieg und chemischer Krieg sein wird, aufwirft. Das ist eine ganz unerwartete Mahnung und sehr ernst zu nehmende Schlußfolgerung."[4]

Diese Ideen zur luftschutzgerechten Neuorganisation der Städte blieben jedoch Utopie. Vorerst errichtete man vorsorglich Schutzbauwerke in den bestehenden Strukturen. Insbesondere in Deutschland nach dem Ersten Weltkrieg war dies eine passive Möglichkeit der Verteidigung, da der aktive militärische Luftschutz durch den Versailler Vertrag verboten worden war. Schutzbauwerke gab es daher viele. Bereits vor dem Zweiten Weltkrieg wurden diverse Arten von Luftschutzbunkern gebaut und entwickelt. Neben Tiefbunkern, Luftschutztürmen, Munitionsbunkern und Truppenschutzbunkern gibt es eine Vielzahl weiterer Typen, auf die in diesem Buch nicht eingegangen werden kann.

Betrachtet werden im Folgenden ausschließlich Hochbunker, die im Rahmen des „Führer-Sofortprogramms" in den Jahren 1940–43 zum Schutz der Zivilbevölkerung in innerstädtischen Siedlungsgebieten errichtet wurden, mit dem Schwerpunkt in Nordrhein-Westfalen. Aufgrund der gleichen Entstehungszeit und, daraus resultierend, des gleichen verwendeten Materials (Stahlbeton, in der Entstehungszeit noch Eisenbeton genannt) und Nutzungszweckes bilden die Luftschutzbunker bereits eine eigene hochspezialisierte Typologie.[B]

Städtebauliche Rahmenparameter wie Grundstücksgrößen und Position, aber auch die lokalen Materialmöglichkeiten und der Baufortschritt bei Kriegsende haben unterschiedlichen Einfluss auf die heutige Erscheinung der Bunker gehabt. Auch die Nutzung der Bunker nach dem Krieg hat ihre Spuren an den Bauwerken hinterlassen. Daher kommt es, das man bei der heutigen Betrachtung der innerstädtischen Typologie Hochbunker auf eine Vielzahl von Typen und Charaktere trifft, die rein äußerlich bis auf die Tatsache, dass sie keine Fenster aufweisen, auf den ersten Blick keine Gemeinsamkeiten haben.

Im Folgenden wird versucht, die Gemeinsamkeiten und Unterschiede aufzuzeigen, um einen Überblick über die unterschiedlichen Bunker in Nordrhein-Westfalen möglich zu machen.

Mit den *Bestimmungen für den Bau von Luftschutz-Bunkern* aus dem Jahr 1941[5], herausgegeben vom Reichsminister der Luftfahrt und Oberbefehlshaber der Luftwaffe, Inspektion Luftschutz, wurde erstmalig versucht, reichsweit vereinheitlichende Reglungen für die Errichtung von Hochbunkern zu definieren. Sie regeln die

Bau-stufe	Fassungsvermögen des LS-Bunkers	Höchstaufwand an Beton	Mindestdicke der bombensicheren Decken u. Wände
	Personen	m³/Pers.	m
A	mehr als 1500	7,5	3,00
B	mehr als 1000	7,5	2,50
	1000 bis 750	8,0	
	750 bis 600	8,5	
	600 bis 500	9,5	
	500 bis 400	10,5	
	400 bis 300	11,5	
C	weniger als 300		2,00

C) Baustufen und Betonaufwand, *Bestimmungen für den Bau von Luftschutz-Bunkern,* Heft I, Berlin 1941, S. 6

5) *Bestimmungen für den Bau von Luftschutz-Bunkern,* Berlin 1941
Herausgeber: Reichsminister der Luftfahrt und Oberbefehlshaber der Luftwaffe, Inspektion Luftschutz

Heft I
Allgemeines, Planung und Grundrißgestaltung

Heft II
Konstruktive Ausbildung

Heft III
Belüftung, Heizung und Kühlung

Heft IV
Wasserversorgung und Entwässerung

Heft V
Stromversorgung und elektrische Ausstattung

Heft VI
Kennzeichnung im LS-Bunker und Ausstattung

Heft VII
LS-Bunker in Krankenhausbauten

Heft VIII
LS-Räume unter Erdgleiche

Abmessungen, das einzusetzende Material und seine Stärke, die Technik und Ausstattung der zu errichtenden Bunker. Die Bestimmungen wurden laufend aktualisiert, die letzte Ergänzung datiert vom 26. Mai 1944. Sie wurden grundlegend für die zweite Welle im Bunkerbau, die 1941 begann.

Hoch

Warum hat man die Schutzbauwerke überirdisch gebaut? Sind sie dadurch nicht viel sichtbarer und ungeschützter? Instinktiv würden Laien wahrscheinlich eher unter die Erde flüchten. Durch den zusätzlichen Druckaufbau aufgrund des Verdämmungseffektes ist aber die Sprengwirkung einer in die Erde eingegrabenen Bombe deutlich höher als bei einer Detonation in der Luft. In den Luftschutzbestimmungen werden die Stärken der Außenhüllen eines Bunkers bei Erdüberdeckung daher pauschal mit dem 1,5-fachen der Stärke des gleichen Bauteils eines überirdischen Bunkers angegeben.

Volumen

Die Abmessung und Stärke der Außenbauteile war abhängig vom Fassungsvermögen des Luftschutzbunkers. Es wurden drei Baustufen definiert, die sich durch die Anzahl an Luftschutzplätzen und Bauteilstärken unterschieden. Aus ihnen ging hervor, dass mehr Luftschutzplätze im Verhältnis weniger Material bedeuteten. Daher wurde generell ein großes Volumen angestrebt.[C]
Bei den untersuchten Bunkern fällt auf, dass sowohl Wand- als auch Deckenstärken teilweise stark von den Vorgaben abweichen. Da die tatsächlichen Wandstärken aber in Bauplänen dokumentiert sind, ist davon auszugehen, dass die reduzierte Ausführung mit der Zustimmung der zuständigen Behörde geschah. So wurde der Bunker in der Helenenstraße in Essen mit 1,10 Meter dicken Wänden ausgeführt, obwohl seine Planunterlagen im Jahr 1942 vom Stadtamt Essen nach Erscheinen der vorgenannten Bestimmungen erstellt worden waren und gemäß den Vorgaben für 1150

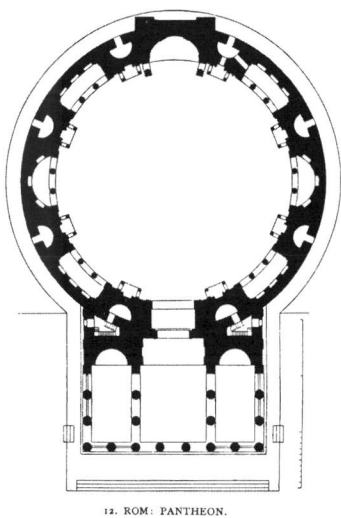

12. ROM: PANTHEON.

D) Pantheon, errichtet aus Opus caementitium,
betonähnliche Substanz der Römer
Dehio, Georg / von Bezold, Gustav: *Kirch-
liche Baukunst des Abendlandes.* Stuttgart
1887…1901, Tafel 1

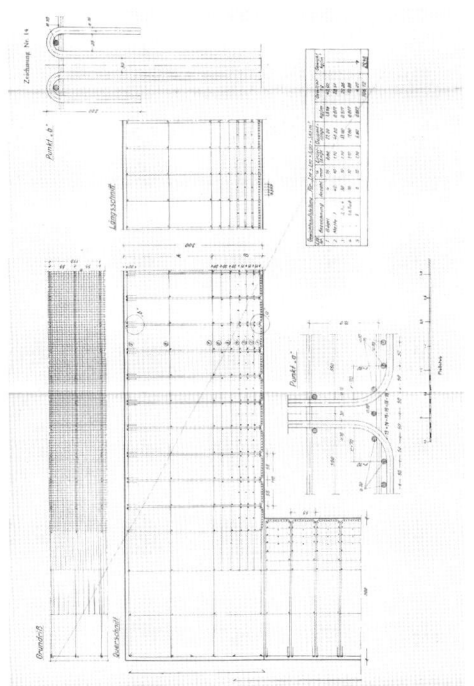

E) Braunschweiger Bewehrung:
Nach innen verdichtet sich der Bewehrungs-
grad.
Baustufen und Betonaufwand, *Bestimmungen
für den Bau von Luftschutzbunkern,* Heft 2,
Berlin 1941, S. 20

Luftschutzplätze 2,50 Meter Wandstärke vorgesehen sollte. Im Allgemeinen wird als Grund für geringere Stärken Materialmangel angenommen.

Stahlbeton

Das einzusetzende Material, Stahlbeton, verbindet mehrere vor-
teilhafte Eigenschaften. So ist die Bewehrung in der Lage, Zug-
kräfte aufzunehmen, die bei einem Bombentreffer auftreten
können, gleichzeitig ist es durch die Betonüberdeckung feuerwi-
derständig und sehr dauerhaft. Beton selbst wird bereits seit rund
2000 Jahren verbaut. Das beste Beispiel für die Dauerhaftigkeit
dieses Materials ist das von den Römern errichtete Pantheon.[D]
Die Kombination aus Stahl und Beton wurde erstmalig 1853 für
die Errichtung eines Gebäudes durch François Coignet genutzt.
Beton wird mit der Zeit sogar noch druckfester. In einem Gutach-
ten, das 2011 für die BImA erstellt wurde, wird die Druckfestig-
keitsklasse des betrachteten Bunkers von ehemals C30 (B300)
heute durch Nacherhärtung auf etwa C55 eingestuft. Das heißt,
sie hat sich im Laufe der Zeit fast verdoppelt. In den *Betontech-
nischen Berichten* von 1976 beschreibt Kurt Walz auf den Seiten
57–78 eine Studie, die die Festigkeitsentwicklung von Beton bis
zum Alter von 30 und 50 Jahren untersucht hat. Hier wurde nach
50-jähriger Lagerung im Freien im Mittel das 2,4-fache der 28-Ta-
ge-Druckfestigkeit (letztere ist der berücksichtigte Erhärtungszeit-
raum für die genormten Festigkeitsklassen) ermittelt.

Braunschweiger Bewehrung

Nach Untersuchungen durch Testreihen mit unterschiedlichen
zeitgenössischen Bewehrungsarten wurde die sogenannte
„Braunschweiger Bewehrung" Vorschrift.[E] Durch die ungleichmä-
ßige Verteilung der Stahlmatten konnten die auftretenden Kräfte
besser abgeleitet und so ein höherer Schutz bei gleichbleibendem
Materialeinsatz im Vergleich zu anderen Bewehrungsarten erreicht
werden. Dass diese Erkenntnisse aber trotzdem nicht immer zur
Anwendung kamen, beweisen bauzeitliche Planunterlagen und
Bewehrungsspuren an Schnittflächen von aufgebrochenen Bun-
kerwänden.

Erschließung

Die Anzahl der Eingänge und Treppenhäuser ergab sich aus der
Anzahl der Luftschutzplätze. Es waren jedoch mindestens zwei
Eingänge vorzusehen, falls ein Eingang durch einen Bomben-
abwurf verschüttet wurde. Die Eingänge sollten möglichst weit
voneinander entfernt sein und aus Vorbau (als Splitterschutz) und
der Gasschleuse bestehen. Letztere musste labyrinthartig ausge-

F) Flur mit bauzeitlicher Lüftungsanlage im Bunker, 44649 Herne, Amtmann-Winter-Straße (as)

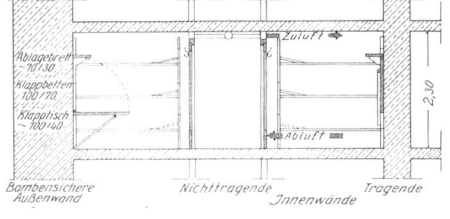

G) „Führung der Luft in den Zellen"
Baustufen und Betonaufwand,
Bestimmungen für den Bau von Luftschutzbunkern, Heft 3, Berlin 1941, S. 35

führt werden, ähnlich allen anderen erforderlichen Öffnungen in der Bunkerhülle. Die knickartige Linienführung sollte den direkten Eintritt von Schadstoffen und Druckwellen erschweren. Für große Bunker (> 1500 Personen auf drei Geschossen) oder besonders hohe Bunker (> sechs Geschosse) sollten Aufzüge vorgesehen werden.

Öffnungen

Grundsätzlich galt es natürlich, die Öffnungen auf ein Mindestmaß zu reduzieren. Aus versorgungstechnischen Gründen waren aber Abluft- und Entrauchungsöffnungen erforderlich. Selbige sollten möglichst hoch an der Hülle angebracht werden und wurden mit einer Abdeckung und mit einer Ausblaseöffnung versehen.

Technische Ausstattung

In der vorliegenden Betrachtung liegt das Hauptinteresse auf der Baukonstruktion und -struktur. Die technische Ausstattung wird daher im Folgenden nur kurz vorgestellt.

Die Gefahr des Eindringens von Gasen von außen und der hohe Belegungsgrad mit der dadurch erforderlichen hohen Luftwechselrate machten eine künstliche Belüftung der Bunker erforderlich. Im Bunker war ein konstanter Überdruck vorgeschrieben, dazu wurde über eine Belüftungsanlage konstant gefilterte Luft nachgeführt. Mit der Intention, den Bunker atomstrahlungssicher zu machen, wurden im Rahmen des Instandsetzungsprogramms nach 1960 die Abluftöffnungen in den Außenwänden mit Beton geschlossen und die Filteranlagen wurden verstärkt und konstruktiv ergänzt. Die ursprünglichen Lüftungsanlagen sind heute oft in einem sehr schlechten Zustand und nicht mehr nutzbar.[F,G] Die im Rahmen der Instandsetzung eingebauten Filter- und Lüftungsanlagen wurden bis 2007 instandgehalten, sodass sie heute noch in einem sehr guten Zustand sind.[H]

„Schlafbunker" (Bunker, in denen auch übernachtet wurde) erhielten Sanitäranlagen. Alle Bunker sollten gemäß den Bestimmungen für den Bau von Luftschutzbunkern bereits 1941 an die vorhandene Wasserversorgung angeschlossen werden, anderenfalls sollten sie einen eigenen Brunnen erhalten. Bei einem Fassungsvermögen von über 300 Personen sollte beides vorgesehen werden.

Auch wurde vorgegeben, dass die Bunker an das Stromnetz anzuschließen waren und an das „Fernsprechnetz" – letzteres wurde vom Dienstraum des Bunkerwarts bedient. Größere Bunker sollten zusätzlich eine interne „Hausfernsprechanlage" erhalten.

Informationen zu einzelnen Bunkern variieren, wie bereits in der Einleitung erwähnt, in Qualität und Umfang und sind nicht zentral zusammengefasst. Gleichzeitig stellen die Abweichungen der ge-

H) Lüftungsanlage mit Handkurbeln
44627 Herne, Mont-Cenis-Straße (as)

6) Quatremère de Quincey, französischer Schriftsteller, Archäologe und Kunsthistoriker und Herausgeber der *Methodische Enzyklopädie. Architektur,* erläutert: „Das Wort Typus bezieht sich nicht so sehr auf das Bild einer zu kopierenden oder vollständig nachzuahmenden Sache, als auf eine Idee, die dem Modell als Regel dient (…) Das künstlerische Modell dagegen ist ein Objekt, das so wie es ist wiedergegeben werden muß. Im Gegensatz dazu ist der Typus etwas, aufgrund dessen Werke konzipiert werden können, die einander überhaupt nicht ähnlich sehen."
In: Die Herausbildung des Konzeptes der Gebäudetypologie, Carlo Aymonino, *archplus*, Ausgabe 37, S. 41

bauten Bunker zu ihren Planunterlagen ebenfalls eine Unsicherheit bei der Einordnung der einzelnen Bunker dar. Bunkerinteressierte sollten bei der Annäherung an das Thema eine Strategie entwickeln und eine Auswahl treffen, um sich und anderen einen Überblick zu gewähren. Dabei hilft die Unterscheidung in Typen, die Typologisierung.[6] Die Typologie ist die Klassifizierung von Objekten nach Form und Material, in der Architektur auch nach Nutzung. Da hier Entstehungszeit, Nutzung und Material als gemeinsame Konstante angesehen werden können, betrachten wir im Folgenden das, was die Bunker voneinander unterscheidet: die Form.

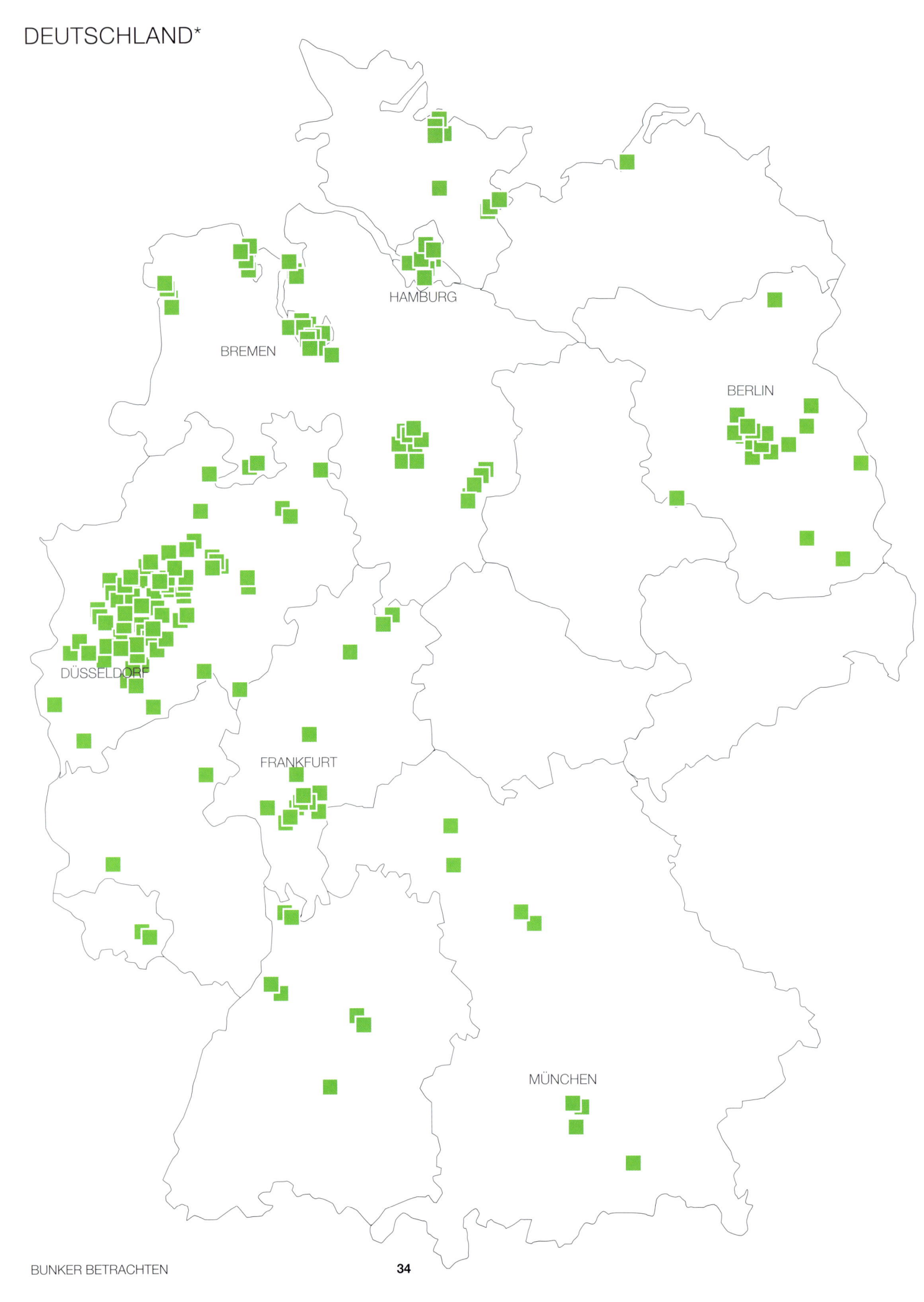

HAMBURG

BREMEN

BERLIN

DÜSSELDORF

FRANKFURT

MÜNCHEN

NRW*

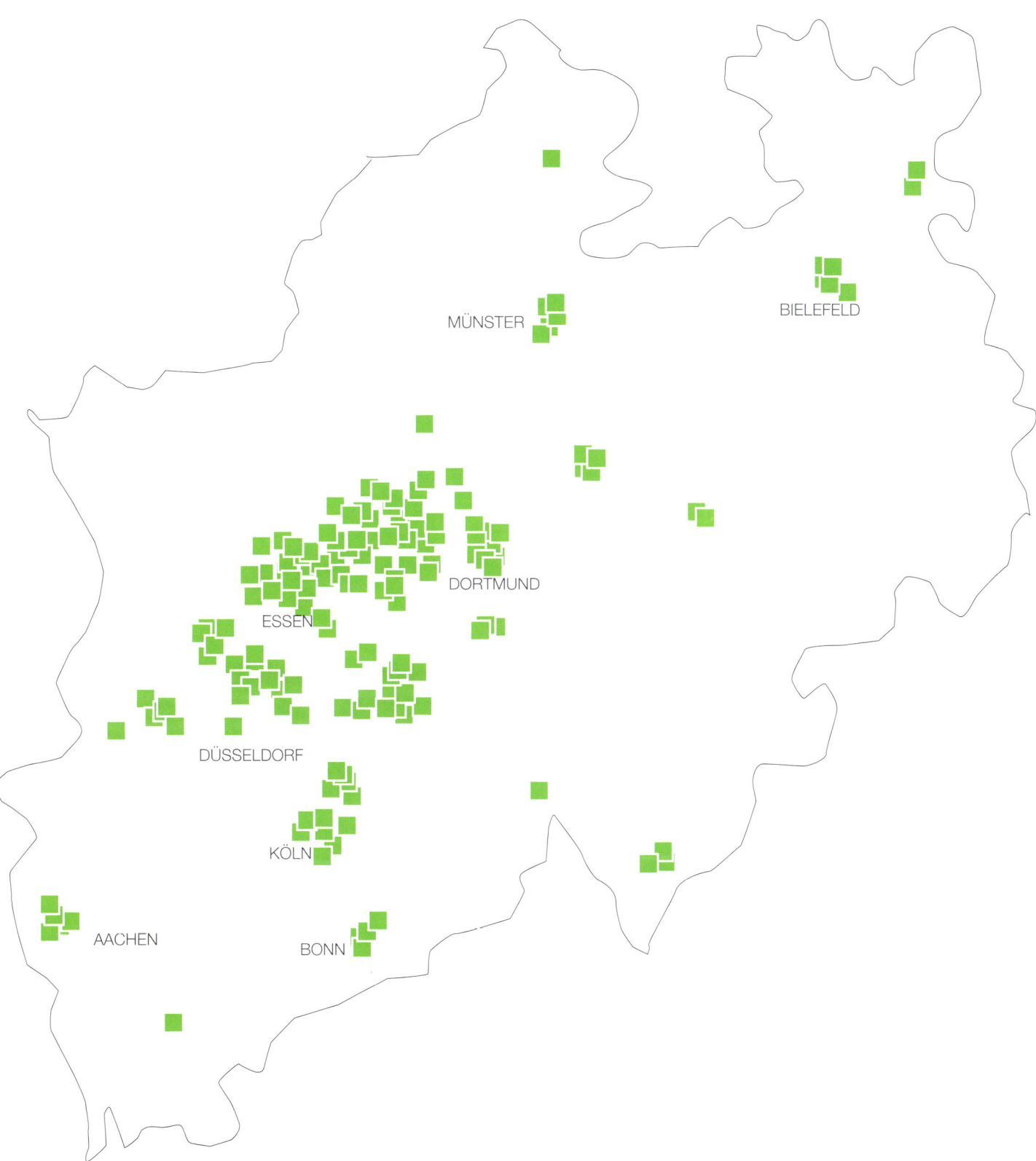

*Im Rahmen des Projektes Bunker beleben
erfasste Bunker

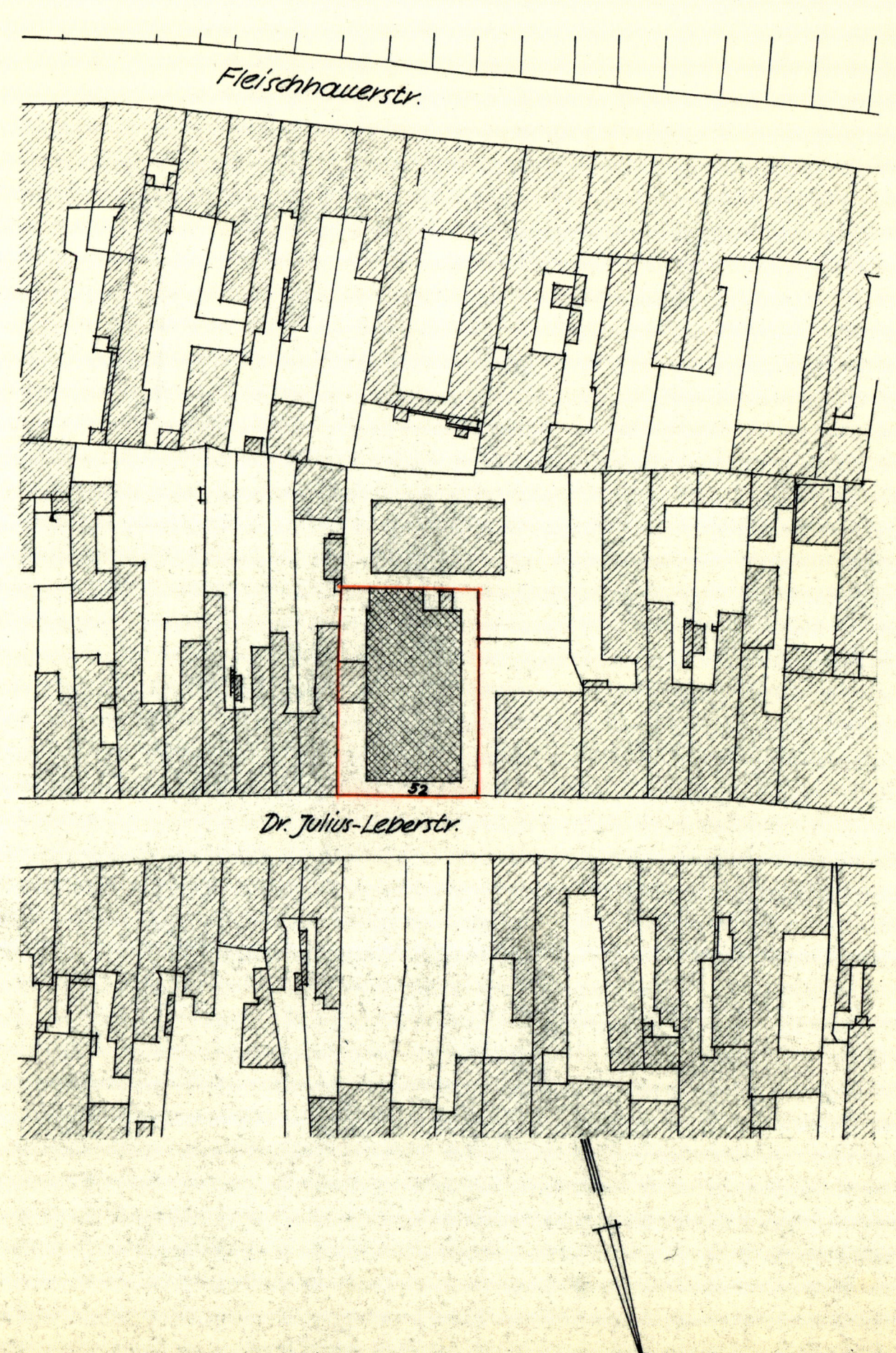

Fleischhauerstr.

Dr. Julius-Leberstr.

52

BAUSTEIN DER STADT

Die Position der Bunker zu ihrer Umgebung

1) „Große Parkanlagen und Seen sowie Plätze von auffallender Form, wie Kreis oder Oval, erleichtern dem Flieger die Wegweisung über der Stadt. (…) Beachtenswerte Ausführungen auf diesem Gebiet machte Braun (Unsere Städte im Luftbild, Vortrag am 22.1.1934 in der Technischen Hochschule, Charlottenburg.), dem eine reiche Erfahrung als Kampfflieger im Weltkrieg zur Verfügung steht. Danach sind besonders hervorstechend gerade Linien wie Eisenbahnen, Kanäle, gerade Straßen, die auch bei Nacht dem Angreifer gute Wegweiser abgeben." Schoszberger, Hans: VI. *Sondermassnahmen des bautechnischen Luftschutzes, Bautechnischer Luftschutz,* Berlin 1934, S.169

2) Siebert, Detlef: „British Bombing Strategy in World War Two". http://www.bbc.co.uk/history/worldwars/wwtwo/area_bombing_01.shtml (08.08.2015)
Erst im September 1943 testete die Wehrmacht erstmalig die Bombe „Fritz X". Entwickelt von Max Kramer von der deutschen Firma Ruhrstahl, erreichte sie eine bislang nicht mögliche Zielgenauigkeit von 15 Metern und ist damit Vorgängerin der heutigen präzisionsgelenkten Munition. Kellerhoff, Sven Felix: „Als die Wehrmacht die erste schlaue Bombe warf", in: *Welt* http://www.welt.de/geschichte/zweiter-welt-krieg/article119831995/Als-die-Wehrmacht-die-erste-schlaue-Bombe-warf.html (2.08.2015)

3) (Anm.: Flächenbombardement) *Area Bombing Directive,* herausgegeben am 14. Februar 1942 vom britischen Luftfahrtministerium

◀
Lageplan Bunker in Lübeck,
Dr.-Julius-Leber-Straße (BlmA)

Die Bunker wurden dort errichtet, wo sie von der zu schützenden Bevölkerung gut erreicht werden konnten. Die dafür erforderlichen Flächen wurden den Eigentümern abgekauft, teilweise wurde aber auch mit dem Bunkerbau begonnen, ohne dass die Eigentümer informiert waren. Vereinzelt stehen Bunker sogar an den Standorten von Synagogen, die während der Novemberprogrome 1938 zerstört worden waren.

Die Bunker sollten aus der Luft nicht als solche erkannt werden, sodass die städtebauliche Einbindung gleichzeitig ihre Tarnung darstellte. Sie sollten aus der Luft als eine andere Typologie erscheinen, wobei auch aufgesetzte Dächer, die konstruktiv nicht gegen Bombentreffer geschützt hätten, als Tarnelemente eingesetzt wurden. Die Wirksamkeit solcher Maßnahmen gegen die Erkennbarkeit aus der Luft war spätestens nach dem ersten Luftangriff jedoch fraglich. Der Kampfflieger Braun erläutert, „daß die Höhe und die Aufrißgestaltung eines Gebäudes für den Angreifer nicht in Erscheinung tritt. Maßgebend für ihn ist vielmehr die Grundrißform eines Gebäudes oder Platzes. (…) Im bautechnischen Luftschutz haben nur Tarnungsmaßnahmen in ganz großem Maßstab einen Wert."[1] Zwei weitere Tatsachen lassen die Tarnmaßnahmen zu kleinmaßstäblich erscheinen: Die Treffergenauigkeit der Bomber war zu gering[2], um Einzelhäuser ins Visier zu nehmen. Die Briten wählten aus dem Grund das „Area Bombing"[3], bei dem Zielgebiete anstatt Einzelziele angeflogen wurden. Heute ist die ursprüngliche städtebauliche Einbindung der Bunker oft nicht mehr nachvollziehbar, da die umgebende Bebauung im Krieg zerstört und nicht oder anders wieder aufgebaut wurde. So kann es sein, dass ein innerstädtischer Bunker die angrenzende Bebauung heute deutlich überragt, zu Kriegszeiten aber in seiner Höhe in die angrenzende Blockrandbebauung eingebunden war. Bei der vorliegenden Betrachtung geht es um die heutige städtebauliche Situation, in der sich die Bunker befinden. Der Schutzbau – selbst ein Solitär – steht in Beziehung zu den ihn umgebenden anderen Typologien. Es wird untersucht, wie sich Bunker zu ihrer direkten Umgebung verhalten – ob sie sich in die sie umgebende Struktur integrieren oder nicht, ob sie aus dem öffentlichen Raum wahrgenommen werden oder nicht. Wenn auch eine Einordnung nicht immer eindeutig möglich ist, erfolgt eine Benennung der direkten Umgebung nach den klassischen städtebaulichen Bausteinen: Reihe, Zeile, Platz, Block.

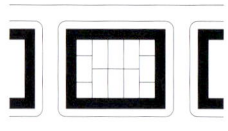

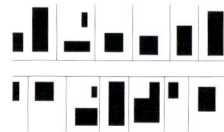

Der Block
Geschlossene Bebauung, allseitig von
Erschliessungsstraßen umschlossen
z.B.: mehrgeschossiges Wohnen,
Gewerbe im EG

Die Reihe
Punktuelle Baukörper,
straßenbegleitende Bebauung.
z.B.: Reihen- und Einfamilienhäuser

Integriert
In die umgebende Struktur eingebunden, in Größe und Höhe an umge-
bender Bebauung orientiert, aus dem
öffentlichen Raum wahrnehmbar

46117 Oberhausen, Bottroper Straße

45739 Oer-Erkenschwick, Ahsener Straße

Exponiert
Fügt sich nicht in die umgebende
Struktur ein, in Position und/oder
Höhe freigestellt, aus dem öffentli-
chen Raum wahrnehmbar

59065 Hamm, Feidikstraße

45355 Essen, Frintroper-Straße

Verborgen
Von der Erschliessungsstraße nicht
sichtbar, hinter vorhandene Bebau-
ung/Begrünung zurückgesetzt, aus
dem öffentlichen Raum nicht
wahrnehmbar

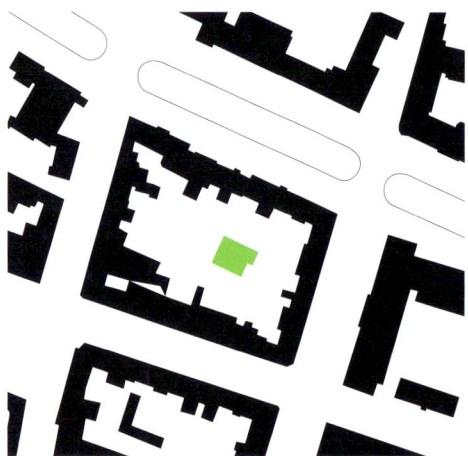

56068 Koblenz, Friedrich-Ebert-Ring

46117 Oberhausen, Wesselkampstraße

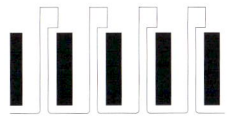

Die Zeile
Lineare Baukörper, stirnseitige Ausrichtung zur Erschliessungsstraße
z.B.: Mehrfamilienhäuser

Der Platz
Unbebaute Freifläche

Die Sondersituation
Keine Zuordnung möglich

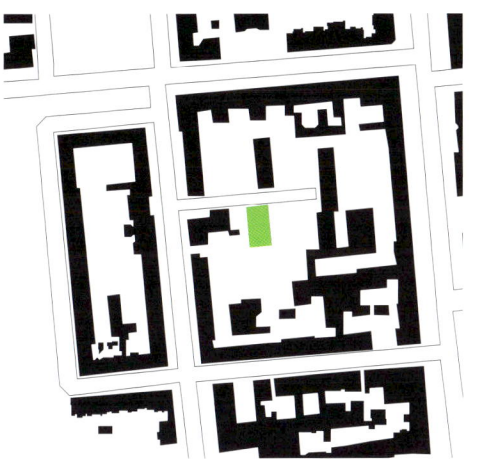

44147 Dortmund, Blücherstraße

46240 Bottrop, Vienkenstraße

45525 Hattingen, August-Bebel-Straße

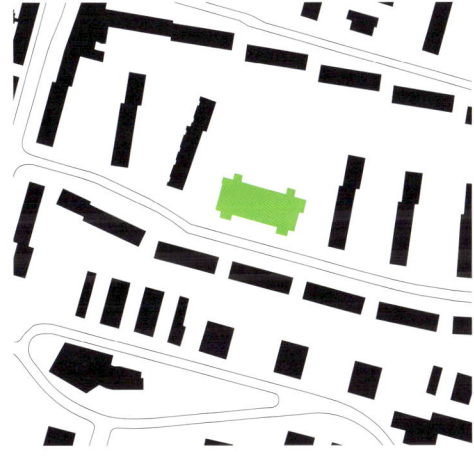

46047 Oberhausen, Alte Heid

47139 Duisburg, Godesbergerstraße

51373 Leverkusen, Schießbergstraße

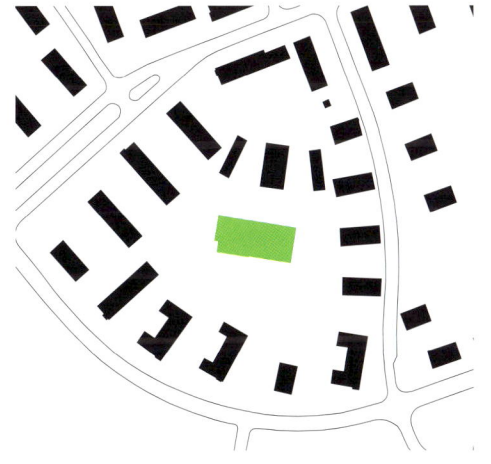

45899 Gelsenkirchen, Düttigstraße

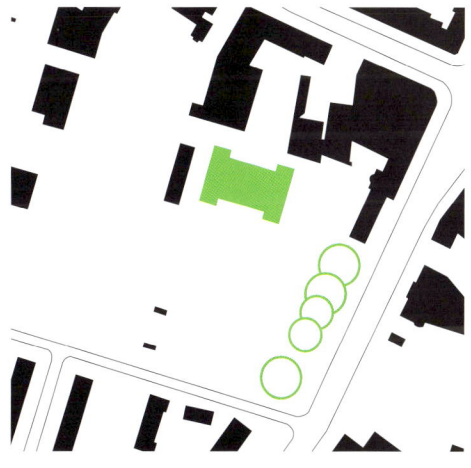

40472 Düsseldorf, Münsterstraße

39

VERHÄLTNIS BUNKER ZU UMGEBUNG

	Der Block	Die Reihe	Die Zeile	Der Platz	Die Sondersituation
Integriert					
Exponiert					
Verborgen					

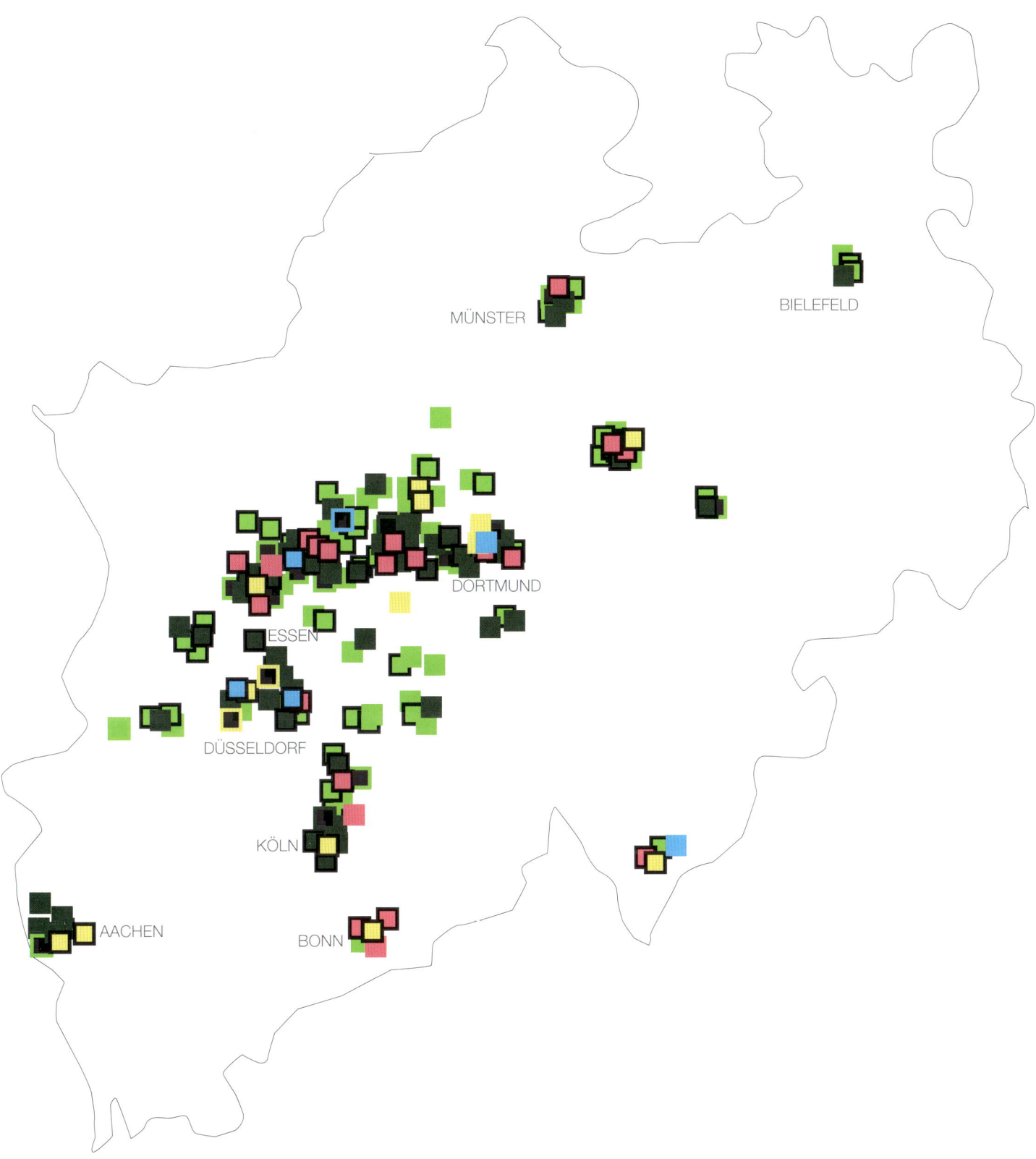

MÜNSTER

BIELEFELD

DORTMUND

ESSEN

DÜSSELDORF

KÖLN

AACHEN

BONN

GETARNTER RIESE

Die Kubatur der Bunker –
ihre Ausdehnung in der Fläche und der Höhe

Nach der Betrachtung der direkten Umgebung wenden wir uns den Bunkern selbst und ihrer Kubatur zu. Wichtiges Kriterium hier: die horizontale und vertikale Ausdehnung.

Bei der Untersuchung von 220 Hochbunkern ließen sich – neben vereinzelten, nicht generalisierbaren Sonderformen – drei grundsätzliche Fußabdrücke feststellen: Quadrat, Rechteck, Winkel. Diese Fußabdrücke entwickeln sich unterschiedlich in die Höhe und ergeben so die folgenden Kubaturen: Würfel, Turm, Quader, gestufter Quader, L, gestuftes L

Je nach umliegender Bebauung wurden die Bunker unterschiedlich ausgebildet. In Innenstadtlagen konnte durch die bereits vorhandene mehrgeschossige Bebauung sehr hoch gebaut werden und der Bunker erreichte so das angestrebte große Fassungsvermögen bei gleichzeitiger Tarnung durch Einpassung. In mittelalterlichen Stadtgrundrissen finden sich häufig auch Luftschutztürme, die auf einer kreisförmigen Linie im Stadtgrundriss angeordnet sind, als wären sie Teil der Stadtmauer. Das ist zum Beispiel in Hamm so geschehen. Auch die Tarnung als Kirche oder Schloss durch den Einsatz eines oder mehrerer Türme trug zur Ausbildung der Bunkerkubatur bei.

Waren flache Bunker schneller und einfacher zu bauen und oftmals aufgrund ihrer geringeren Höhe besser zu tarnen, benötigten sie aber eine größere Fläche. Sie sind deshalb eher in Stadtrandbereichen zu finden. Trotzdem sind teilweise auch in Stadtrandlagen vereinzelt isolierte Türme entstanden, zum Beispiel bei einer sehr niedrigen umliegenden Bebauung oder auch dann, wenn große zusammenhängende Flächen vorhanden waren. So konnte eine hohe Ausnutzung erreicht werden; die Höhe wurde für eine zusätzliche, gepanzerte Kuppel auf dem Dach mit Sicht- oder auch Schießscharten genutzt.

◀
Hochbunker
45143 Essen, Körnerstraße (as)

Quadrat
Viereckiger Fußabdruck,
alle Seiten gleich lang

46117 Oberhausen, Bottroper Straße 56068 Koblenz, Friedrich-Ebert-Ring

Rechteck
Viereckiger Fußabdruck,
gegenüberliegende Seiten gleich
lang

45739 Oer-Erkenschwick, Ahsener Straße 46117 Oberhausen, Wesselkampstraße

Winkel
Zweischenkliger Fußabdruck

57076 Siegen, Koblenzer Straße 48151 Münster, Hermannstadtweg

NRW

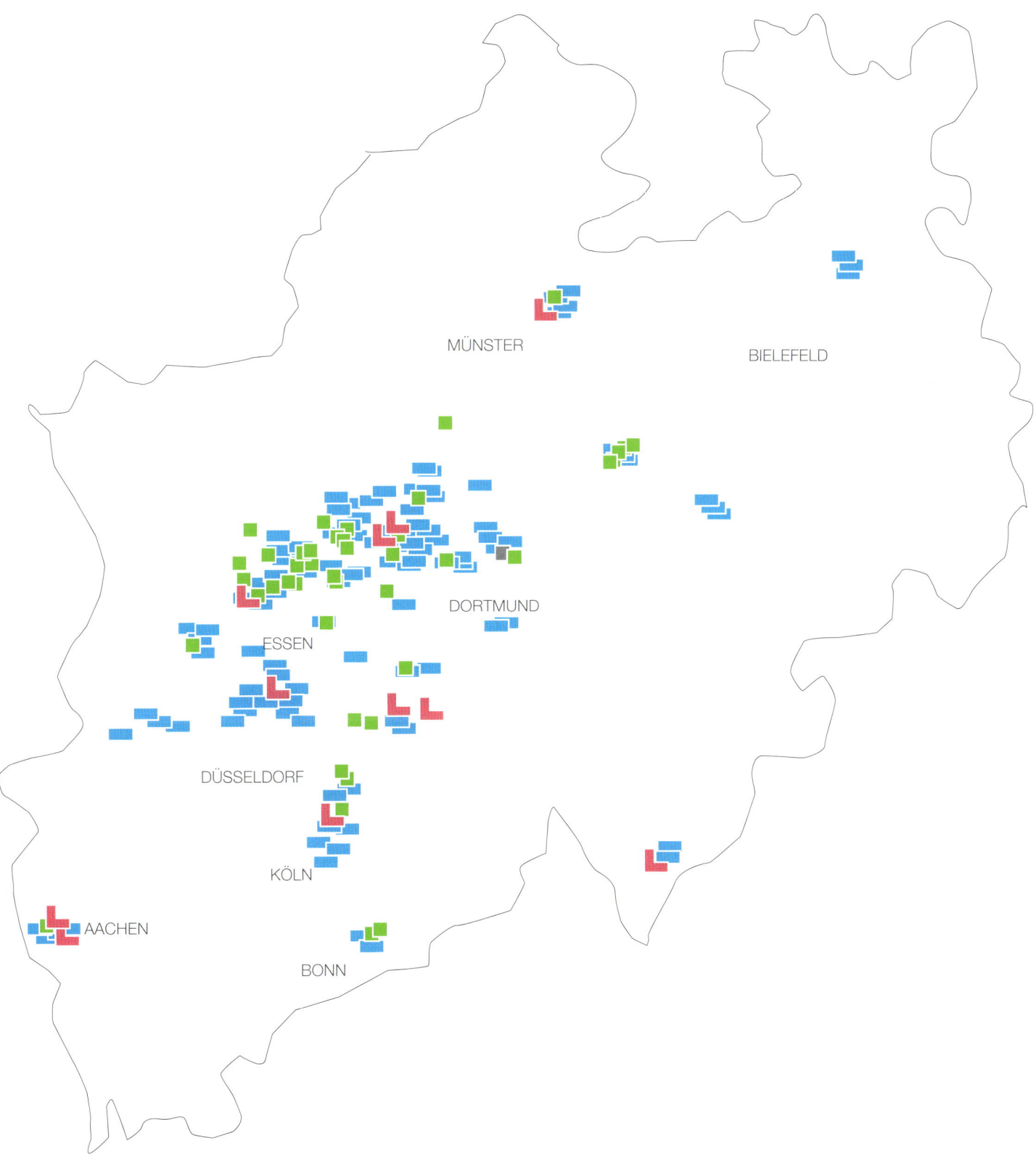

MÜNSTER

BIELEFELD

DORTMUND

ESSEN

DÜSSELDORF

KÖLN

AACHEN

BONN

Würfel
Fußabdruck: Quadrat
Höhe ähnlich Seitenlänge
Flachdach oder Steildach

Turm
Fußabdruck: Quadrat
Höhe größer Seitenlänge
Flachdach oder Steildach

Quader
Fußabdruck: Rechteck
Höhe gleichmäßig
Flachdach oder Steildach

Gestufter Quader
Fußabdruck: Rechteck
Höhe ungleichmäßig
Flachdach oder Steildach

L
Fußabdruck: Winkel
Höhe gleichmäßig
Flachdach oder Steildach

Gestuftes L
Fußabdruck: Winkel
Höhe ungleichmäßig
Flachdach oder Steildach

BUNKER BETRACHTEN

NRW

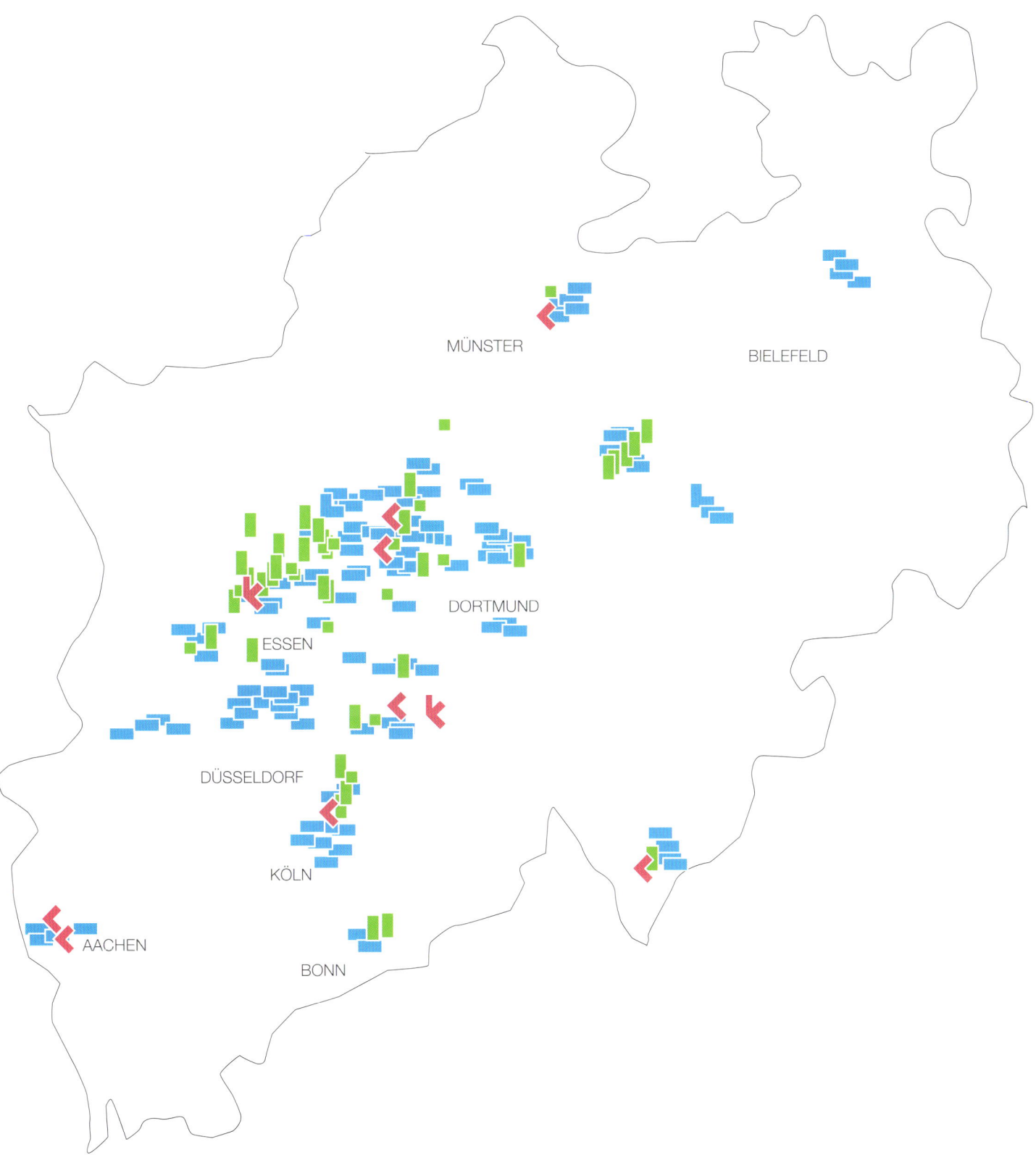

MÜNSTER

BIELEFELD

DORTMUND

ESSEN

DÜSSELDORF

KÖLN

AACHEN

BONN

INNERE SICHERHEIT

Struktur und Aufbau der Schutzbauwerke

Begibt man sich in die Bunker hinein, findet man verschiedene Raumkonfigurationen, je nachdem ob der betreffende Bunker einer vorübergehenden Nutzung zugeführt wurde oder nicht oder ob er bis zum Entfall der Zivilschutzbindung wieder als Schutzbau genutzt wurde. In ihrer Entstehungszeit wurden in den Schutzgebäuden Einzelräume mit einem Fassungsvermögen von sechs Personen vorgesehen (verteilt auf zwei dreigeschossige Stockbetten), um kleine Menschengruppen (zum Beispiel Familien) zusammenzufassen und dadurch Panik zu vermeiden. In der Zeit der Instandsetzung nach dem Krieg wurden die Zwischenwände zurückgebaut, um die Anzahl der Luftschutzplätze zu erhöhen. Bunker, die anderen Nutzungen dienten, haben häufig aus Gründen des Brandschutzes nachträglich abgetrennte Treppenhäuser oder anderweitig individuelle Zuschnitte. Das Erdgeschoss ist oft höher als die darüber liegenden Geschosse, da die erhöhte Deckenstärke der Eingangsschleusen berücksichtigt werden musste. Die lichten Höhen der Regelgeschosse variieren zwischen 2,30 und 2,90 Meter.

Im Folgenden werden einige Bunkertypen in horizontalen und vertikalen Schnitten exemplarisch dargestellt. Der Maßstab ist immer 1:500, um sie vergleichbar zu machen. Es werden – sofern vorhanden – jeweils ein Schnitt, der Grundriss des Eingangsgeschosses und eines Regelgeschosses gezeigt, um die Erschließung und die generelle Struktur verständlich zu machen. Erkennbar wird so der grundsätzliche Zuschnitt, also die Gebäudetiefe, die Anzahl der Eingänge, Treppenhäuser und der Geschosse. Auch ist aus den Schnitten ersichtlich, ob der Bunker unterkellert ist (was gemäß den Bestimmungen nicht vorgesehen war).

Aufgrund ihrer Stärke ist die umlaufende Außenhülle, bestehend aus Sohle, Außenwand und Abschlussdecke, in den Schnittdarstellungen besonders deutlich ablesbar. Sie sollte den eigentlichen Schutz leisten und ist daher das typologiebildende Element. Aus der Stärke der Hülle können Rückschlüsse auf die Bauzeit (1,10 Meter I. Welle, ab zwei Meter II. Welle) gezogen werden. Aufgrund der bereits beschriebenen Abweichungen der Ausführung von den Bestimmungen ist das jedoch nicht immer zuverlässig möglich.

Die inneren Decken und Wände haben, bis auf aussteifende Wände bei großen Gebäudetiefen und den Schleusendecken, häufig eine geringe Dimensionierung, vergleichbar mit „normalem" Wohnungsbau.

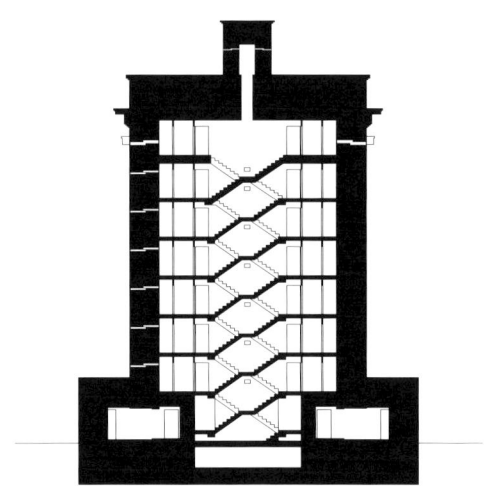

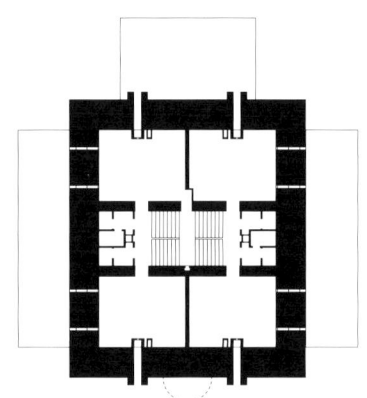

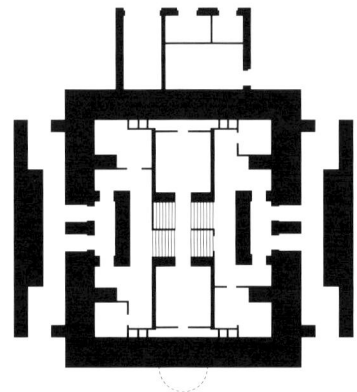

51373 Leverkusen, Carl-Duisberg-Straße

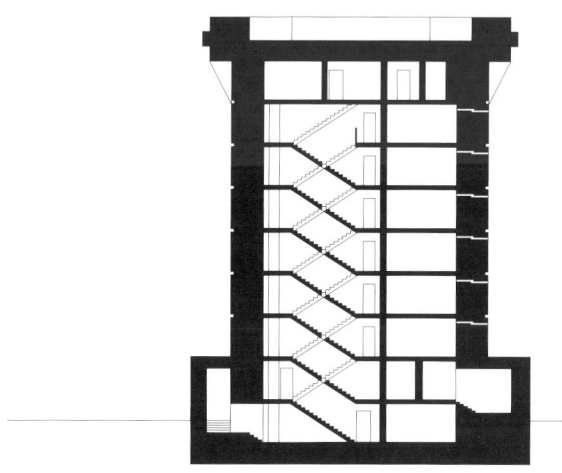

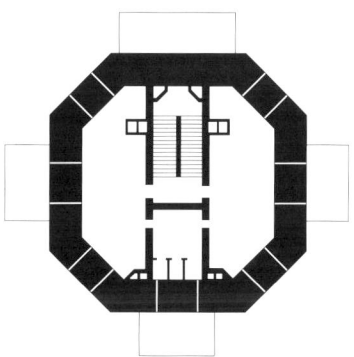

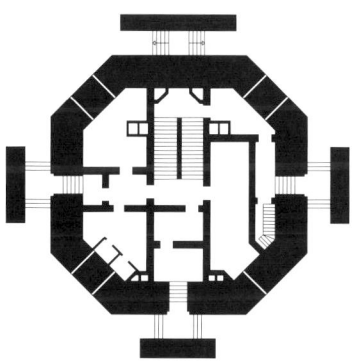

59065 Hamm, Widumstraße

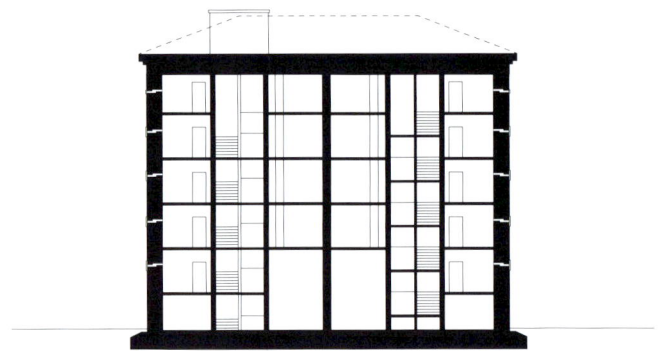

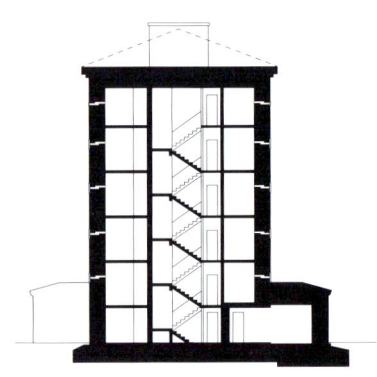

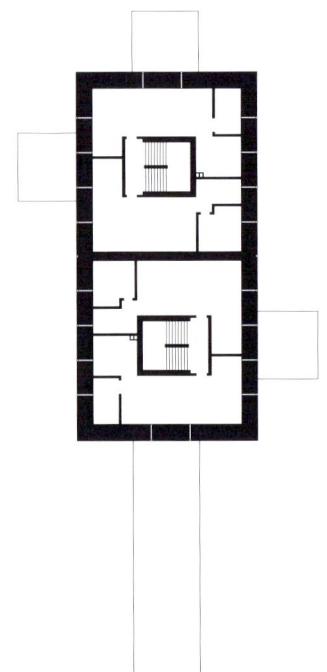

45127 Essen, Helenenstraße

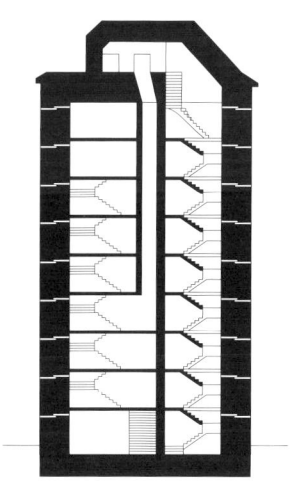

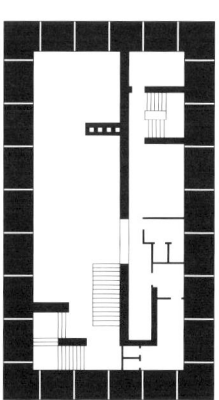

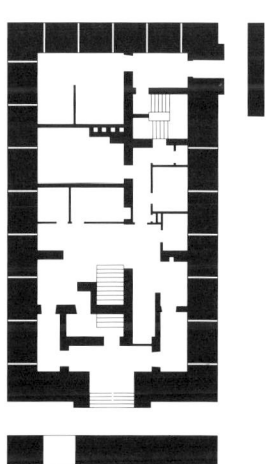

47799 Krefeld, Oppumer Straße

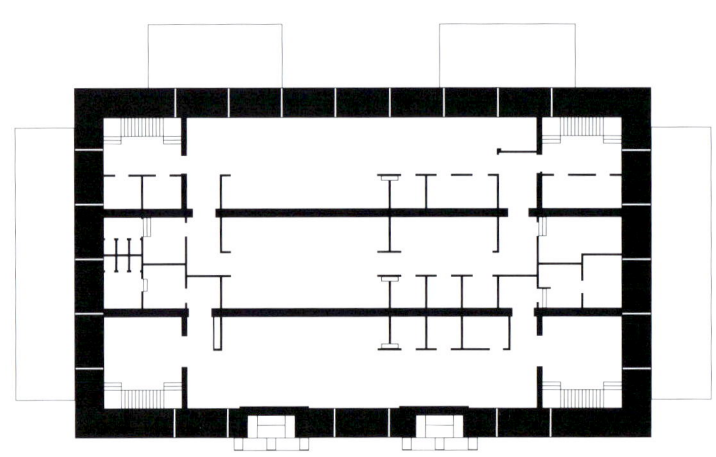

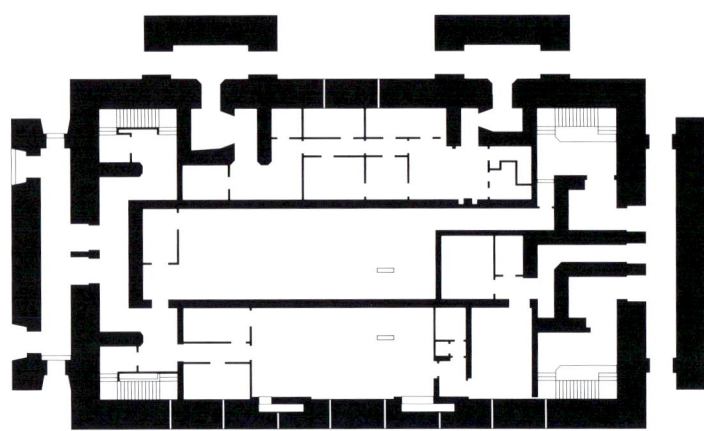

44623 Herne, Amalienstraße

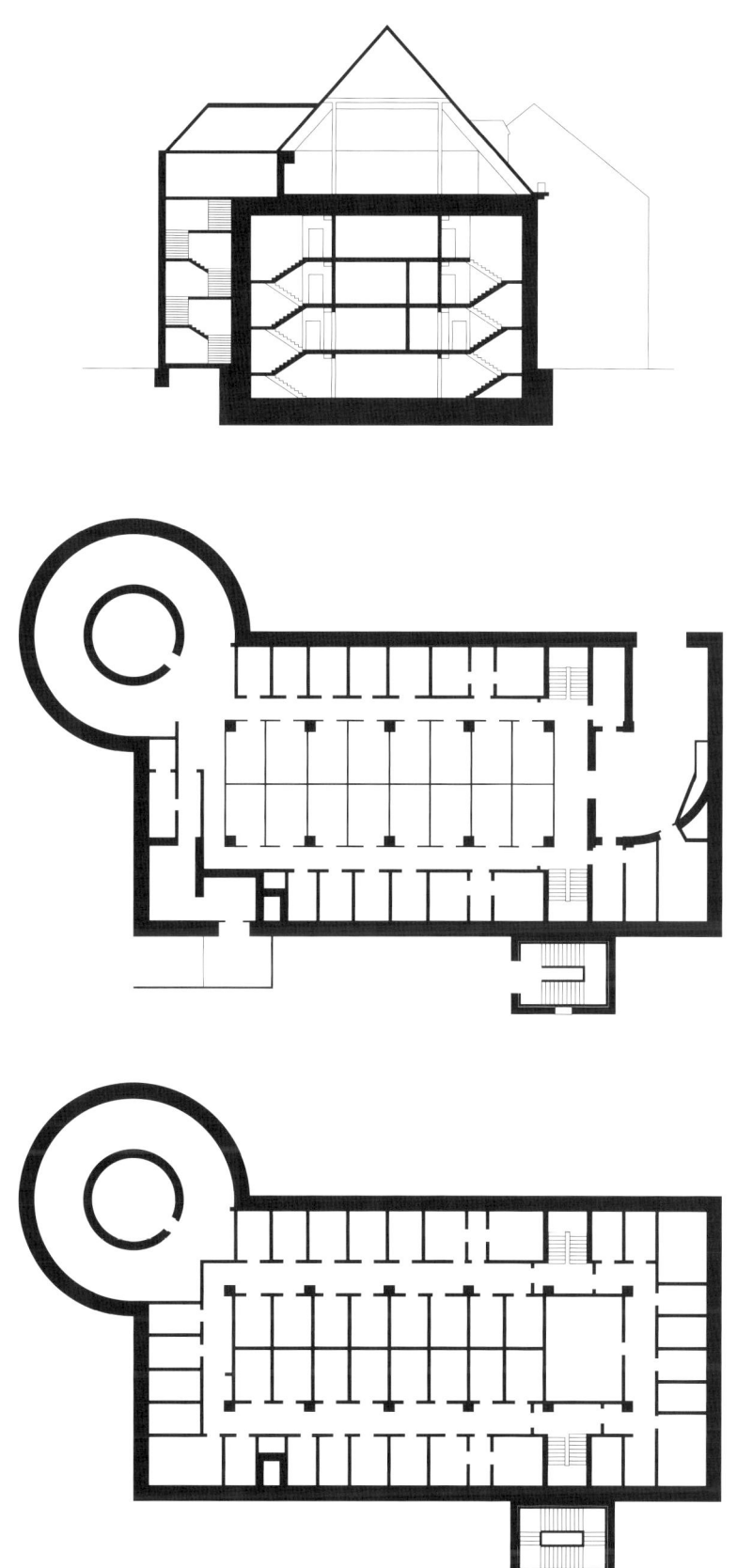

40231 Düsseldorf, Gatherweg

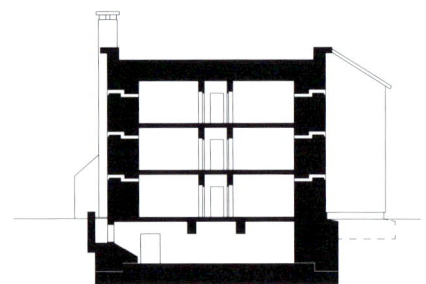

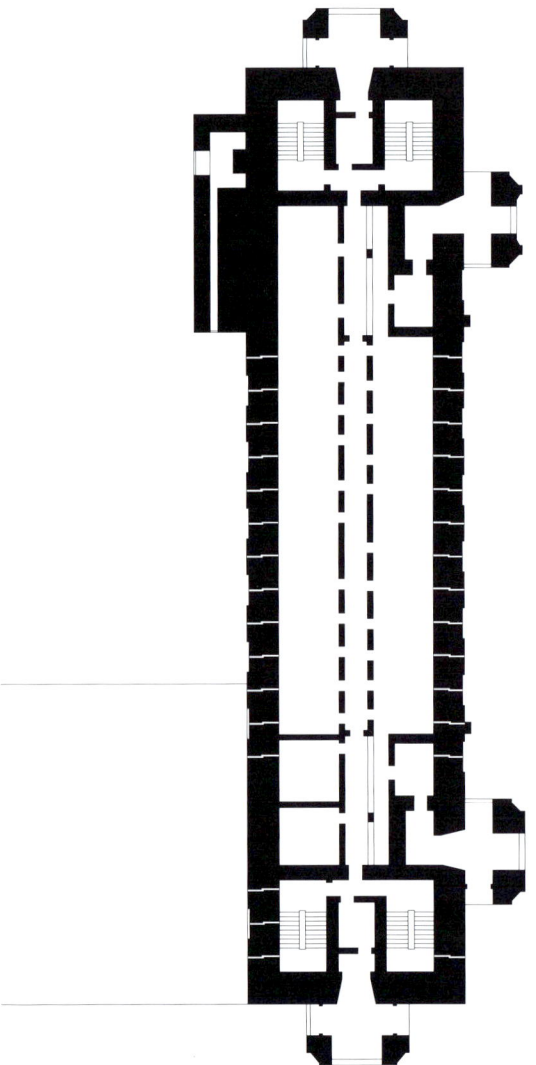

48155 Münster, Wörthstraße

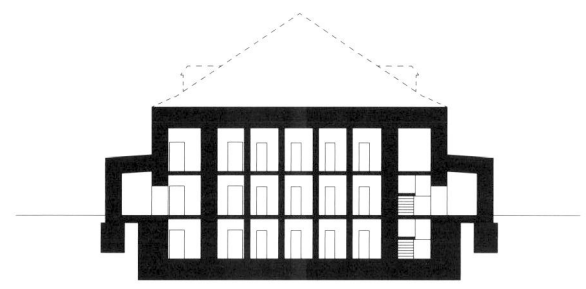

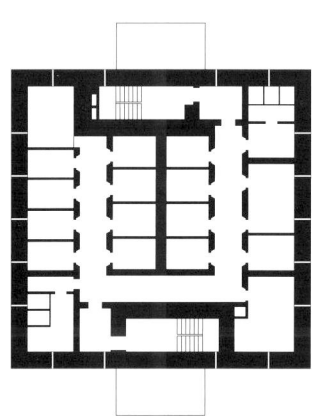

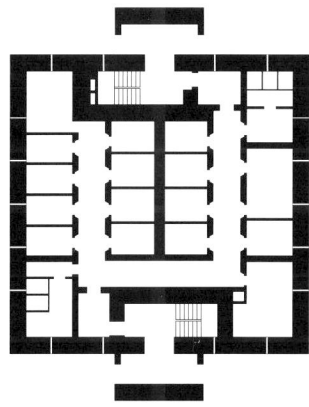

45476 Mülheim an der Ruhr, Hammerstraße

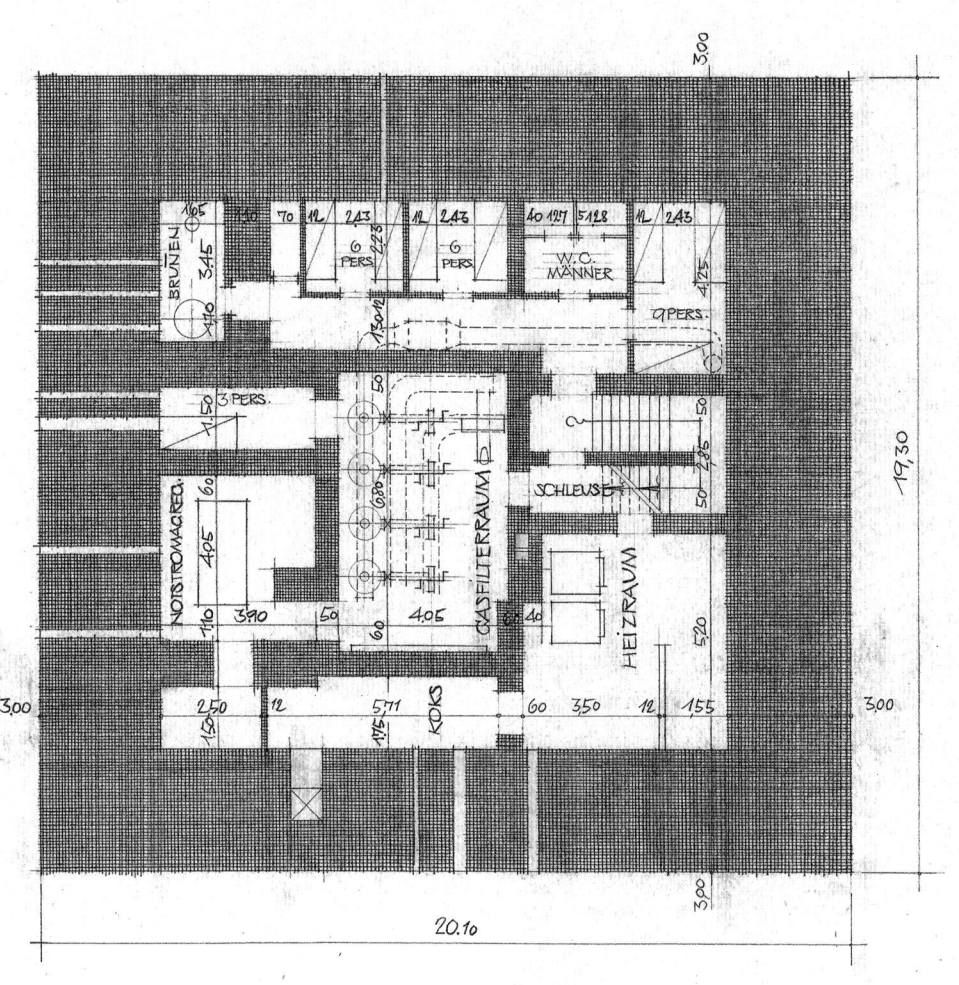

KELLERGESCHOSS
24 PERSONEN

Gut erhaltene bauzeitliche Planunterlagen eines
Bunkers der Stadt Essen.
Stadt Essen: *Institut für Denkmalschutz und
Denkmalpflege Inventarisation*: Hist. Plan:
Städt. Hochbauamt: Luftschutz-Bauwerk Am
Bilstein, Essen Kettwig (1943)

TZ-BAUWERK FÜR 400 PERSONEN,
KAISER WILHELM PLATZ M, 1:100,

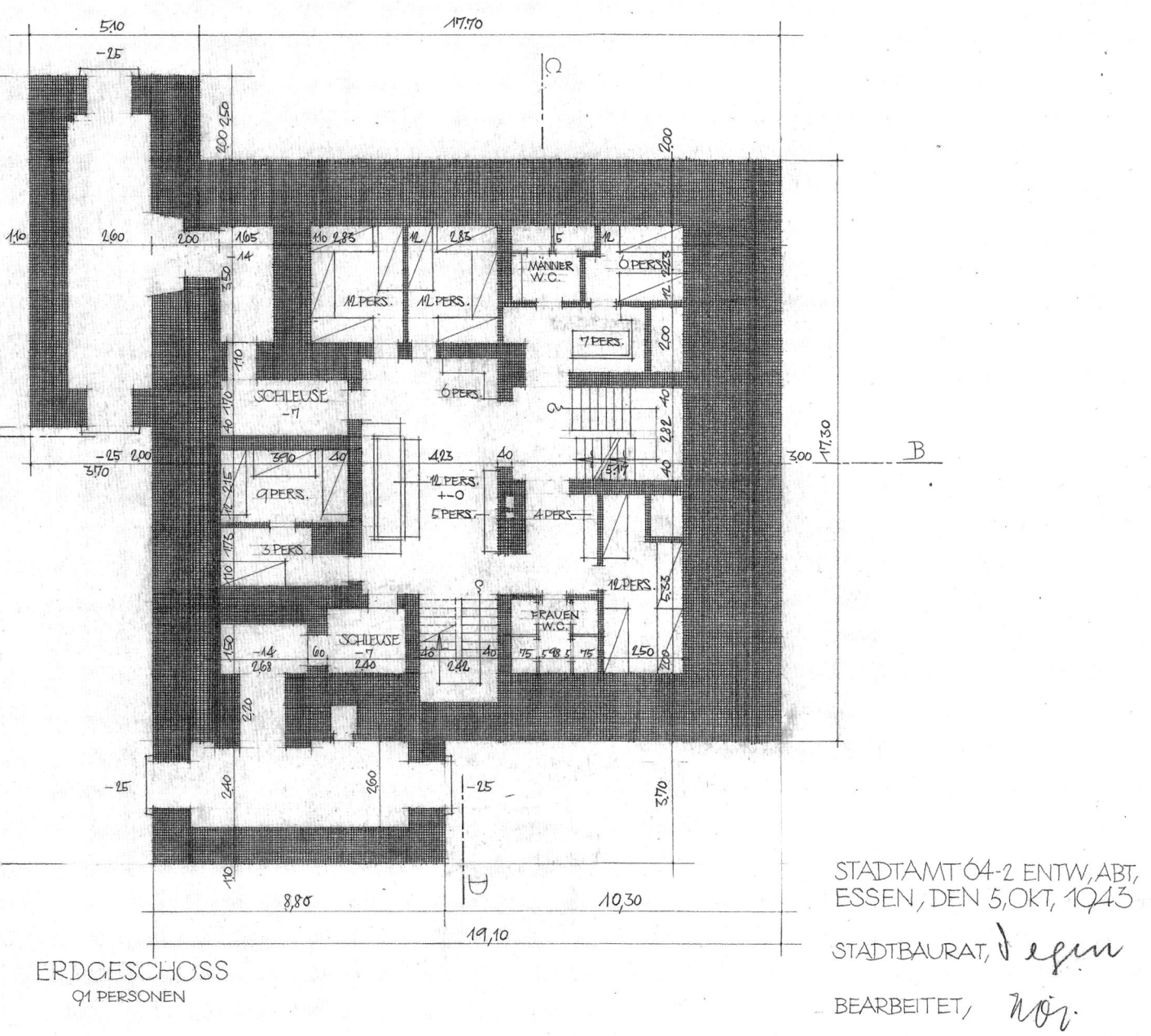

ERDGESCHOSS
91 PERSONEN

STADTAMT 64-2 ENTW, ABT,
ESSEN, DEN 5, OKT, 1943

STADTBAURAT,

BEARBEITET,

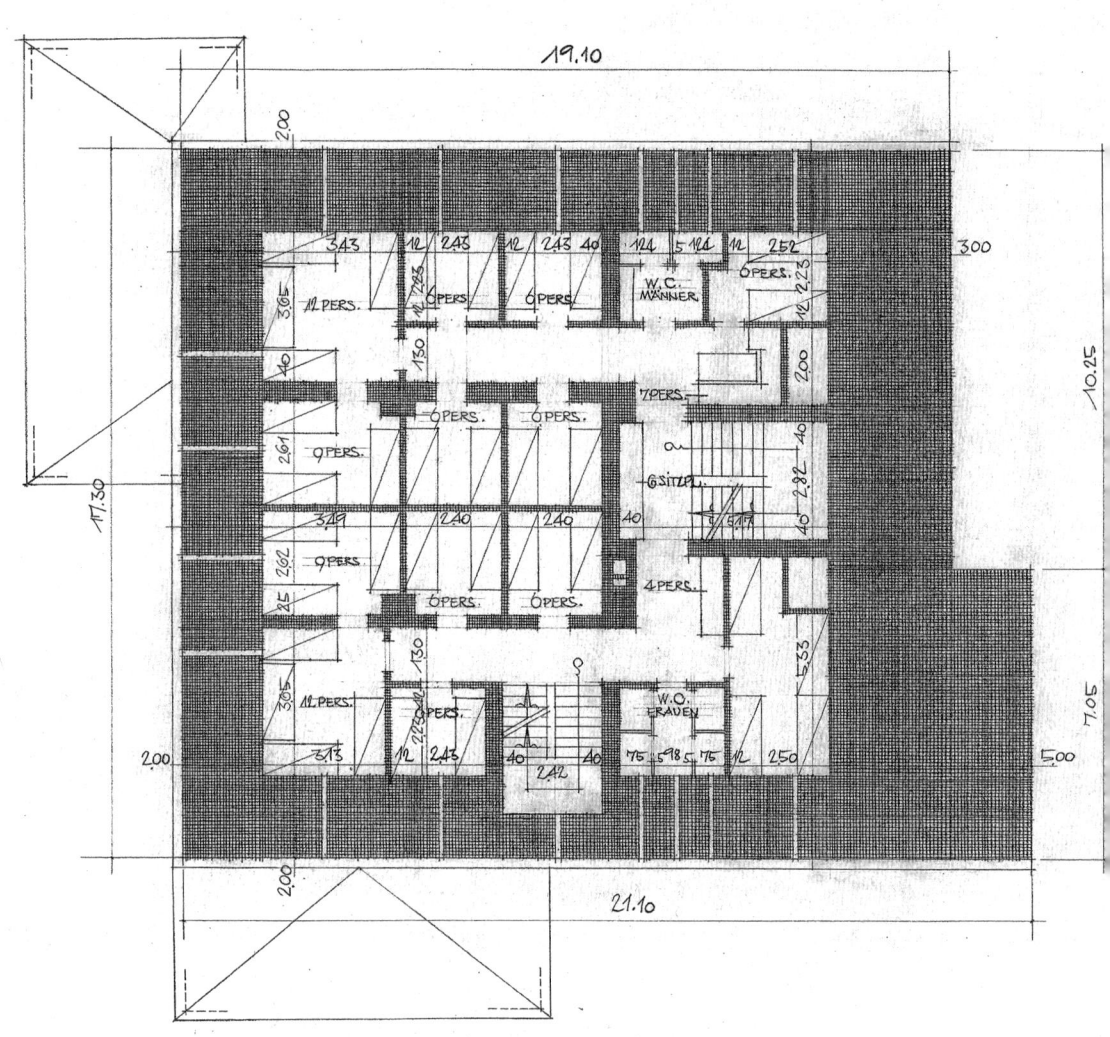

1, OBERGESCHOSS
116 PERSONEN

TZ-BAUWERK FÜR 400 PERSONEN,
KAISER WILHELM PLATZ M, 1:100,

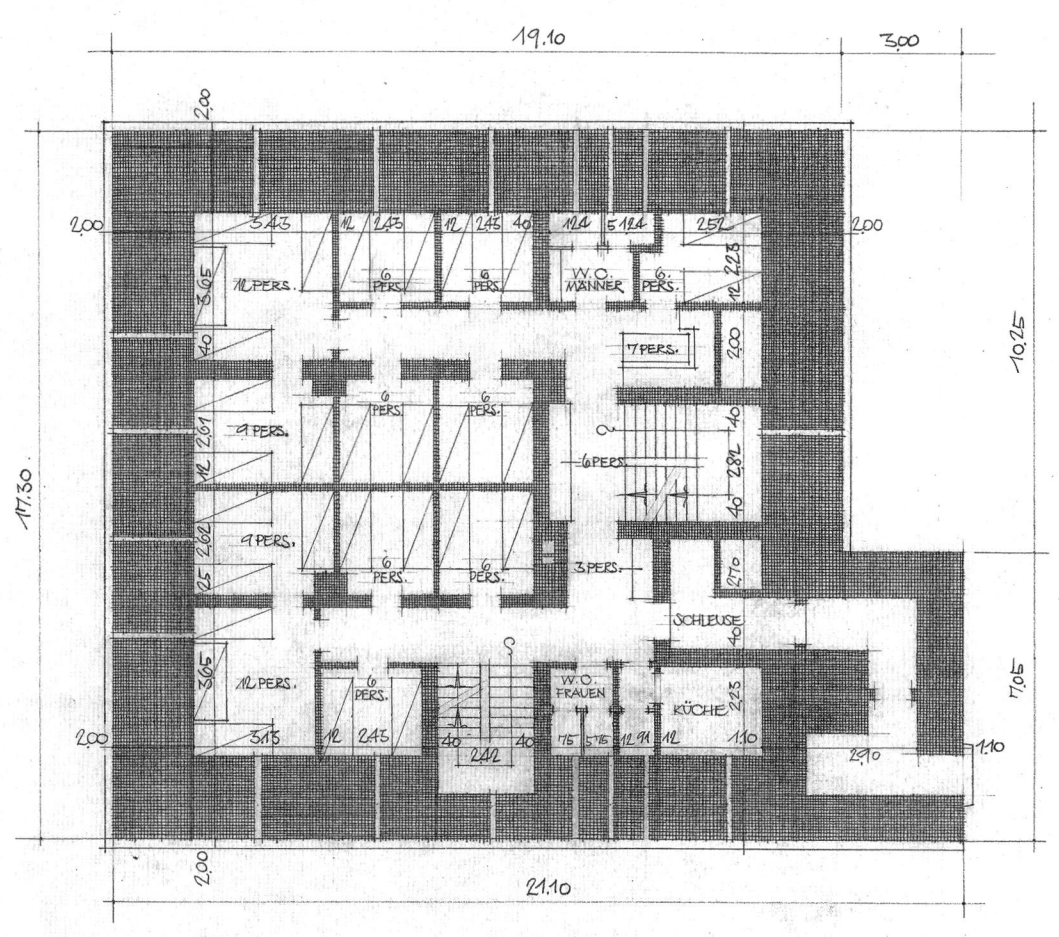

2, OBERGESCHOSS
106 PERSONEN

STADTAMT 64-2 ENTW, ABT,
ESSEN, DEN 12, OKT, 1943

STADTBAURAT,

BEARBEITET,

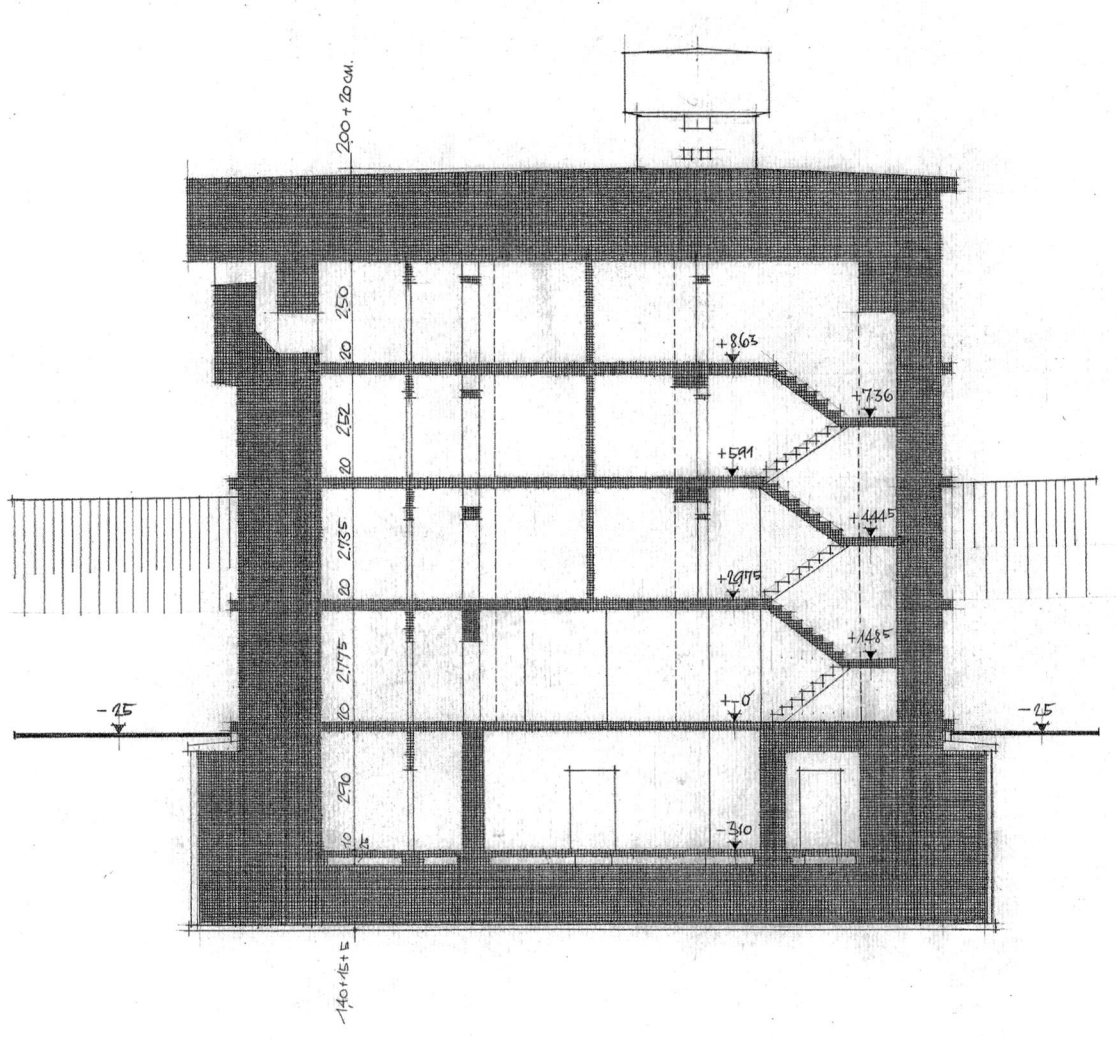

SCHNITT C - D

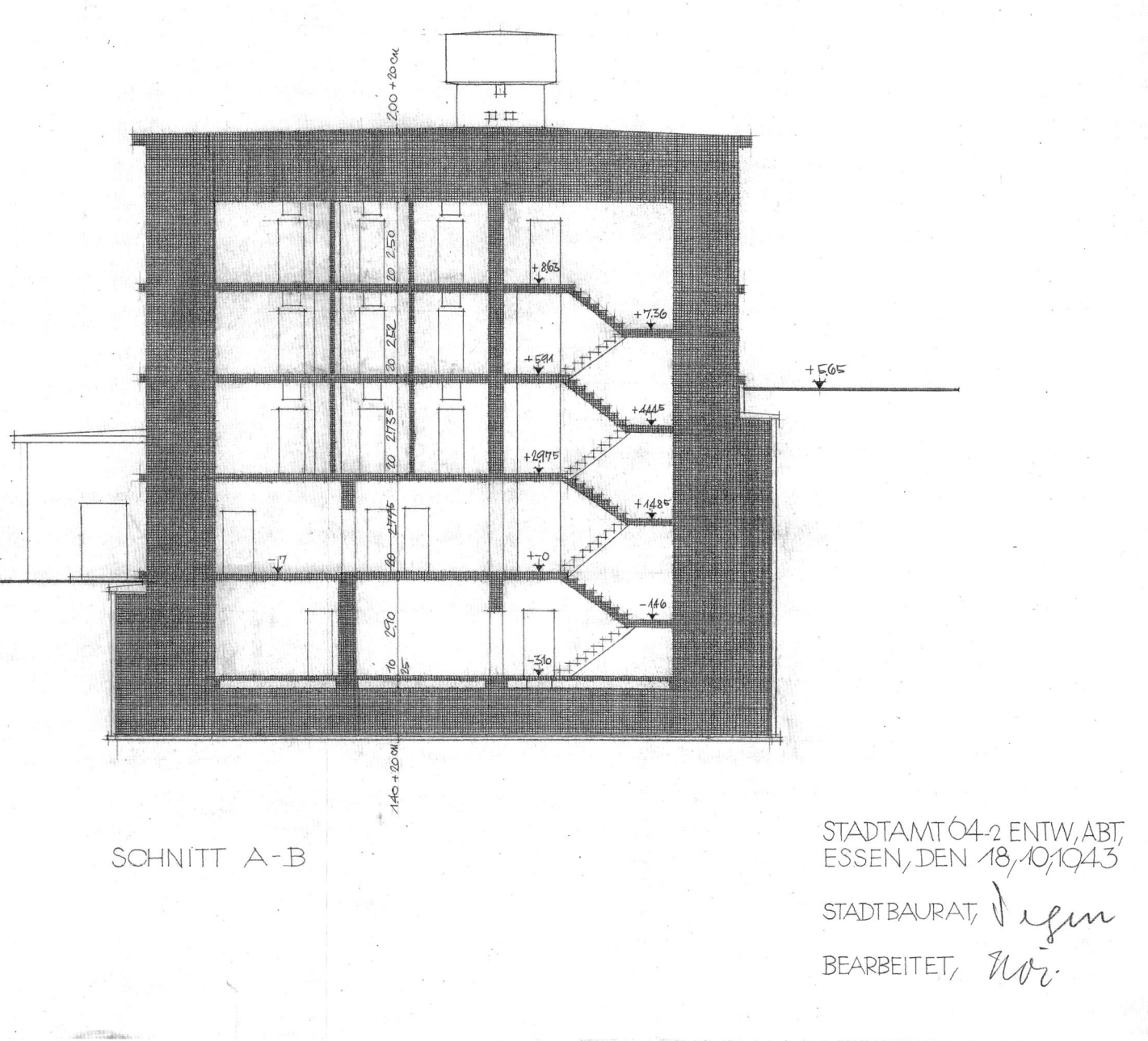

TZ-BAUWERK FÜR 400 PERSONEN,
KAISER WILHELM PLATZ M, 1:100,

SCHNITT A-B

STADTAMT Ó4-2 ENTW, ABT,
ESSEN, DEN 18, 10, 1943

STADTBAURAT,

BEARBEITET,

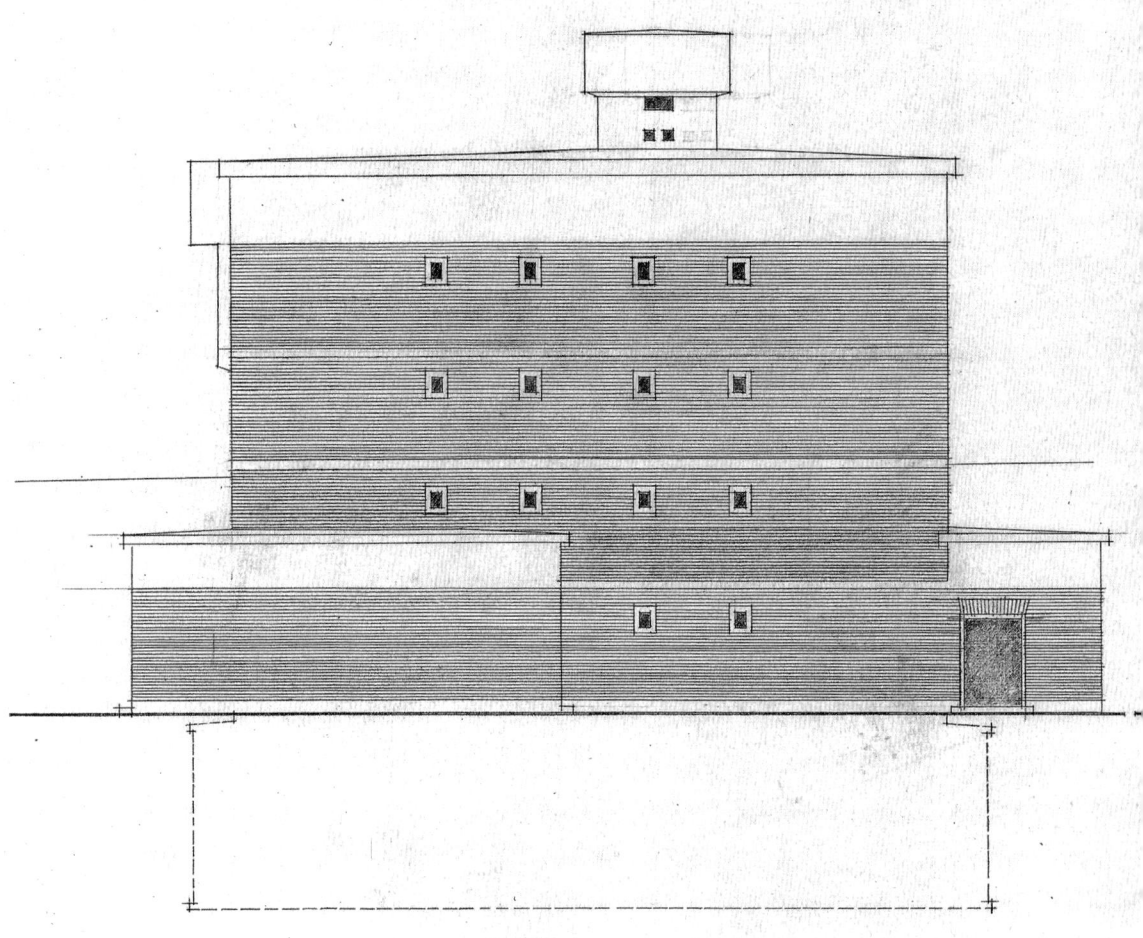

SÜDANSICHT

Z-BAUWERK FÜR 400 PERSONEN,
KAISER WILHELM PLATZ M, 1:100,

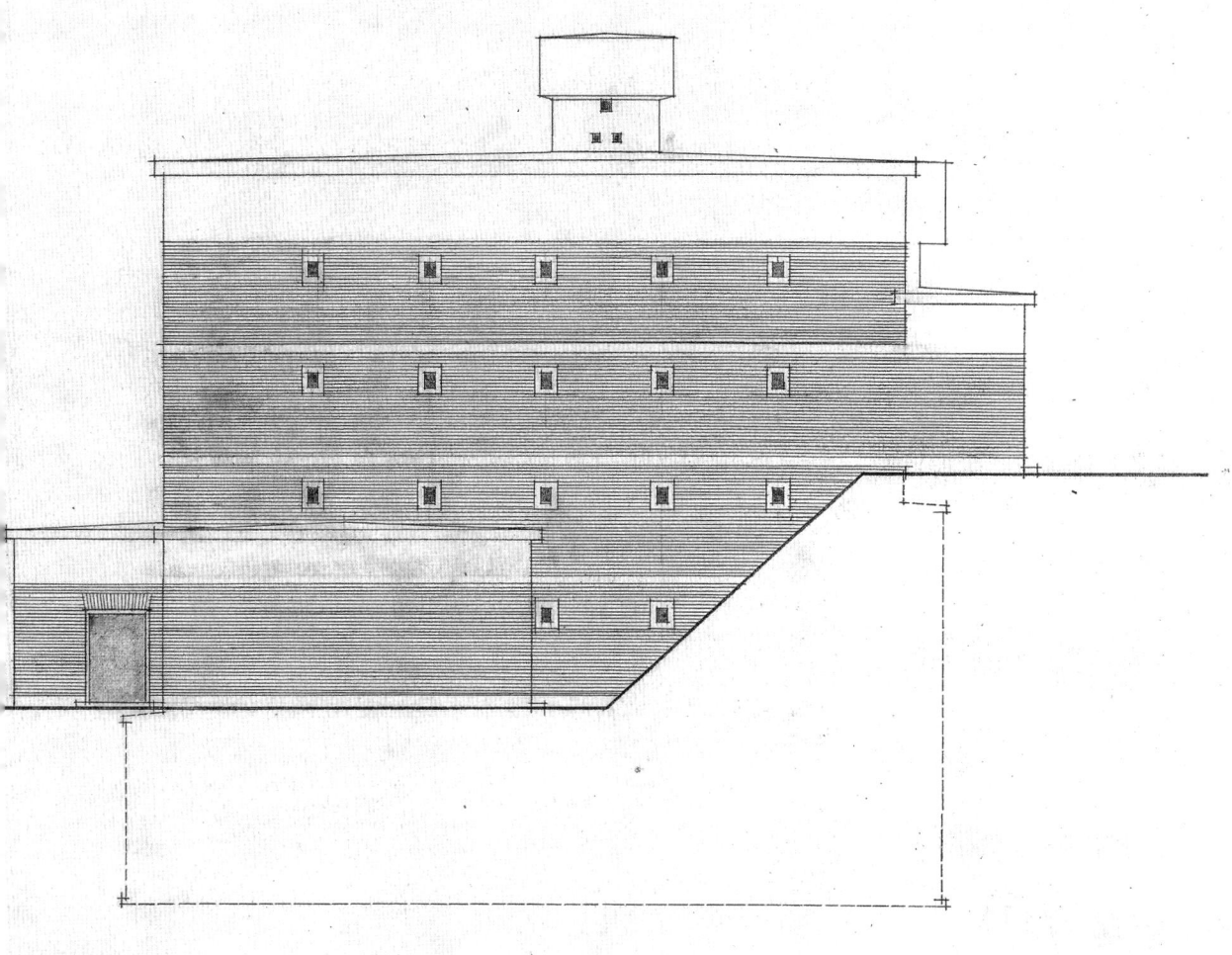

OSTANSICHT

STADTAMT 64-2 ENTW, ABT,
ESSEN, DEN 20,10,1943
STADTBAURAT,
BEARBEITET,

BUNKERGESTALTUNG

Ornament und Verteidigung

Neben den technischen Vorschriften zum Bunkerbau gab es keine konkreten gestalterischen Vorgaben im Rahmen des „Führerbefehls". In den *Bestimmungen für den Bau von Luftschutz-Bunkern*, Heft 1, Allgemeines, Planung und Grundrißgestaltung (Fassung Juli 1941) finden sich nur folgende Vorgaben:

„Architektonische Gestaltung, 9.

(1) Bei der Gestaltung der LS-Bunker soll der Wehrcharakter nach Möglichkeit zum Ausdruck kommen. Dabei ist eine der neuen Aufgabe gerecht werdende Form anzustreben.
(2) Es ist weiter anzustreben, schon das reine Betonbauwerk durch entsprechende Gestaltung architektonisch befriedigend auszubilden. Schmuckteile und Verkleidungen sollen nur sparsam verwendet werden.
(3) Es bestehen keine Bedenken, erst im Frieden zur Ausführung gelangende architektonische Ergänzungen bei den Entwürfen und der Bauausführung zu berücksichtigen."

Diese „weiche" Formulierung und die damit verbundene Gestaltungsfreiheit führten zu einer starken lokalen Ausprägung der einzelnen Bunker. Zusätzlich sorgte die letztgenannte Vorgabe für heute noch sichtbare „unfertige" Bunkerfassaden. Vorrichtungen für Vorhangfassaden an Bunkermauern wie Vorsprünge und Mauerwerksanker verweisen auf eine geplante Zukunft der Bunker, die nicht eingetreten ist. Die Gestaltung beschränkte sich aus Gründen der vorgegebenen Sparsamkeit auf die ohnehin wenigen Bunkerelemente. Notwendige Eingänge, Schutzvorsprünge für Abluftöffnungen und Auflager für Flakgeschütze sowie die klassischen Gebäudeelemente Sockel, Ecke, Dach erhielten durch ihre Ausformulierung als Kranzgesims oder Eckrustizierung oder in anderer Form eine zusätzliche Bedeutung.
Nach dem Krieg wurden insbesondere die unfertigen Bauten als störend im Stadtbild empfunden. Der bereits aus der Luft getarnte Bunker sollte jetzt auch aus der Fußgängerperspektive verschwinden – seine grobe Gestalt wurde durch Berankung und Bemalung (vermeintlich) aufgewertet. Es wurden lokale Künstler beauftragt oder Stadtteilprojekte ausgeschrieben, den Bunker als Leinwand zu betrachten.

◄
Hochbunker
51373 Leverkusen, Carl-Duisberg-Straße (as)

BUNKER BEWERTEN

(SCHUTZ-)BAUTEN DER ERINNERUNG

Zum Denkmalwert der Hochbunker aus dem Zweiten Weltkrieg

Anke Kuhrmann

Hochbunker des Zweiten Weltkriegs, jene grauen Betonriesen, die in vielen deutschen Innenstädten seit Kriegsende ein mehr oder weniger dem öffentlichen Blick entzogenes Dasein fristen, wecken – abhängig vom Alter des Betrachters – unterschiedliche Emotionen und Assoziationen. Doch als Träger besonderer kulturgeschichtlicher Bedeutung, womöglich als Baudenkmal, werden diese vergessenen, oft verdrängten Orte unserer Städte mehrheitlich nicht wahrgenommen.

Können Bunker Denkmale sein, oder müssen sie es sogar? Wann ist ein Luftschutzbau aus der Zeit des Nationalsozialismus ein Baudenkmal und welche fachlichen Kriterien sind ausschlaggebend? Erste Diskussionen über den Denkmalwert von Hochbunkern[1] wurden Ende der 1970er Jahre geführt. 1977 entbrannte am sogenannten Kirchenbunker in der Helenenwallstraße in Köln-Deutz ein heftiger Streit darüber, ob Bunker Baudenkmale sein können und ob die ehemaligen Luftschutzbauten unter Denkmalschutz zu stellen und wie andere Baudenkmale zu erhalten und zu pflegen seien.[2] Diese vor allem fachintern und politisch geführten Debatten erregten auch damals schon öffentliches Interesse. Drei Jahrzehnte und zahlreiche Einzel- und Eintragungsfälle später standen die Hochbunker 2013 erstmals bundesweit als Bau- und Geschichtsdenkmale im Fokus der Öffentlichkeit. Gemäß dem Motto des damaligen Tags des offenen Denkmals „Jenseits des Guten und Schönen: Unbequeme Denkmale?" waren auch die Hochbunker aus dem Zweiten Weltkrieg dafür prädestiniert, ihre gassicheren Panzertüren zu öffnen, Interessierten Einblicke in das sonst der öffentlichen Wahrnehmung weitestgehend entzogene Innere zu gewähren und Besucher auf bedrückende Zeitreisen mitzunehmen. Unbequem im Sinne des Kunsthistorikers Norbert Huse, dessen streitbarem Denkmalplädoyer *Unbequeme Baudenkmale. Entsorgen? Schützen? Pflegen?*[3] der Titel des Tags des offenen Denkmals 2013 entliehen war, sind die überkommenen Hochbunker der NS-Zeit ohne Frage: Unbequem – weil beängstigend und verstörend – sind die Erinnerungen, die sie wecken. Auch wenn nicht jeder persönliche Erinnerungen mit den Bunkern verbindet, ist jedem Betrachter ihre Funktion in einem grauenvollen Krieg und das sie errichtet habende Terrorregime gegenwärtig. Unbe-

1) Dieser Beitrag beleuchtet ausschließlich die oberirdischen, bombensicheren Luftschutzanlagen des Zweiten Weltkriegs. Diese sogenannten Hochbunker waren nur eine – wenn auch aufgrund der hohen Zahl an Schutzplätzen besonders wichtige – Gattung eines umfangreichen Bauprogramms für Luftschutzeinrichtungen zum Schutz der Zivilbevölkerung. Es reichte von behelfsmäßig ertüchtigten Luftschutzräumen (zum Beispiel Kellern) über Deckungsgräben bis hin zu „bombensicheren" Anlagen wie Tief- und Stollenbunkern.

2) Hesse, Hans/Purpus, Elke: „Vom Luftschutzraum zum Denkmalschutz. Bunker in Köln", in: *Bunker. Kriegsort, Zuflucht, Erinnerungsraum* (hg. von Inge Marszolek und Marc Bruggeln). Frankfurt am Main 2008, S. 61–74

3) Huse, Norbert: *Unbequeme Baudenkmale. Entsorgen? Schützen? Pflegen?* München 1997

◄

Noch nicht geschützt
44649 Herne, Heinz-Rühmann-Platz (as)

quem ist ihre Erscheinung, denn die in der Mehrzahl grob betonierten und unverkleidet gebliebenen, raumgreifenden Baukörper werden als unansehnlich empfunden, was in der Vergangenheit zu zahlreichen Versuchen geführt hat, sie durch Begrünung, Bemalung oder Dekorierung im Stadtbild zu kaschieren. Als unbequem gilt auch der Umgang mit den als denkmalwert erkannten Hochbunkern, denn wie auch bei anderen Denkmalen sollen die bei Nutzungsbedarf notwendigen baulichen Interventionen denkmalgerecht erfolgen und bedürfen daher Abstimmungen mit den zuständigen Behörden. Auch in ihrer Vermittlung können die Bunker „sperrig" sein. Eignen sich die Bunkerbauten eigentlich in besonderer Weise zur Vergegenwärtigung von Geschichte, als Orte der Aufklärung innerhalb der städtischen Erinnerungslandschaft, werden sie mitunter zu Zielen des sogenannten *Dark Tourism*[4]. Das passiert gerade dann, wenn private Betreiber in einer ethisch-moralischen Gratwanderung die eigentümliche „Anziehungskraft" dieser Schreckensorte vermarkten.

Doch dies ist nur eine Facette dieser Hinterlassenschaften des Nationalsozialismus, denn heute sind die zumeist auf begehrten, teilweise sehr prominenten innerstädtischen Grundstücken befindlichen Luftschutzbunker zu attraktiven Investitionsobjekten für Immobilienentwickler geworden. Auch stellen sie inzwischen ein hochinteressantes Aufgabenfeld für Stadtplaner und Architekten dar. Diese Entwicklung wurde vor allem durch die Aufhebung der Zivilschutzbindung 2007 – mit der die ehemalige Schutzfunktion der Bunker bedeutungslos wurde – ermöglicht. Seither wurden die bundeseigenen Hoch- und Tiefbunker entwidmet und durch das zuständige Bundesamt für Bevölkerungsschutz und Katastrophenhilfe zur Vermarktung an die Bundesanstalt für Immobilienaufgaben freigegeben.

Aufgabe der Denkmalpflege ist es, aus der Masse der in ganz unterschiedlichen baulichen Zuständen überkommenen Bauwerke jene zu bestimmen, die aufgrund ihrer kulturhistorischen Bedeutung in ihrer überlieferten Bausubstanz für die Zukunft bewahrt werden sollen. Erste systematische Erfassungen und Bewertungen dieser Bauaufgabe erfolgten im Rahmen spezieller Erfassungsprojekte für besonders betroffene Städte – so 1998/99 in Hamburg, 2010 in Mannheim oder auch 2010–2012 in Frankfurt am Main. Zudem wurden die Luftschutzbauten im Zuge von Denkmaltopografien mitinventarisiert.[5] Das LWL-Amt für Denkmalpflege, Landschafts- und Baukultur in Westfalen arbeitet an einer systematischen Erfassung der Hochbunker ausgewählter westfälischer Großstädte. Am niedersächsischen Landesamt für Denkmalpflege ist in diesem Jahr ein flächendeckendes Inventarisationsprojekt für die Hochbunker in Hannover aufgenommen worden. Grundsätzlich erfolgte

4) Als *Dark Tourism* bezeichnen Wissenschaftler ein Freizeitphänomen, bei dem Menschen aus ganz unterschiedlicher Motivation zu Orten des historischen Schreckens – von Auschwitz bis Ground Zero – reisen.

5) Siehe dazu: Arbeitsblatt 41: Bibliografie Denkmaltopographie Bundesrepublik Deutschland – Auflistung aller bisher erschienenen Bände (hg. von der Vereinigung der Landesdenkmalpfleger, Arbeitsgruppe Inventarisation) http://www.denkmalpflege-forum.de/Veroffentlichungen/Arbeitsblatter/arbeitsblatter.html (25.05.2015)

seit den Anfangsdiskussionen der 1970er Jahre in allen Bundesländern die Begutachtung zahlreicher Hochbunker und – so der Denkmalwert gegeben war – ihre Eintragung in die Denkmallisten. Die Aufarbeitung dieser seit einigen Jahren einem starken Veränderungsdruck unterworfenen Denkmalgattung ermöglicht verlässliche Aussagen zu den denkmalwerten Hochbunkern und gibt dadurch Planungssicherheit für die betroffenen Städte und die Denkmaleigentümer. Was in den 1970er Jahren noch für hitzige politische Debatten sorgte, erregt auch heute noch stets große öffentliche Aufmerksamkeit, stößt aber bei weiten Teilen der Verantwortlichen sowie der Bevölkerung auf deutlich mehr Verständnis und manchenorts zunehmend auf Zustimmung.

Die Grundlage für die Inventarisationsarbeit der Denkmalbehörden ist die fachliche Einschätzung der architekturhistorischen und geschichtlichen Bedeutung der Hochbunker sowie ihres spezifischen, in ihrer materiellen Substanz überlieferten, historischen Aussagewertes; die Grundlage für das formale Eintragungsverfahren, in dem die Objekte in die Denkmallisten aufgenommen werden, sind die jeweiligen Denkmalschutzgesetze der Länder. Sie legen die Kriterien fest, nach denen bemessen wird, ob die Bedeutung eines Objektes so hoch ist, dass es Denkmalwert besitzt und aus diesem Grund an seiner Erhaltung ein öffentliches Interesse besteht. Das Denkmalschutzgesetz Nordrhein-Westfalens formuliert unter § 2 Abs. 1, dass Denkmale „Sachen, Mehrheiten von Sachen und Teile von Sachen sind, an deren Erhaltung und Nutzung ein öffentliches Interesse besteht. Ein öffentliches Interesse besteht, wenn die Sachen bedeutend für die Geschichte der Menschen, für Städte und Siedlungen oder für die Entwicklung der Arbeits- und Produktionsverhältnisse sind und für die Erhaltung und Nutzung künstlerische, wissenschaftliche, volkskundliche oder städtebauliche Gründe vorliegen."

Vor dem Gesetz sind alle Denkmale gleich, für einen Hochbunker gelten dieselben Kriterien wie etwa für eine Hofanlage, ein Bürgerhaus, eine Produktionsstätte oder ein Schlossensemble. Objekte, wie in diesem Fall die Hochbunker, die mindestens ein Bedeutungskriterium erfüllen und mindestens einen Grund für die Erhaltung und Nutzung vorzuweisen haben, gelten als denkmalwert. Bei Bunkern, wie bei allen übrigen Objekten auch, sind nicht ästhetische Kriterien maßgeblich für die Feststellung des Denkmalwertes und somit die Unterschutzstellung, sondern die anhand eines Gebäudes möglichen historischen Erkenntnisse, die die Orte des Nationalsozialismus und den Zweiten Weltkrieg, aber auch die Nachkriegszeit und den Kalten Krieg vergegenwärtigen.
Über die Frage, ob ein Hochbunker Denkmalwert im Sinne des

A) Bei dem letzten und schwersten Luftangriff auf Hagen am 15. März 1945 durchschlug eine Sprengbombe die Längswand des Bunkers an der Körnerstraße und explodierte im Inneren. Mit über 400 Opfern gilt dieser Treffer als die „verlustreichste Bunkerkatastrophe auf dem europäischen Kriegsschauplatz"[7]. (Quelle: Stadtarchiv Hagen)

6) Grunsky, Eberhard: „Kunstgeschichte und die Wertung von Denkmälern", in: *Deutsche Kunst und Denkmalpflege* 49/1991, S. 107–118, S. 109

7) http://www.volksbund.de/nordrhein-westfalen/nrw-infotafeln0/info-tafeln-arnsberg/nrw-hagen.html (05.05.2015)

jeweiligen Denkmalschutzgesetzes besitzt und er somit als Baudenkmal einzutragen und zu erhalten ist, entscheidet ganz maßgeblich sein baulicher Überlieferungszustand. Der Zustand der ehemaligen Schutzbauten zeigt sich aufgrund ihrer spezifischen „Nachkriegsgeschichte" sehr heterogen. Als Baudenkmal können vor allem jene Hochbunker angesprochen werden, deren Baukörper, Binnenstruktur und (wandfeste) Ausstattung – aus der Zeit des Zweiten Weltkriegs oder jener des Kalten Kriegs – weitestgehend authentisch überliefert ist. Denn die historische Substanz ist maßgeblich Träger der Bedeutung und die Originalität der Substanz macht ein Werk aus vergangener Zeit zum aussagekräftigen und glaubhaften Geschichtszeugnis.[6]

Selbst wenn ein Luftschutzbauwerk wie der Hagener Bunker in der Körnerstraße von besonderer Bedeutung für die Geschichte der Menschen war, da sich hier der folgenschwerste Bunkertreffer des Zweiten Weltkriegs ereignete[A,B], kommt ihm nicht der Rang eines Baudenkmals zu. Die weitreichenden baulichen Veränderungen der Folgezeit – Entfestigung sowie kommerzielle und kulturell-religiöse Umnutzungen – führten dazu, dass dieser Bunker seinen historischen Zeugniswert als Schutzbau des Zweiten Weltkriegs weitgehend eingebüßt hat. In seiner heutige Überlieferung vermittelt er weder die Luftkriegserfahrungen der Hagener Bevölkerung noch kann er als ehemaliger Hochbunker der „II. Welle" der Wissenschaft Auskunft über die Entwicklung des Bunkerbaus geben. Die im Zuge der Umnutzung vorgenommenen baulichen Eingriffe selbst sind in ihrer architektonischen Umsetzung beliebig und historisch von keiner eigenständigen Aussage.

Hochbunker mit gut überlieferter bauzeitlicher Bausubstanz und (gegebenenfalls technischer)[8] Ausstattung sowie jene mit authentischen Spuren ihrer Zweitverwendung im Kalten Krieg erfüllen die

B) Trotz dieser menschlichen Tragödie kommt dem Bunker in der Hagener Körnerstraße kein Denkmalwert zu. In der unmittelbaren Nachkriegszeit wurde er „entfestigt", was zu einer Zerstörung der Schutzfunktion und starken Eingriffen in den Außenbau sowie die innere Struktur führte. Hierdurch ging sein Zeugniswert für die Kriegsschrecken und das menschliche Leid verloren. Doch selbst diese historischen Spuren der alliierten Nachkriegspolitik sind durch den späteren Einbau eines Geschäftslokals (Schmidt im Bunker) und jüngst den Umbau zu einem islamisch-kurdischen Gemeindezentrum überformt worden. Historische Funktion und Bedeutung des einstigen Schutzbaus sind nicht mehr ablesbar und somit der Denkmalwert nicht gegeben. (Aufnahme: Ina Hanemann, Untere Denkmalbehörde der Stadt Hagen, 2015)

8) Einige Bunker wurden aus Einspargründen nicht mit der geforderten Luftschutztechnik ausgestattet, sodass das Fehlen der bauzeitlichen Belüftungsmaschinen nicht gegen den Denkmalwert spricht. Vielmehr ist es ein historisches Zeugnis für die wirtschaftlichen Umstände des Bunkerbaus.

9) Friedrich, Jörg: *Der Brand. Deutschland im Bombenkrieg 1940–1945*. München 2002, S. 296

10) Kriegschronik – Münster im Zweiten Weltkrieg http://www.muenster.de/stadt/kriegschronik/1944_bomben_bombenschaeden.html (09.01.2014)

zu Beginn angesprochenen Kriterien des Denkmalschutzgesetzes, wie sie für NRW formuliert sind: Sie sind bedeutend für die Geschichte des Menschen, weil sie bauliche Dokumente der NS-Herrschaft und deren menschenverachtender Kriegsführung sind und wie kein anderes Bauwerk das Leben der Menschen an der „Heimatfront" dokumentieren. In ihrer körperlichen Erfahrbarkeit versetzten sie – mehr als alle anderen historischen Dokumente und Zeugen – heutige und zukünftige Generationen in die Lage, sich die Schrecken des Luftkrieges und die Extremsituation, in der sich die Bevölkerung während der Bombardements befunden hat, zu vergegenwärtigen.

Als „Überlebensorte" geplant und errichtet, veranschaulichen sie auch das Leiden und Sterben im Krieg und besitzen daher ausgewiesenen Mahnmalcharakter. In besonderer Weise bezeugen die durch Bombentreffer teilzerstörten Luftschutzbunker – so sie originär erhalten sind – die menschlichen Tragödien des Krieges. Dass ein als volltreffersicher geltender Hochbunker schwer beschädigt oder gar durchschlagen wurde, kam in zahlreichen Städten vor und kann nicht als „Ausnahmefall"[9] bezeichnet werden. In jedem einzelnen Fall wurde das Vertrauen in den letzten Halt und die damit verbundene Hoffnung auf Überleben massiv erschüttert. So erlebte Münster nach dem todbringenden Treffer auf den Schützenhofbunker[C,D] in der Wörthstraße im November 1944 eine erneute Abwanderungswelle von rund 6000 Personen.[10]

Als Leidensorte der deutschen Zivilbevölkerung gemahnen die Hochbunker jedoch immer auch an das Schicksal der im Nationalsozialismus ausgebeuteten Fremd- und Zwangsarbeiter. Die Hochbunker erzählen von dem besonders zynischen Umgang des nationalsozialistischen Regimes mit diesen Menschen, die zu Tausenden zum Bunkerbau herangezogen wurden, oft schon auf den

C) Der Schützenhofbunker in Münster wurde während des schwersten Luftangriffs auf die Stadt am 18. November 1944 getroffen; 68 Menschen verloren ihr Leben. (al)

Baustellen ihr Leben ließen und denen im Angriffsfall der Zutritt zu den Schutzräumen untersagt war.

Darüber hinaus legen die ehemaligen Luftschutzbunker Zeugnis ab von dem durch Mangel und Provisorien geprägten Nachkriegsalltag sowie dem Wettrüsten im Kalten Krieg und den damit verbundenen Ängsten der Menschen. Die zivile Umnutzung der Nachkriegszeit, aber auch die Aufrüstung der Hochbunker für den Zivilschutz gingen mit gestalterischen Eingriffen und baulichen Veränderungen – von Aufschriften bis hin zu Abbrüchen von Innenwänden oder Durchbrüchen an den Umfassungsmauern und neuer Luftschutztechnik – einher. Die baulichen Spuren dieser Nachnutzungen sowie der Zweitverwendung der Hochbunker des Zweiten Weltkrieges als Schutzräume für einen möglicherweise atomar geführten Dritten Weltkrieg können als bauliche Dokumente der weiteren historischen Bedeutungsschicht denkmal- und erhaltenswert sein.

Die Hochbunker sind von besonderer Bedeutung für die (Bau-)Geschichte zahlreicher Großstädte Deutschlands, die als Militärstandorte oder aufgrund ihrer kriegswichtigen Industrie zu „Bunkerstädten" erklärt worden waren. Gehören die Luftschutzbauten und hier insbesondere die augenscheinlichen Hochbunker doch zu den wenigen, mithin sehr deutlich sprechenden städtischen Bauprojekten der Kriegsjahre einer Zeit, in der die Bauwirtschaft nahezu zum Erliegen gekommen war. Abgesehen von vereinzelten Wiederaufbauten und kriegsnotwendigen Bauprojekten für die Rüstungsindustrie war das für den Bunkerbau initiierte „Luftschutz-Sofortprogramm" die größte bauliche „Leistung" auf staatlicher wie kommunaler Ebene.

Darüber hinaus tragen die überkommenen Luftschutzbunker die Bemühungen der für die gestalterische Umsetzung verantwortli-

D) Die den Bombentreffer auf den Schützenhofbunker in Münster dokumentierenden Repara-
turspuren in der Abschlussdecke des östlichen
Treppenhauses und zusätzliche Sicherungs-
maßnahmen sind wichtige Geschichtsspuren
und aus diesem Grund denkmalkonstituierend.
Umbaumaßnahmen für zukünftige Nutzungen
sollten sie respektieren und ablesbar lassen.
(Aufnahme: Angelika Brockmann-Peschel,
LWL-Amt für Denkmalpflege, Landschafts- und
Baukultur in Westfalen, 2015)

chen Hochbauämter in sich, die Großbauten in bestehende Strukturen städtebaulich wie architektonisch einzufügen. In der Regel
besitzen die Hochbunker mit ihren raumgreifenden Dimensionen
noch heute eine hohe städtebauliche Präsenz, sodass ihre Nutzung und Erhaltung aus städtebaulichen Gründen im Interesse der
Allgemeinheit liegt.

Bei den substanziell gut überlieferten Bunkern sprechen wissenschaftliche, hier architektur- und militärgeschichtliche Gründe
für ihre Erhaltung und Nutzung. Denn in ihrer Bausubstanz und
Bunkertechnik dokumentieren sie Konstruktion, Ausführungs-
weise, Funktionsweise, Architektur, Nutzung und damit die über
das Kriegsende hinausweisende typologische Entwicklung dieser
Bauaufgabe.

Aus denkmalpflegerischer Sicht ist es notwendig, denkmalwer-
te Hochbunker aus beiden Bauphasen, der sogenannten I. und
II. Welle, zu schützen und zu erhalten, denn allein in der Zu-
sammenschau offenbart sich der technische Fortschritt im Luftschutzbau. Zugleich dokumentieren die Schutzbauten aus beiden
„Wellen" den nicht zu gewinnenden Wettlauf zwischen den immer durchschlagskräftigeren Bomben und der damaligen Luft-
schutzbauforschung, die mit neuen Normen – wie den verstärkten
Abschlussdecken und -wänden – auf die Weiterentwicklung der
Waffentechnik reagierte, in der Realität aber an den Sparmaß-
nahmen scheiterte. Hier wird auch deutlich, welch hohen Quel-
lenwert Bunker mit originärer Bausubstanz für die Wissenschaft
besitzen. Denn die an Material- und Arbeitskräftemangel leidende
Bauausführung stimmte häufig nicht mit den bautechnischen Vorgaben und nicht einmal mit den Ausführungsplänen überein. Nur
gemeinsam können die überlieferten Quellen zu den staatlichen
Vorgaben, spezifische Planungsunterlagen und authentisch erhaltene Hochbunker Aufschluss über die (architektur-)historische
Entwicklung im Luftschutzbau geben.

Über die Baugeschichte Deutschlands hinaus kommt den Hochbunkern des Zweiten Weltkriegs Bedeutung für die internationale
Architekturgeschichte zu. Gilt das auf höchster politischer Ebene initiierte „Luftschutz-Sofortprogramm" doch als das größte
zweckgebundene Bauprogramm der Geschichte, das keine Ent-
sprechung in Europa oder Übersee gefunden hat. Eine amerika-
nische Studie bezeichnete das deutsche Luftschutzbauprogramm
1946 im Rückblick als „Germany's great experiment. No shelter
buildings exist in the United States or England similar to these
so-called Bunker" und bewertete es als „probably the most tre-
mendous constructional program in civilian or passive defense for
all time."[11] Als Propagandainstrumente sind die überkommenen
Bunkerbauten von hohem Erkenntnisgewinn für die Geschichts-

11) Der *US Strategic Bombing Survey* war eine von den Amerikanern nach dem Krieg durchgeführte Untersuchung zur Effektivität ihrer Luftangriffe im Zweiten Weltkrieg: *The United States Strategic Bombing Survey,* Bd. 2: Final Report C.D.D. No. 40 (Hg. David MacIsaac). New York/London 1976, S. 150; zitiert nach Foedrowitz 1998, S. 9

wissenschaft und die historische Sozialwissenschaft, vergegenwärtigen sie doch, dass das „Luftschutz-Sofortprogramm" letztlich weniger humanitären als vielmehr militärstrategischen Zielen diente: Ganz praktisch sollten die Hochbunker den Arbeitern der Rüstungs- und kriegswichtigen Zulieferindustrie Schutz bieten und so deren Arbeitskraft erhalten. Psychologisch sollten das Bauprogramm und insbesondere die massige Bunkerarchitektur den Menschen ein Gefühl von Sicherheit vermitteln, um so der Aufrechterhaltung der „Moral" und der Stabilisierung der nationalsozialistischen Politik zu dienen.

„Bunker erleben" – Schlussbetrachtung

Zufluchtsorte der Großstadtbevölkerung, Architekturen des Krieges, Instrumente der nationalsozialistischen Machtsicherung, Symbole der atomaren Aufrüstung – die Hochbunker des Zweiten Weltkriegs sind, nicht zuletzt wegen ihrer spezifischen Nutzungs- und Umnutzungsgeschichten sowie ihrer erneuten „Nutzbarmachung" im Laufe eines halben Jahrhunderts, multiple Bedeutungsträger und damit Erinnerungsorte von großer historischer Aussagekraft für unsere jüngere bis jüngste Geschichte.

Ist der Denkmalwert eines Bunkers festgestellt, benennt die Inventarisation jene baulichen Bereiche, die für den Denkmalwert dieses spezifischen Bauwerks konstituierend sind und aus diesem Grund bei zukünftigen Umnutzungen der besonderen Berücksichtigung bedürfen. Hierbei kann es sich, abhängig von der individuellen Bunkergeschichte, um die bauzeitliche Substanz und Ausstattung während des Zweiten Weltkriegs, Spuren besonderer historischer Ereignisse – wie eines Bombentreffers – oder auch um bauliche Eingriffe der Nachkriegsnutzung und während des Kalten Krieges handeln.

Denkmalgeschützte Hochbunker des Zweiten Weltkriegs sind nicht ausgenommen von gegenwärtigen städtebaulichen Entwicklungen oder neuen Konzepten zum „Bunker beleben". Einen denkmalgeschützten Bunker einer neuen Nutzung zuführen zu wollen, geht in der Regel jedoch mit Maßnahmen einher, die das Denkmal nicht mehr nur im Sinne der Denkmalpflege konservieren – also durch Erhalt und Pflege der bestehenden Substanz seinen weiteren Verfall verzögern – oder es durch das Entfernen späterer, nicht denkmalwerter Anlagerungen restaurieren, sondern bedeutet weitreichende Anpassungen, die das Objekt zugunsten der vorgesehenen Nutzung verändern.

Aufgabe der Architekten, Investoren und Bauherren wird es sein, sich bei der Implementierung neuer Funktionen geschichtsbewusst mit dem Denkmal Hochbunker auseinanderzusetzen. Grundlage hierzu bildet das Denkmalwertgutachten, das ein brei-

12) Empfehlungen der Charter von Burra (The Australia ICOMOS Charter for Places of Cultural Significance, 2013) zum denkmalpflegerischen Umgang mit Objekten von kultureller Bedeutung

tes Verständnis der kulturellen Bedeutung vermitteln kann und zugleich für den konkreten Planungsprozess die schützenswerten Bereiche benennt. Mit diesem Wissen kann eine denkmalgerechte Nutzung gefunden werden, deren bauliche Eingriffe den Aussagewert des Denkmals möglichst wenig beeinträchtigen. Notwendige „Hinzufügungen können akzeptabel sein, wenn sie die kulturelle Bedeutung eines Objektes nicht verzerren oder verunklären", und sie sollten „leicht als solche zu identifizieren sein".[12]

Aus Sicht der Denkmalpflege ist die Belebung eines denkmalgeschützten Hochbunkers dann erfolgreich und nachhaltig, wenn die gefundene Nutzung angemessen ist und über einen langen Zeitraum trägt sowie die baulichen Eingriffe derartig gestaltet sind, dass das Geschichtsdenkmal Bunker mit den ihm innewohnenden historischen Erzählungen auch zukünftig erlebbar sein wird.

EINE TYPOLOGIE

Architektur und Ästhetik der Bunker

Paul Kahlfeldt

Die permanente Notwendigkeit, sich zu schützen, bildet den ursprünglichen Impuls des Bauens. Der Mensch braucht und sucht den Schutz vor den Widrigkeiten der Natur, der Kälte, dem Regen, dem Sturm, aber auch vor der Sonnenhitze. Er braucht Schutz vor der Bedrohung durch Tiere oder vor den Angriffen und Begehrlichkeiten des Nachbarn. So baut er Zelte, Häuser und Städte, er umschließt sich mit Zäunen, Mauern und Schutzwällen. Genügte anfangs im Zweikampf mit Schwert, Speer und Pfeil noch das gepanzerte Schild zum Schutz und sicherte bei Gebäuden das verschlossene Tor oder Fenster vor Eindringlingen, so verlangte der Gebrauch von Geschützen und der Einsatz von Schießpulver ein Bollwerk aus massiven und widerstandsfähigen Konstruktionen um die ganze Stadt.

Die zunehmende Reichweite und Kraft der Geschosse und eine neue Kriegsführung aus der Luft erforderte spezielle Bauwerke, deren konstruktive Ausformulierung über einen alltäglichen Schutz hinaus Widerstand leisten muss und deren Notwendigkeit auf den Zeitraum des militärischen Angriffs begrenzt ist. Diese Gebäude sind also nicht für einen längeren, üblichen Gebrauch ausgelegt und folgen daher einer eigenen Logik. Diese liegt zuerst in der Fähigkeit, außergewöhnlich hohen mechanischen Beanspruchungen standzuhalten und dabei gleichzeitig vor Feuer und Rauch zu schützen. Sie sind daher konstruktiv überdimensional massiv angelegt, unter weitestmöglicher Vermeidung von Öffnungen. Die Aufenthalts- und Nutzungsqualitäten der Behausungen beschränken sich auf die Unterbringung einer möglichst großen Anzahl von Menschen für einen gewissen Zeitraum. Außer den dafür notwendigen Toiletteneinrichtungen und Lüftungsanlagen bestehen keine weiteren Gebrauchsvorkehrungen.

Bereits diese Merkmale verursachen eine bauliche Sonderform von schlichter Kompaktheit mit einer inneren Organisation aus flachen, gestapelten und vollkommen identischen Geschossen. Effizienteste Erschließungen sorgen für eine schnelle Erreichbarkeit der Ebenen; darüber hinausgehende funktionale oder sonstige Ansprüche entbehren zunächst jeglicher Sinnhaftigkeit.

Die eindeutige Zweckbindung auf eine klare Sondernutzungsform eignet sich auch aus anderen Gründen für serielle Typenentwürfe. Notwendige Anpassungen an den vorgesehenen Bauplatz be-

A) Karl Meitinger
Luftschutzturm in einer süddeutschen Stadt

schränken sich auf die Anzahl der zu sichernden Personen, das zur Verfügung stehende Grundstück und die Verfügbarkeit von Baumaterialien. Einen zusätzlichen individuellen Einfluss auf die Ausführung üben nur mögliche Zusatzeinrichtungen für militärische Gefechtsstände aus. Neben einer klar definierten Nutzung und den technischen Rahmenbedingungen bestimmt die politische Situation der Gesellschaft den Gebäudetyp naturgemäß entscheidend. Schutzräume setzen eine grundsätzliche Bereitschaft zur Konfliktlösung mit militärischer Gewalt voraus. Diese kann wie im Fall des Nationalsozialismus beabsichtigt und geplant sein oder sie kann als äußere Bedrohung verstanden werden. Beide Faktoren haben unterschiedlichen Einfluss auf die Planung und die Ausformulierung. In jedem Fall ist eine der zu klärenden Fragen die nach der beabsichtigten Wirkung und somit eine architektonische Fragestellung.

Wie bereits ausgeführt, sind die konstruktiven Belange und die Nutzungsanforderungen eindeutig definiert. Ohne weitere konzeptionelle Einflussnahme entsteht der Luftschutzbunker oder der militärische Bunker in seiner Form quasi automatisch und bildet einen eigenen Typus. Er ist eindeutig funktionsgebunden und erfüllt ausschließlich die ihm zugedachte Aufgabe. In dieser Betrachtungsweise ist das Bauwerk Bunker vergleichbar mit einer Scheune oder einer Lagerhalle. Auch diese Bauformen entstehen ohne weiteren Gestaltungsanspruch, sind monofunktional und in ihrer Form konstruktionsgebunden. So entstehen auch die ersten Luftschutzbunker in Vorbereitung des Zweiten Weltkriegs in dieser Formensprache. Obwohl komplett in Beton errichtet, erhält das zum Abrollen der Bomben notwendige Steildach zusätzlich ein Ziegeldach, gelegentlich noch mit Dachreitern oder Laternen ausgestattet. Die Fassaden sind durch Freitreppen, Ecklisenen und Fenstereinfassungen dekoriert und passen sich fast unkenntlich in die umgebende Bebauungsstruktur ein. Sie „stören" nicht und zeugen ähnlich wie historische Pulvertürme von der scheinbaren Normalität des Krieges. Dieses Verstecken und Unsichtbarmachen tarnt die Bunker auch vor dem Angreifer. Diese Methode und Strategie fand bis weit nach dem Zweiten Weltkrieg noch Anwendung, beispielsweise in der Schweiz, wo die Bunker, perfekt getarnt als Berghütten und Scheunen, in die Berghänge der Alpen platziert wurden.

Die Planung von Schutzräumen in dichten städtischen Bebauungen verlangte allein schon wegen der Notwendigkeit, zahlreiche Menschen unterzubringen, eine andere Größenordnung. Das wahrnehmbare Volumen und die optische Präsenz der Bunker bildeten den Anlass zu einer typologisch eigenständigen Gestaltung. Selbst bei der vollständigen Zerstörung der umgebenden Stadt

B) Kurt Krause
Luftschutzhaus

C) Kurt Krause
Kleiner Luftschutzturm

würden die Bunker erhalten bleiben und sollten künftig von der „Größe" und dauerhaften „Bedeutung" des „Dritten Reichs" zeugen, so wie die kolossalen Monumente in Rom bis heute an das längst vergangene Kaiserreich erinnern. Mit ihrer klaren Geometrie, der Fensterlosigkeit der Fassaden und den spärlichen, aber bewusst gesetzten Dekorelementen aus Haustein verbildlichen sie zusätzlich das Gefühl archaischer Grabanlagen, eine zynische Analogie zur eigentlichen Funktion als Schutzraum. Dennoch lassen sich diese Bunker heute in dieser Bedeutung lesen und als Mahnmale interpretieren. Eine an die Romantik erinnernde Ruinenästhetik von Verlassenheit, geheimnisvoller Abwesenheit und eigentümlicher Leere im dunklen Inneren. Der Bedeutung dieser Anlagen im Kontext der nationalsozialistischen Bildpropaganda entsprechend wurden mit der Planung namhafte Architekten wie Karl Bonatz und Friedrich Tamms betraut.

Die Realitäten des Kriegsverlaufs verlangten jedoch bald eine schnellere und umfangreichere Schaffung von Schutzräumen. Die gestalterische „Aufladung" wurde zuerst planerisch berücksichtigt und auf einen späteren Zeitraum nach dem Kriegsende verlegt, dann komplett zugunsten rein technischer Betonstrukturen aufgegeben. Hinzu kam in den Großstädten die Addition militärischer Einrichtungen zur Luftabwehr. Die konstruktiven Bedingungen der Gefechtsstände führten zu kolossalen Hochbunkern, deren städtebauliche Dominanz vergleichbar mit den emblematischen Projekten der Revolutionsarchitektur ist, eine sicherlich auch beabsichtigte Wirkung, die unmittelbar nach Kriegsende zum Versuch der Beseitigung durch die Alliierten führte. Beim Anblick der erhaltenen Bunker denkt man heute auch an die dunklen Zukunftsfantasien galaktischer Auseinandersetzungen wie den „Krieg der Sterne".

Die ungeschönte Sichtbarkeit der Bunker verursacht zwar militärisch eine gewisse Schutzlosigkeit, emotional vermitteln diese aber der Bevölkerung die Fürsorgepflicht des Staates. Dieses Konzept einer Botschaft hielt sich bis weit in die zweite Hälfte des 20. Jahrhunderts bei der dauerhaften Bereitstellung der Schutzräume für die für möglich gehaltenen Konflikte der Nachkriegszeit. Erst die politische Entspannung und die Erkenntnis der eigentlichen Nutzlosigkeit im atomaren Kriegsfall ließ alle Schutzraumkonzepte obsolet werden.

Dieser Umstand ermöglicht einen neuen Blick auf die zahlreichen erhaltenen Anlagen. Mittlerweile oft verwahrlost, durch naive „Verschönerungen" verunstaltet oder einfach zugewachsen, können und sollten sie neuen, sinnvollen Nutzungen zugeführt werden. Die Bunker veranschaulichen ein vergangenes Zeitalter, befinden sich in attraktiven städtischen Lagen und stellen einen materiellen

D) Hermann Leitenstorfer
Wohnhäuser mit Luftschutzturm

Wert dar, dessen Volumen in der vorgefundenen Form heute nicht mehr darstellbar ist.

Neue Möglichkeiten der Betontechnologie bieten wirtschaftlich vertretbare Lösungsvorschläge und erste Beispiele zeigen das Potenzial, aber auch die gestalterischen Aufgaben bei der Weiternutzung. Geändert hat sich zudem die Haltung gegenüber den Erscheinungen und der vermittelten Sprache. Bunker werden wie andere aufgelassene Nutzbauten gelesen und die Ästhetik des Rohen, Ungeplanten und Archaischen findet in der so vermittelten Modernität hohe gestalterische Akzeptanz. Bei einer architektonischen Betrachtung insbesondere der rein funktional gebauten Luftschutzbunker, noch stärker bei den kleineren Militärbunkern, fällt deren ästhetische Aktualität auf. In ihrer extremen Einfachheit der Volumen und ihrer Schlichtheit der Formen sieht man das architektonische Reduktionsverlangen der Frühmoderne und die damals propagierte Analogie zum anonymen Industriebau durchscheinen. Eine historisch nachvollziehbare, aber mittlerweile diskussionswürdige Faszination, die erstaunlicherweise dennoch heute als zeitgemäß betrachtet wird.

Bemerkenswert ist die in der derzeitigen Architekturmode hinzugekommene Zuneigung zum rohen Beton. Von den Pionieren der Moderne noch als Baustoff ohne Charakter erkannt und folgerichtig auf seinen baukonstruktiv sinnvollen Platz hinter weißem Putz platziert, wird er in den 70er und 80er Jahren als Hauptschuldiger für einen ökonomischen Banalfunktionalismus aus Großtafelarchitektur und Stadtautobahn entlarvt. Dennoch gilt derzeit Sichtbeton in der designorientierten Computerplanung als lang erwarteter Heilsverkünder. Scheinbar wie von selbst, quasi ohne weiteres Dazutun stellt er sich als alle Aufgaben der Baukunst lösendes Wundermittel dar. Die aus der Funktion und Herstellungslogik be-

E) Darstellung der Position der Gefechtsleitstelle
in der Nähe der Batterie
Befehlsstand an der Loire-Mündung

dingte Rohheit des Betons beim Bunkerbau hat sich so zu einer
dennoch aufwändig zu planenden und hochkompliziert herzustel-
lenden Erscheinung entwickelt. So ähneln nicht wenige Neubauten den über 70 Jahre alten Vorgängern, nur dass die Öffnungen
jetzt rahmenlos verglast werden.

Diese neoromantische Wertschätzung der Ruinenästhetik verhilft
den Relikten der Kriegszeit heute zu geschmacklicher Zuneigung.
Sicherlich ist das Gefühl eines zeitgemäßen Ambientes für die Nutzung der Luftschutzanlagen hilfreich, dennoch sollten die notwendigen Umbauten und Ergänzungen des eigenständigen Bautypus
diesen baukünstlerisch würdigen und die planerischen Methoden
der Architektur Anwendung finden.

LS - Hochbunker in Krefeld, Friedrich Ebertstraße.
===

Berechnung des vorhandenen Vermögenswertes:

Bebaute Fläche: Bunker-Hauptbau: 24,51.15,12 = 370,59 qm
            "   Anbau: 23,10.14,90 = 344,19   "
                                             714,78 qm

Höhe des Bunkers: 30,80 m
Höhe des Anbaues: 11,75 m

Umbauter Raum: 370,59 . 30,80 =   11.414,27 obm
             + 344,19 . 11,75 =   4.044,23   "

                                      15.458,40 obm
                                      15.458,50

Preis für 1 obm umbauten Raum 1914 = 19,50 RM
                  15.458,50
Neuwert 1914:   15.458,40 . 19,50 =   *301.448,75*
                              301.438,80 RM
               301.448,75
Neubauwert 1936   301.438,80 . 135 =   *406.955,81*
                  100   406.942,38   "

Baujahr 1942, Lebensalter im Jahre 1953 =
                                  11 Jahre.

Lebensdauer: 200 Jahre

Technische Wertminderung: 2,9 %   *11.801,72*
                                  14.802,33   "

Rechnungswert am 1.4.1953 :   395.141,05   "
                                  395.154,04

Heutiger Wert bei Umrechnung auf
Basis 1954:   *395.154,04*
        395.141,05 . 150 : ....   582.712,00 DM
             100   *582.731,14*

                                     rd. 592.730,00 DM

Kosten		Lt. Anlage Nr.	Seite
DM	Pf		
4		5	6

IMMOBILIE

Investition in Beton

Alexandra Schmitz

1) „Infolge der geänderten Sicherheitslage nach Ende des Kalten Krieges entsprachen die Schutzraumbauten nicht mehr den aktuellen, zeitlich unmittelbaren Bedrohungsszenarien (asymmetrische Bedrohung, Naturkatastrophen, internationaler Terrorismus). Sie waren für den Verteidigungsfall am Ende einer stufenweisen Eskalation vorgehalten worden und sind heute insbesondere aufgrund ihrer langen Vorlaufzeiten nicht mehr für den Schutz der Bevölkerung geeignet." „Baulicher Bevölkerungsschutz", Bundesamt für Bevölkerungsschutz und Katastrophenhilfe (BBK), http://www.bbk.bund.de/DE/AufgabenundAusstattung/BaulicherBevoelkerungsschutz/baulicherbevoelkerungsschutz_node.html (05.08.2015)

„In vielen Fällen, die zukünftig nach einem zu entwickelnden Kriterienkatalog exakt definiert und eingegrenzt werden können, wird vielleicht in Zukunft der bauliche Sicherungsaspekt mit derselben Berechtigung Eingang in die Planung finden, wie es – beispielsweise – für den vorbeugenden Brandschutz oder für den Umweltschutz (Energieeinsparungsgesetze, Wärmeschutzverordnung u. dergl.) bereits heute nicht mehr wegzudenken ist."
„Vom ‚Bunker' zur neuen baulichen Sicherheitsarchitektur", BBK, http://www.bbk.bund.de/DE/AufgabenundAusstattung/BaulicherBevoelkerungsschutz/Sicherheitsarchitektur/sicherheitsarchitektur_node.html (31.07.2015)

2) Baljabina, Maria: „Ein Sonderangebot auf ukrainische Art", Radio Stimme Russland, http://de.sputniknews.com/german.ruvr.ru/2014_09_18/Sonderangebot-auf-die-ukrainische-Art-3479 (26.01.2015)

3) Survival Condo Project: Drei Millionen Dollar, für 170 m², unterirdisch, Moyer, Liz: „Ein Luxus-Bunker für den ängstlichen Millionär", The Wall Street Journal, http://www.wsj.de/nachrichten/SB11591982402379294024604580268772386214164 (17.11.2014)

4) „Nun also doch wieder Schutzräume", Neue Zürcher Zeitung, http://www.nzz.ch/katastrophenschutz-nationalrat-schutzraeume-1.10838252 (29.07.2015)

◄

Wertermittlung Hochbunker
47800 Krefeld, Schönwasserstraße (BImA)

Beschäftigt man sich mit der wirtschaftlichen Verwertung von Gebäuden, liegt es nahe, die bestehende Nutzung einfach aufrechtzuerhalten. Daher ist einleitend die Frage zu stellen: Werden heute keine Bunker mehr benötigt?

Weiternutzung

Die Bundesrepublik hat sich – wie bereits im Kapitel „Historie" erläutert – gegen Hochbunker als Mittel des Zivilschutzes entschieden und 2007 die „Zivilschutzbindung" aufgehoben. Bunker werden als Schutzbauwerke gegen heutige Bedrohungslagen in Deutschland von der Bundesregierung als nicht mehr geeignet eingestuft.[1] In anderen Ländern hingegen werden Bunker auch heute noch betrieben und gebaut. Privatleute kaufen sie entweder aufgrund einer tatsächlich vorhandenen militärischen Auseinandersetzung (Ukraine[2]) oder aus der Angst vor einer möglichen Bedrohung in der Zukunft. So werden in den USA voll ausgestattete Wohnungen in einem unterirdischen Bunker angeboten,[3] die dem Eigentümer ein Gefühl von Sicherheit in der Zukunft geben sollen. In unserem Nachbarland Schweiz sind Bunker traditionell Bestandteil der Verteidigungsstrategie des Landes. Dennoch hatte der Schweizer Nationalrat Anfang März 2011 beschlossen, die Schutzraumpflicht aufzuheben, die man als veraltet ansah. Nur wenige Tage später, nach der Nuklearkatastrophe von Fukushima am 11. März 2011, änderte er seine Strategie und hielt die Pflicht zum Schutzraumbau aufrecht.[4]

Obwohl die private Schutzraumförderung durch den Bund 1990 in Deutschland eingestellt wurde, gibt es hier auch heute noch Firmen, die sich auf den Bau von Bunkern in Kellern und Gärten für private Bauherren spezialisiert haben. Die Firma Sturmhaus wirbt mit schlüsselfertigen, „vielseitig" anwendbaren Bunkern. „Absolute Sicherheit" ist das Versprechen, das der Erwerb eines Bunkers gemäß Hersteller einlösen soll. Außerhalb und innerhalb Deutschlands hat das Schutzbauwerk folglich als Immobilie noch nicht ganz ausgedient.

Investment und Emotionen

Von der aktuellen Situation ausgehend, dass für den Luftschutz gebaute Hochbunker in der Bundesrepublik im Rahmen ihrer ur-

A) Umgebauter Bunker
47226 Duisburg, Bertastraße (as)

5) „The organization of physical space as an extension or representation of a brand."
Riewoldt, Otto: *Brandscaping: Worlds of Experience in Retail Design,* Basel/Boston/Berlin 2002, S. 8

B) Erweiterung für das Sprengel Museum Hannover, Architekten: Meili + Peter (Foto: Bianca Streicher)

sprünglich vorgesehenen Nutzung nicht mehr gebraucht werden, ist es für Behörden, Architekten, potenzielle Bauherren und Investoren gleichermaßen interessant, über eine mögliche gewinnbringende neue Nutzung nachzudenken. Dabei ist ein Aspekt zu berücksichtigen, der insbesondere bei Bunkern ambivalent bewertet wird, bei Kaufentscheidungen von Immobilien aber ein sehr wichtiger Faktor ist: die emotionale Komponente.

In den Nullerjahren dieses Jahrhunderts wurde der „Ort" verstärkt als Marketinginstrument entdeckt. Begriffe wie „Brandspace" oder „Brandscaping"[5] versuchten das kommerzielle Zusammenspiel von Umgebung und Marke zu beschreiben. Firmen suchten bewusst Standorte, die geschichtlich positiv aufgeladen waren, um durch die Inbesitznahme derselben die positiven Assoziationen, die diese Orte erzeugten, mit der eigenen Marke zu verknüpfen. Auch im Immobilienmarketing wird der historische Bezug oft als Mehrwert verkauft. „Historische Gebäude", „Fabrikartige Lofts" sind – ohne direkt einen Mehrwert zu beschreiben – positiv belegte Begriffe. Gründerzeithäuser versprechen Stuck und hohe Deckenhöhen, alte Industriearchitektur (letztere hat selbst, beginnend in den 1950ern in New York, eine emotionale Umdeutung erfahren) verspricht große Flächen, Oberlichter und Sichtmauerwerk. Was verspricht der Bunker?

Ästhetik

Einige Bunker erhielten bereits direkt nach dem Zweiten Weltkrieg Fensteröffnungen, wurden so „entfestigt" und waren damit nicht mehr als Schutzräume zu nutzen. Teilweise gingen sie in Privatbesitz oder Privateigentum über. Durch die neuen Fensteröffnungen quasi „getarnt", fügten sie sich teilweise wie selbstverständlich in das Stadtbild ein.[A] Bunker, die nicht entfestigt als Lagerflächen

C) Haus Presenhuber, Vnà
Andreas Fuhrimann Gabrielle Hächler Architekten ETH BSA SIA AG
www.afgh.ch

6) „Bunker-Ersatz?" Matthei, Sabine: „Leserstimmen zum Sprengel-Anbau", *Hannoversche Allgemeine*, http://www.haz.de/Hannover/Aus-der-Stadt/Uebersicht/Leserstimmen-zum-Sprengel-Anbau (03.02.2014)

7) „Die Ausklammerung der Bunkerarchitekturen entspricht einer Kunstgeschichtsschreibung, die sich über die unmittelbare Nachkriegszeit hinaus hartnäckig halten konnte, der zufolge nationalistische Kunst vor allem gegen die ‚Moderne' gerichtet war: In welcher Weise die Nazis die künstlerische Moderne nicht nur in der massenmedialen Propaganda, sondern auch in der Architektur und in den anderen bildenden Künsten durchaus zu nutzen verstanden, wurde immer ausgeblendet, da ‚Moderne' der ‚Demokratie' vorbehalten bleiben und auf der Seite des Totalitarismus nur die Anti-Moderne gewesen sein sollte." Wenk, Silke (Hg.): *Erinnerungsorte aus Beton*, Berlin 2001, S. 19

dienten oder als Zivilschutzgebäude weitergenutzt wurden, wurden in den Städten lange als Problemstellen wahrgenommen. Groß, geschlossen und grau waren sie eine Art Stolperstein im städtebaulichen Umfeld. Wo versucht wurde, die Betonmasse durch Berankung oder Bemalung „aufzuhübschen" oder zu verstecken, blieben sie ungesehen oder ungeliebt. Die Bezeichnung „Bunker" ist im Zusammenhang mit einem zu Wohnzwecken errichteten Gebäude deutlich negativ belegt.[6,B]

Deutlich schwerer als die Ästhetik wiegt aber zuallererst die Entstehungszeit der Schutzbauwerke. Während des Nationalsozialismus errichtet, dem dunkelsten Kapitel der deutschen Geschichte, sind Hochbunker ideologisch zunächst stark belastet. Anders aber als Bauwerke der aktiven Kriegsführung oder auch als Truppenschutzbunker schützten die innerstädtischen Hochbunker als Verteidigungsbauten die Zivilbevölkerung. Neben Gefühlen wie Verlust oder Bedrohung können sie daher, zumindest bei Zeitzeugen, durchaus auch positive Erinnerungen auslösen.

Das Erscheinungsbild der Bunker wird zudem nicht sofort mit „Nazi-Architektur" assoziiert. Prof. Dr. Silke Wenk, Professorin für Theorie und Geschichte der Kunst und visuellen Kultur, beschreibt in der Einführung des von ihr herausgegebenen Buches *Erinnerungsorte aus Beton*, wie Bunkerarchitekturen aus der Kunstgeschichtsschreibung „ausgeklammert" werden. So wird bis heute der monumentale Architekturstil der repräsentativen Bauten der Nationalsozialisten klar dem damaligen Regime zugeschrieben. Technische Bauwerke hingegen, in der gleichen Zeit und von den gleichen Verantwortlichen geplant, entworfen und gebaut, wurden zu „aus dem dem Nationalsozialismus geltenden Gedächtnis ‚ausgelagerten' Architekturen des Krieges: Sie wurden verknüpft mit Technik, Fortschritt und Modernität."[7]

Bunker im Trend

Die hier betrachteten Hochbunker wurden in den Städten und dicht besiedelten Gebieten errichtet, wo viele Menschen geschützt werden sollten. Die heute hier lebende potenzielle Käufergruppe ist in den meisten Fällen zu jung, um persönliche Erinnerungen mit Bunkern zu verknüpfen. Gleichzeitig hat der zeitgenössische Trend in der Architekturgestaltung, roh belassene Sichtbetonflächen außen und innen in Gebäuden einzusetzen, wie er insbesondere in der Schweiz sehr hochwertig umgesetzt wird,[C] Beton zum ästhetischen und begehrten Material werden lassen. Die Unzufriedenheit mit Wärmedämmverbundsystemen in der Architektenschaft und zunehmend auch der gesamten Bevölkerung[8] aufgrund der geringen Wertigkeit und geringen Nachhaltigkeit von Materialien wie Polystyrol, hat die Sehnsucht nach monolithischen Konst-

D) Projekt BIG- Premium Bunker Wielandstraße
http://www.bunker-wielandstrasse.de
(02.07.2015)

8) Becker, S./Neubacher, A./ Nezik, A. K./G. Purtul, G./ Sauga, M.: „Verdämmt in alle Ewigkeit." *Der Spiegel,* http://www.spiegel.de/spiegel/print/d-130630577.html (17.07.2015)

E) Projekt Ausblick Eilbek
http://www.ausblick-eilbek.de (02.07.2015)

ruktionen wieder aufleben lassen. Die Massivität der Bunkerhülle bildet eine Besonderheit, die als ehrliche, langlebige Konstruktion wahrgenommen wird. Für eine höherwertige Nutzung sind jedoch selbst diese zwei Meter dicken Wände zusätzlich innen oder außen zu dämmen. Die Rohheit und Beständigkeit der Bunker passen darüber hinaus zu den seit den 1990ern vor allem in den urbanen Gebieten boomenden Einrichtungsstilen „Shabby Chic" und „Vintage", die alte Objekte mit Gebrauchsspuren zu begehrten Objekten gemacht haben. Aufgrund der Kombination aus Trendbewusstsein der potenziellen Käuferschicht und Flächenbedarf in den teuersten Städten Deutschlands wie Hamburg und Berlin hat dort eine regelrechte Gentrifizierungswelle die Bunker überrollt: Nach dem Krieg zuerst Lagerflächen, dann günstiger Raum für Musiker und Künstler oder Zuhause der Subkultur – insbesondere in Form von Technoclubs – wurden aus ihnen durch Umnutzung Individualitätsgeneratoren für Luxuswohnungen. Die für Wohnzwecke eigentlich viel zu dicken Mauern können hier als Symbol des „Zuviel", des Überflusses, als eine Form von Luxus umgedeutet werden.

Die Ambivalenz in der Wahrnehmung der Bunker macht der Internetauftritt der im Folgenden vorgestellten Projekte deutlich: In Hamburg werden in diesem Jahr zwei Projekte in unmittelbarer Nähe zueinander zu ähnlichen Quadratmeterpreisen vermarktet. Das Projekt „BIG – Premium Bunker Wielandstraße"[D] verbindet die eigentlich unvereinbaren Begriffe „Bunker" und „Premium" und wirbt so deutlich mit dem Bunker selbst, auch wenn dieser zu einem großen Teil zurückgebaut wird. Die teilweise erhaltenen Außenwände des Bunkers sollen in der Fassade sichtbar belassen werden, sodass der Charakter des ehemaligen Schutzbaus auch nach dem Umbau deutlich erfahrbar bleiben wird. Mit dem Slogan „Think BIG. Live Different." wird unterstrichen, dass mit der Besonderheit des Bunkers eine Zielgruppe angesprochen werden soll, die eine Alternative zur klassischen Wohnimmobilie sucht.

Nur 650 Meter entfernt wird ein anderes Projekt beworben, der „Ausblick Eilbek".[E] Informiert man sich über das Projekt auf der Website, wird an keiner Stelle deutlich, dass es sich um einen ehemaligen Hochbunker handelt. Es wird von einem „historischen Solitärobjekt" gesprochen. Auf keiner Darstellung wird der Hochbunker erkennbar. Der Anbieter der Wohnungen war vielleicht der Ansicht, dass der Bunker als Verkaufsargument eher kontraproduktiv sein würde.

Ein Bautypus, zwei Umgangsformen. Bunker rufen ambivalente Reaktionen hervor. Für die einen eine besondere Bauaufgabe, für die anderen belastet und als Lebensraum nicht vorstellbar.

Substanz

Neben der Geschichte der Schutzbauwerke ist der wirtschaftliche Umgang mit der vorhandenen Substanz der Gebäude, insbesondere in Form ihrer Stahlbetonaußenhülle, essenziell für die Potenzialbewertung eines geplanten Hochbunkerumbaus. Waren Bunkerumbauten im letzten Jahrhundert noch Projekte von Pionieren, die aufgrund der geringen Erfahrungswerte auch sehr risikobehaftet waren, haben diese bereits die erforderliche Grundlagenarbeit geleistet, sodass es heute einen besseren, größeren Wissensstand zum Rückbau der Bauwerke gibt. Damit hat sich das Risiko im Umgang mit ihnen deutlich verringert. Der Stand der Entwicklung wird im Kapitel „Dekonstruktion" vorgestellt.

Löst die Betrachtung der dicken Außenhülle und der damit in Verbindung gebrachte Aufwand des Rückbaus für eine eventuelle Umnutzung Zweifel an deren Wirtschaftlichkeit aus, stellt die erhaltene Bausubstanz auch einen Wert dar. Ein bestehender Bunker ist vergleichbar mit einem Rohbau mit sehr dicken Wänden. Bei einem Kubikmeterpreis von ungefähr 160 Euro[9] würde die Herstellung alleine der Außenhülle des Bunkers Am Bilstein in Essen, der im Kapitel „Typologie" gezeigt wird, mit ungefähr 3600 Kubikmeter Stahlbeton grob überschlagen heute ca. 600.000,00 Euro netto kosten. Auch hat die bauliche Substanz zukünftig Bestand: In der für den Bunker in der Seyffardtstraße in Krefeld erstellten Wertermittlung im Archiv der BImA wird 1965 die Lebensdauer mit 200 Jahren eingeschätzt. Das wären heute immer noch 150 Jahre.

Im Rahmen einer Nachhaltigkeitsmaxime, die das Handeln von Architekten bestimmen sollte, ist neben dem wirtschaftlichen Wert eines Bunkers auch die – in ihm gebündelte – „graue Energie"[10] zu berücksichtigen, also die Menge an Primärenergie, die erforderlich ist, alle für das Objekt benötigten Materialien und das Objekt selbst herzustellen.

9) Ortbeton Außenwand/Sohle/Deckenplatte Stahlbeton C25/30, D 100-150cm, 160 €/m³ exkl. MWST. Preisniveau Nordrhein-Westfalen, Juli 2015 Baupreislexikon

F) Städtebauliche Situation der folgenden Bunker, von oben nach unten:
45355 Essen, Frintroper Straße
46117 Oberhausen, Bottroper Straße
46117 Oberhausen, Wesselkampstraße

10) „Als graue Energie wird die Primärenergie bezeichnet, die notwendig ist, um ein Gebäude zu errichten. Graue Energie umfasst Energie zum Gewinnen von Materialien, zum Herstellen und Verarbeiten von Bauteilen, zum Transport von Menschen, Maschinen, Bauteilen und Materialien zur Baustelle, zum Einbau von Bauteilen im Gebäude sowie zur Entsorgung. Durch die Verwendung heimischer Materialien und durch ressourcenschonendes Bauen lässt sich die im Gebäude verbaute graue Energie minimieren."
Baunetzwissen, http://www.baunetzwissen.de/glossarbegriffe/Nachhaltig-Bauen-Graue-Energie_664290.html (28.07.2015)

Um die mögliche Herangehensweise an ein Bunkerprojekt zu erläutern, werden im Folgenden die im Kapitel „Typologie" definierten Kategorien als Grundlage genommen.

Position: Lage, Lage, Lage

Die Lage ist im Allgemeinen das wichtigste Kriterium für eine Immobilie. Das gilt natürlich auch für Hochbunker. Der Bodenrichtwert (Auskunft online über das Bodenrichtwertinformationssystem der Bundesländer BORIS) kann als Grundlage für eine Bewertung dienen, ob ein Bunker für einen Eingriff in die Konstruktion, wie ihn eine Umnutzung erfordert, infrage kommt. Auch eine einfache Lagernutzung oder die bereits häufig vorkommende (Weiter-)Nutzung als Proberaum ohne große Baumaßnahmen kann eine wirtschaftlich sinnvolle Verwendung darstellen. Neben den Kosten, die beim Erwerb entstehen, gibt es Standortfaktoren, die auch die erforderlichen Baumaterialien und die Bauleistungen stark beeinflussen. Ob der Bunker zum Beispiel in Düsseldorf oder Dortmund steht oder ob er in der Innenstadt oder am Stadtrand positioniert ist, hat nicht nur Einfluss auf den Kaufpreis, sondern bestimmt auch die Realisierbarkeit von Nutzungsszenarien.

In Innenstadtlage können unterschiedliche Nutzungen umgesetzt werden. Die dort typische städtebauliche Typologie der Blockrandbebauung kann zum Beispiel eine gewerbliche Nutzung im Erdgeschoss und Wohnungen in den darüber liegenden Etagen rentierlich machen. Steht der Bunker umgeben von einer Reihenbebauung oder Zeilenbebauung in Stadtrandlage, ist es wahrscheinlich, dass sein Umfeld ein reines Wohngebiet ist. Eine gewerbliche Nutzung wäre dann vielleicht nicht genehmigungsfähig. Ist ein Bunker im Verhältnis zu der ihn umgebenden Bebauung sehr exponiert, ist vielleicht eine kulturelle und/oder öffentliche Nutzung sinnvoll. Ist er vom öffentlichen Straßenraum nicht einsehbar, ist eine private Nutzung womöglich naheliegender.

Art der baulichen Nutzung

Die Baunutzungsverordnung (BauNVO) regelt Art und Maß der baulichen Nutzung. Sie definiert Gebiete, in denen bestimmte Arten der Nutzung zulässig sind. So dienen innerstädtische Kerngebiete, die sich in größeren Städten typischerweise durch Blockrandbebauung auszeichnen, vorwiegend der „Unterbringung von Handelsbetrieben sowie der zentralen Einrichtungen der Wirtschaft, der Verwaltung und der Kultur". Es sind aber auch Wohnungen zulässig. „Mischgebiete dienen dem Wohnen und der Unterbringung von Gewerbebetrieben, die das Wohnen nicht wesentlich stören", auch sie sind vorwiegend in den Zentren zu finden. Allgemeine Wohngebiete befinden sich sowohl in der Innenstadt als auch an den Stadträndern und können daher unterschiedliche Bautypologien aufweisen. Sie dienen vorwiegend dem Wohnen, wobei Ausnahmen, wie zum Beispiel Gastronomie, zugelassen werden können. Reine Wohngebiete wiederum sind bis auf kleine Einschränkungen ausschließlich dem Wohnen vorbehalten. Sie liegen vorrangig am Stadtrand. Prägend ist für letztere eine lockere Bebauung aus Reihen- oder Zeilenhäusern. Die in der BauNVO definierten Gebiete werden über den Flächennutzungsplan zugewiesen. Sie können im Bauamt oder teilweise auch online eingesehen werden, um zu erfahren, in welchem Gebiet der betrachtete Bunker liegt und welche Nutzung dort zulässig ist.

Kubatur
Maß der baulichen Nutzung
Das Maß der Nutzung (zulässige Höhe, Ausnutzung, Geschossigkeit) eines einzelnen Grundstücks wird in den Bebauungsplänen geregelt, die ebenfalls in den Bauämtern oder teilweise auch online eingesehen werden können. Wenn kein Bebauungsplan vorliegt, gilt in „im Zusammenhang bebauten Ortsteilen" der § 34 des Baugesetzbuches[11]. Er fordert, dass sich ein Gebäude nach Art und Maß in seine Umgebung einfügen soll. Das ist bei einem bestehenden Bunker allerdings in der Regel nicht gegeben. Weil Bunker regelmäßig als Sonderbauten gelten, ist eine Absprache mit der zuständigen Baubehörde vor einem Umbau in jedem Fall erforderlich um eine – grundsätzlich genehmigungspflichtige – Nutzungsänderung zu erreichen. Weitere rechtliche Belastungen durch bestehende Mietverträge oder Dienstbarkeiten, die Rechte Dritter berühren könnten, müssen für jeden Bunker recherchiert (Liegenschaftsbuch und Grundbuch einsehen) und individuell betrachtet werden.

Bestandsschutz
Eine vorhandene Bunkerbebauung unterliegt dem Bestandsschutz. Er besagt, dass vorhandene Gebäude, auch wenn sie aktuellem Baurecht widersprechen, bestehen bleiben können. Es ist zu prüfen, ob bei einem Abbruch und Neubau an gleicher Stelle die gleiche Ausnutzung des Grundstücks erreicht werden kann. Überragt ein bestehender Bunker die umliegende Bebauung, ist dies in der Regel nicht der Fall, wenn das aktuelle Baurecht nur einen geringeren Bebauungsgrad zulässt. In diesem Fall kann durch den Erhalt des Bunkers mehr verwertbare Fläche erreicht werden als bei einem Abriss.
Umbauprojekte, die nur die Seitenwände des Bunkers stehen lassen, nutzen den Bestandsschutz, um mehr Fläche realisieren zu können. Bei der Beurteilung, ob bei einem Teilrückbau der

11) Baugesetzbuch (BauGB)
§ 34 Zulässigkeit von Vorhaben innerhalb der im Zusammenhang bebauten Ortsteile
(1) Innerhalb der im Zusammenhang bebauten Ortsteile ist ein Vorhaben zulässig, wenn es sich nach Art und Maß der baulichen Nutzung, der Bauweise und der Grundstücksfläche, die überbaut werden soll, in die Eigenart der näheren Umgebung einfügt und die Erschließung gesichert ist. (…)
(3a) Vom Erfordernis des Einfügens in die Eigenart der näheren Umgebung nach Absatz 1 Satz 1 kann im Einzelfall abgewichen werden, wenn die Abweichung
2. städtebaulich vertretbar ist (…)

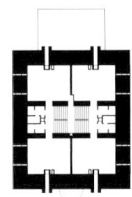

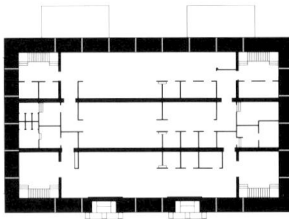

G) Grundriss der folgenden Bunker, von oben
nach unten:
51373 Leverkusen, Carl-Duisberg-Straße
44623 Herne, Amalienstraße

12) Baurecht ist Landesrecht.
Die Musterbauordnung ist die von der Bau-
ministerkonferenz (ARGEBAU) entwickelte Vorlage
für die jeweiligen Landesbauordnungen.

Bestandsschutz noch besteht, gibt es von Seiten der genehmi-
genden Behörde Ermessensspielraum. Daher muss immer die
Einzelmaßnahme detailliert abgestimmt werden, damit nicht ver-
sehentlich der Bestandsschutz erlischt.

Innerer Zuschnitt

Die wichtigste Maßnahme, mit der ein Bunker für eine andere Nutzung brauchbar gemacht werden kann, stellt die Herstellung von
tagesbelichteten Flächen dar. Die DIN 5034 regelt Tageslicht in
Innenräumen, die DIN EN 12464-1 die Beleuchtung von Arbeits-
stätten in Innenräumen. Hier werden Beleuchtungsstärken definiert und Fassadenöffnungen zu Flächen in Aufenthaltsräumen
in Verhältnisse gesetzt, wobei unter anderem Oberflächen, das
Material der Verglasung und die Geometrie des Raumes berücksichtigt werden. Eine einheitliche Vorgabe zur Raumtiefe gibt es
nicht. In der Bauentwurfslehre von Ernst Neufert, dem Standard-
werk für Architekten, werden die üblichen Raumgrößen mit fünf
bis sieben Metern angegeben, wobei natürlich mit gängigen Au-
ßenwandstärken gerechnet wird (36,5 bis 49 cm). Berücksichtigt
man die darüber hinausgehende Dicke der Außenwände, kann
bei einem Bunker über die Fassade mit einer Außenwandstärke
von zwei Metern nur eine Raumtiefe von maximal 5,5 Metern natürlich belichtet werden – wenn man ein klassisches Fenster in die
Außenwand schneidet. Die weiteren Flächen müssen dann über
zusätzliche Maßnahmen wie Oberlichter oder Lichthöfe erreicht
werden, oder sie bleiben Dunkelzonen.

In der Musterbauordnung[12] ist geregelt, dass ein Aufenthalts-
raum mindestens eine lichte Höhe von 2,40 Meter haben muss.
In den *Bestimmungen für den Bau von Luftschutzbunkern*, Heft 1,
werden 2,30 Meter als lichte Höhe der Geschosse vorgegeben.
Die bei einem Umbau aber eventuell zusätzlich erforderlichen
Bodenaufbauten (Schallschutz, Beläge, Leitungen) können die
lichte Höhe weiter reduzieren. In einem vorschriftsmäßigen Bunker können also innerhalb der bestehenden Geschosse keine
Aufenthaltsräume gemäß den heutigen bauordnungsrechtlichen
Vorgaben geschaffen werden. In diesen Fällen sind zusätzliche
Maßnahmen erforderlich. Da die Geschossdecken jedoch meist
in „normalen" Deckenstärken ausgeführt wurden, ist ein Eingriff im
Inneren deutlich weniger aufwändig als der Eingriff in die Bunker-
außenhülle. Abweichend von den geltenden Bestimmungen wurden aber auch viele Bunker mit deutlich größeren Geschosshöhen
errichtet, sodass teilweise auch im Bestand Aufenthaltsräume realisiert werden können.

Werden die Geschossdecken erhalten, kann es sinnvoll sein, auch
die bestehende vertikale Erschließung weiter zu nutzen. Werden

H) Auskragung am Bunker
42859 Remscheid, Stahlstraße (as)

die Geschossdecken zurückgebaut, ist es sinnvoll, die Treppen ebenfalls zu entfernen.

Die Spannweite der Abschlussdecke wird im Regelwerk mit sieben Metern vorgegeben. Da die Bunker meistens tiefer ausgeführt wurden, haben einige Bunker zusätzlich tragende Innenwände aus Beton als Zwischenlager. Teilweise werden aber auch die gemauerten Zwischenwände als Auflager genutzt. Da aufgrund der Unterschiede der Bunker keine Typenstatik vorhanden ist, müssen Eingriffe in tragende Bauteile grundsätzlich immer individuell betrachtet werden.

Gestaltprägende Elemente

Wie vorab erläutert, spielt die emotionale und damit die individuelle Komponente bei einer Immobilie auch eine große Rolle bei der Kaufentscheidung, insbesondere bei selbstgenutzten Objekten. Wenn der Bunker besonders gestaltete Elemente aufweist, können diese für eine Zielgruppe einen hohen Wert darstellen. Sogenannte Liebhaberobjekte findet man insbesondere im höherpreisigen Marktsegment. Steht der Bunker unter Denkmalschutz, kann das die Freiheit für Eingriffe (stark) einschränken. Andererseits wird der Umgang mit denkmalgeschützten Bauwerken durch die Länder und den Bund stark gefördert. Das Bund-Länder-Programm Städtebaulicher Denkmalschutz bietet privaten Eigentümern Zuschüsse an, wenn das zu sanierende Gebäude im Fördergebiet steht. Ansprechpartner sind die zuständigen Landesministerien und Landesbehörden.

Zusammengefasst erfordern die Vielfalt der Bunkertypen und ihre unterschiedliche Einbindung in die Umgebung im Hinblick auf Position, Kubatur und innere Aufteilung eine individuelle Betrachtung aller Planungsparameter eines Objektes.

BUNKER BELEBEN

UMNUTZUNG

Umbau als architektonische Notwendigkeit

Paul Kahlfeldt

Bauwerke werden für einen Zweck errichtet. Den Impuls zur Errichtung eines Gebäudes bildet ein Bedürfnis: Es wird gebraucht und der umbaute Raum ist für die ihm zugedachte Funktion notwendig.

Die Form, Gestalt und Wirkung werden durch unterschiedlichste, in ihrer Fülle kaum zu benennende Faktoren beeinflusst und bestimmt. Allein die reale und unausweichliche Präsenz des Gebauten in differenziertesten Erscheinungen verleiht ihnen den Status von Bedeutungsträgern, an denen alle kulturellen Fragestellungen erörtert werden können. Insbesondere dieser dokumentarische Charakter verursacht heute eine intensive Beschäftigung mit der Fragestellung der Notwendigkeit des Erhaltens und den damit einhergehenden Aufgaben. Gleichzeitig lassen sich aus den Antworten und Erkenntnissen Schlüsse für die Planung neuer Bauwerke herleiten.

Die Bauweise, die Art des Bauens, also das Konstruktionsprinzip und die Materialität verantworten die Dauerhaftigkeit des Gebauten. Die Funktionserfüllung steht am Beginn jedes Bauvorhabens, doch aufgrund der Dynamik unvorhersehbarer Veränderungen ist die ursprüngliche Aufgabe oft obsolet, während die Substanz überdauert. Die übliche Haltbarkeit von Gebäuden übersteht die befristete Funktionalität und so sollen Bauwerke von vornherein auch zur Erfüllung neuer Ansprüche zweckmäßig ausgelegt sein. Neutrale Ausformulierungen von Räumen sind daher länger nützlich als eine präzise Umsetzung der Funktionserfordernisse in Form und Gestalt. Hauptsächlich die in dieser autonomen Haltung gedachten Bauwerke haben sich durch ihre lange Nutzungsdauer und Gebrauchsmöglichkeit erhalten; erst durch die Belastbarkeit einer sinnvollen Konstruktion werden notwendige Veränderungen und Erneuerungen möglich.

Neben der räumlichen und konstruktiven Unabhängigkeit gehört auch die gestalterische Neutralität gegenüber temporären Auffassungen und Befindlichkeiten zu den Wesenszügen sinnvollen Bauens. Genau wie die zeitliche Beschränkung der Funktion sind auch die von aktuellen Einflüssen geprägten Formvorstellungen nur von kurzem Bestand. Eine über ihre Entstehungszeit hinaus relevante Architektur findet daher ihre Bestimmung und Gestaltung nur mit ihren Mitteln aus sich selbst heraus.

◀
Bunker genutzt als Schießstand, Sport- und Jagdschützenclub Bottrop e.V.
46240 Bottrop, Bottroper Straße (as)

A) Museum Küppersmühle für Moderne Kunst,
Duisburg, Herzog & de Meuron (as)

Weiter- und Umnutzung und deren Ermöglichung gehört so zu den elementaren Eigenschaften der Baukunst. Das eigentlich Statische des Bauens transformiert sich zu einer tatsächlichen Dynamik, ein Charaktermerkmal ohne weitere Relevanz für die Form. Obwohl also Architektur an sich dauerhaft ist, gibt es keinen Zustand auf Dauer. Die sich permanent ändernden Erfordernisse verursachen ständig notwendige Anpassungen, deren Ausführungen wieder den architektonischen Regeln folgen müssen. Nur so bleibt die Dauerhaftigkeit erhalten. Eine kontrastreiche Zurschaustellung oder die banale Erkennbarkeit von Veränderungen führen in einen gestalterischen Stillstand, der künftig notwendige Änderungen nicht mehr zulässt. Die wechselseitige Schlüssigkeit von Zweckmäßigkeit, Konstruktion und Gestalt bildet den Ursprung der Architektur und bleibt das Ziel, auch beim dauerhaft notwendigen Umbau.

Das ist für alle Typologien gleichermaßen gültig. Dennoch existieren gleichrangige Nuancen bei Bauwerken von herausragender architektonischer Qualität und Schlüssigkeit, deren Nutzung gänzlich entfallen ist und die dadurch ihren eigentlichen Sinn, nämlich dem Gebrauch zu dienen, verlieren. Sie werden musealisiert und ähneln Kunstwerken.

Neben der anfangs erwähnten kulturellen Würdigung des Bauens existiert heute auch wieder eine Anerkennung der vorhandenen Bausubstanz als materieller Wert, der trotz ökonomischer Notwendigkeit des Bauens als zu beachtender Faktor gilt. Unter diesem Aspekt gilt der Erhalt und Fortbestand auch von aus heutiger Sicht als baukünstlerisch unbedeutend angesehenen Bauwerken als angemessen.

Nutzbauten mit klarer Funktionsbestimmung wie Scheunen, Industrieanlagen oder Tankstellen besitzen oft ob ihrer ungewöhnlichen Erscheinung eine hohe gesellschaftliche Akzeptanz, sind vielfach auch als Denkmäler geschützt. Anonyme Architektur oder übliches, handwerkliches Bauen: Diese Bautypen eignen sich für vielfältige, gelegentlich vollkommen neue Nutzungsformen und die notwendigen Veränderungen sind erheblich. Dennoch bedarf es auch in diesen Fällen einer in der Architektur begründeten Herangehensweise: Der Charakter des Gebäudes ist zu bewahren und gelegentlich auch zu stärken. Die Nutzungsvorstellungen haben dieses zu respektieren und aktuelle Erfordernisse passen sich den Gegebenheiten an. Eingriffe und Veränderungen orientieren sich auch bei diesen Bauarten an den konstruktiven Regeln und den daraus resultierenden Gestaltungshinweisen. Die neue Nutzung soll erkennbar sein, aber nicht dominieren, so wie die alte Nutzung erkennbar bleibt, aber nicht zu kitschigem Dekor verkommt. Diese Angemessenheit, verbunden wiederum mit der Schlüssigkeit von

B) Haus K, Berlin
Umbau des denkmalgeschützten Gleichrichter-
werks aus dem Jahr 1928 in ein Wohnhaus,
Petra und Paul Kahlfeldt Architekten

Zweck, Konstruktion und Gestalt, führt zu der notwendigen Ein-
heit von Bestehendem und Hinzugefügtem.

Ähnliches gilt auch für Bauten, deren Zweckerfüllung ursprünglich zeitlich begrenzt war und deren heutiges Vorhandensein den
unterschiedlichsten Umständen geschuldet ist. Provisorische
Gebäude wie Pavillons, Ausstellungsgebäude für Messen oder
technische Anlagen blieben gelegentlich einfach stehen, obwohl
eine Beseitigung vorgesehen war. Über die Jahre wurden auch
sie zu Bestandteilen des baulichen Gedächtnisses und ihr Erhalt
als Denkmal oder ihre Umnutzung unterliegen den genannten Be-
merkungen.

Zu dieser Kategorie zählen auch die noch vorhandenen militärischen Einrichtungen wie beispielsweise Bunker oder Luftschutzeinrichtungen. Ihr physischer Erhalt resultiert letztlich aus ihrer
fast unzerstörbaren Konstruktionsart. Heutige Bautechnologien
ermöglichen die für andere Nutzungen erforderlichen Veränderungen und verlangen neben dem Respekt vor der geschichtlichen
Bedeutung auch die architektonische Vorgehensweise. Wie bei
aufgelassenen Industrieanlagen fast niemand mehr den Schmutz,
Lärm und Geruch harter Arbeitswelten persönlich kennt und dadurch ein neutraler Blick auf die räumlichen Qualitäten und baulichen Missstände möglich ist, verhält es sich mit den Bunkeranlagen. Krieg, den gewaltsamen Tod und die elementare Angst ums
Überleben kennen die meisten nur aus Erzählungen und Berichten. Daher sollte auch beim Umbau von Bunkeranlagen – mit Respekt vor der geschichtlichen Komponente – die architektonische
Herangehensweise im Vordergrund stehen.

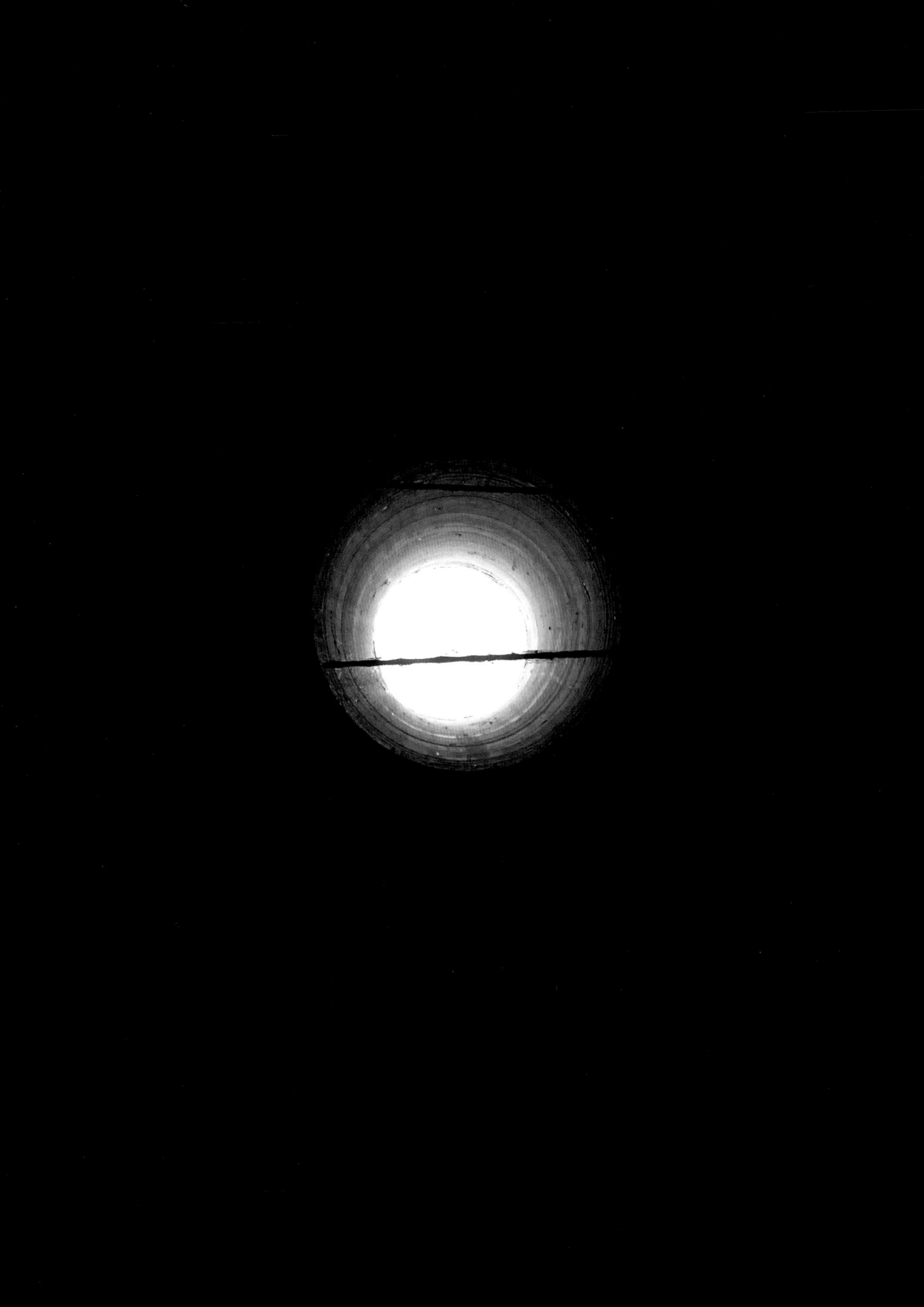

DEKONSTRUKTION

Durch die Wand

Alexandra Schmitz

Konstruieren beschreibt im architektonischen Kontext die Aufgabe, ein Gebäude zu planen und zu errichten. Einen Bunker umzubauen stellt das genaue Gegenteil dar. Wird durch das Fügen von Bauteilen ein Gebäude erst erschaffen, ist hier bereits „zu viel" Gebäude vorhanden. Das Dekonstruieren, das Herauslösen von Material, erfordert eine eigene Strategie. Der Bunker muss reduziert werden, um etwas Neues sein zu können. Wohnen oder Arbeiten im Bunker erfordert Tageslicht. Vergleichbar den Schildbürgern, die die Fenster in ihrem Rathaus vergessen hatten, sind die Architekten vor die Aufgabe gestellt, Konzepte zu finden, Licht ins Dunkel zu bringen.

Bauen im Bunkerbestand

Das Bauen im Bestand macht heute in der Bundesrepublik den größten Anteil der Bauwirtschaft aus.[1] Der Umbau von bestehenden Hochbunkern zu Gebäuden mit unterschiedlichen Nutzungsmöglichkeiten ordnet sich hier ein, stellt aber innerhalb dieser Kategorie eine extreme Variante dar. Betrachtet man die innere, nicht tragende Struktur der Schutzbauwerke, ist der erforderliche Umgang mit den dort vorhandenen Bauteilen vergleichbar mit dem Umbau oder der Sanierung konventioneller Wohn- oder Bürogebäude. Für die nicht tragende Innenwände gab es gemäß den Bestimmungen für den Bau von Luftschutzbunkern keine Vorgabe für das Material.[2] Die Stahlbetondecken wurden in Stärken von ungefähr 18 bis 25 Zentimetern ausgeführt, was aus den Planunterlagen der unterschiedlichen Bunker hervorgeht. Deutlich stärker sind bereits die teilweise als Zwischenlager der Abschlussdecke oder die als Schleusenwand errichteten tragenden Stahlbetoninnenwände ausgeführt worden.

Eine Besonderheit stellt die typologiebildende Außenhülle dar. Der Umgang mit ihr bestimmt die Herangehensweise an das gesamte Projekt. Weil sie ursprünglich entwickelt wurde, um großen Kräften zu trotzen, ist der Rückbau der Schutzhülle nur mit speziellen Techniken möglich. Neben dem sehr harten Stahlbeton, auch „Blauer Beton"[3] genannt, der als Material eingesetzt wurde und der erst nach 30 Jahren ausgehärtet ist (siehe Kapitel Typologie), muss mit großen Bauteilstärken von 1,10 bis zu drei Metern umgegangen werden.

1) Jahr 2013: Wohnungsbau, Anteil Bauleistungen im Bestand 73%, Nichtwohnungsbau: Anteil Bauleistungen im Bestand 63%, aus dem „Bericht zur Lage und Perspektive der Bauwirtschaft 2014", *Bundesinstitut für Bau-, Stadt- und Raumforschung*, http://www.bbsr.bund.de/BBSR/DE/Veroeffentlichungen/AnalysenKompakt/2014/DL_11_2014.pdf?__blob=publicationFile&v=3 (08.08.2015)

2) Innenwände und Zwischendecken, *Bestimmungen für den Bau von Luftschutzbunkern*, Heft II, S. 12

3) http://www.dornbach.com/de/baulexikon/blauer-beton.html (08.08.2015)

◄

Durchbohrung Abschlussdecke
48155 Münster, Wörthstraße (as)

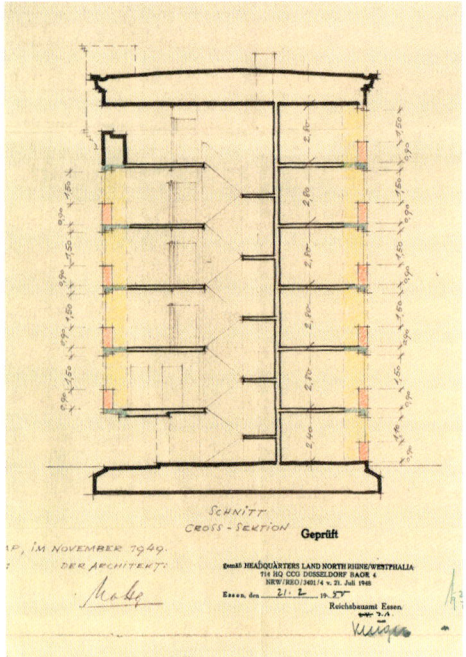

A) Entfestigungsplanung, die nicht ausgeführt wurde
45329 Essen, Arenbergstraße (BlmA)

4) Thomas Günther: „Ruhe für den Moment",
Neue Westfälische, http://www.nw.de/lokal/
bielefeld/mitte/mitte/5507792_Ruhe-fuer-den-
Moment.html (30.08.2014)

5) „POP- und PCB-haltige Abfälle", *Umwelt
Bundesamt,* http://www.umweltbundesamt.de/
themen/abfall-ressourcen/abfallwirtschaft/ab-
fallarten/gefaehrliche-abfaelle/pop-pcb-haltige-
abfaelle (08.08.2015)

6) U. Ludwig/M.Verbeet: „Hundertfaches
Risiko", *Der Spiegel,* http://www.spiegel.de/
spiegel/print/d-32362236.html (08.08.2015)

7) „Bunker-Abriss an der Forsmannstraße
vorerst gestoppt", *Hamburger Abendblatt,*
http://www.abendblatt.de/hamburg/hamburg-
nord/article131409392/Bunker-Abriss-an-
der-Forsmannstrasse-vorerst-gestoppt.html
(23.01.2015) und Bernd Haase: „Lärmgeplag-
te Anwohner erbitten Hilfe", *Hannoversche
Allgemeine,* http://www.haz.de/Hannover/Aus-
den-Stadtteilen/Ost/Laermgeplagte-Anwohner-
erbitten-Hilfe (08.08.2015)

Die Lage der Hochbunker in dicht besiedelten Gebieten und der dadurch zu beachtende Schutz der angrenzenden Bebauung und deren Bewohner muss bei der Wahl der Mittel für den Rückbau ebenfalls berücksichtigt werden.

Am Anfang der Planung eines Bunkerumbaus (und aller anderen bestehenden Gebäude) ist eine intensive Untersuchung des Bestands vor Ort erforderlich. Selbst wenn Bestandspläne vorliegen, können diese von der tatsächlichen Ausführung im Gesamten oder im Detail abweichen. Normgerechte Maßtoleranzen wurden aufgrund der Baugeschwindigkeit nicht immer eingehalten und selbst Wandstärken können anders ausgeführt worden sein, als im Vorfeld angenommen. Da die Menge des im Rückbau bewegten Betons einen großen Kostenfaktor darstellt sowie Einfluss auf Bauzeit und auf die gewählten Werkzeuge hat, sollten die Risiken so eng wie möglich eingegrenzt werden. Während des Teilabbruchs des Bunkers in der Neustädter Straße in Bielefeld wurde beispielsweise eine zweite Bodenplatte entdeckt, die vorher nicht bekannt gewesen war.[4]

Auch andere im Baubestand eingesetzte Materialien können bei der Entsorgung eine kostenrelevante Rolle spielen. Bis zur Verbotsverordnung der Bundesrepublik von 1989 waren Polychlorierte Biphenyle (PCB) häufig eingesetzte Weichmacher in Dichtungsmassen und Anstrichen, die bei der Errichtung von Gebäuden und ihrer Sanierung eingesetzt wurden.[5] Sie werden daher beim Abriss und Umbau von Bestandsgebäuden häufig gefunden und müssen gesondert entsorgt werden. Dasselbe gilt für Materialien wie Asbest, aus denen Lüftungskanäle bestehen können und für Flächen, die mit phosphoreszierender, teilweise radiumhaltiger Farbe[6] angestrichen wurden. Diese Markierungen an den Wänden dienten bei Stromausfall als kurzfristige Wegweiser in Luftschutzbunkern, die nach dem Krieg wieder instandgesetzt worden sind.

Nachbarschaftsschutz

Soll ein innerstädtischer Hochbunker zurückgebaut werden, trifft die Maßnahme nicht selten auf Protest seitens der Anwohner. Dass so ein großes, uneinnehmbar erscheinendes Bauwerk ohne zerstörende Auswirkungen auf die Umgebung bezwungen werden kann, können sich viele Menschen nicht vorstellen.[7] Bürgerinitiativen werden gegründet, um sich – manchmal erst nach der Bekanntgabe einer Abriss- oder Umbaumaßnahme – für den Erhalt des Bunkers einzusetzen. Sie motiviert – neben dem Argument, den Hochbunker erhalten zu wollen – die Angst vor Baulärm und Schädigungen der umgebenden Bebauung durch Sprengungen oder von anderen abrissbedingten Erschütterungen. Da man bei einem (Teil-)abbruch eines Bunkers mit Baulärm rechnen muss und

Tätigkeit	Ø Dezibel
Autofahrt	78,1
Arbeitsgespräche führen	71,6
Vorbereitungs- und Transport-arbeiten	78,2
Wasser absaugen	94,2
Dübel mit Schlagbohrmaschine setzen	97,4
Kernbohrgerät montieren und umbauen	85,6
Kernbohren in Beton	98,1
Bohrkrone mit Hammer entleeren	105
Wandsäge montieren und umbauen	85,1
Wandsägen in Beton	103,5
Seilsägen in Beton	88
Fugenschneiden in Asphalt und Beton	103
Beton mit Stemmgerät stemmen	102,9
Beton mit Hammer und Meißel bearbeiten	90,3
Beton mit Vorschlaghammer bearbeiten	88,2
Betonabbruch mit Hydraulik-zange	84,6
Abbruchbagger bedienen	81,3
Betonwände mit div. Handgerä-ten schneiden	96,2
Betonbewehrung mit Winkel-schleifer trennen	97,1
Aufräumen, kehren und Schutt-entsorgung	94,1
Bohren + Sägen – arithmetischer Mittelwert	90,15

Tabelle (*Der Betonbohrer*, Heft 53, S. 51)

8) Rückbau Bunker Barnerstraße und Wieland-straße, beide Hamburg, ohne Proteste: Sophia Liebig: „Der leise Abgang eines Bunkers", *TAZ* http://www.taz.de/1/archiv/digitaz/artikel/?res sort=sp&dig=2015%2F05%2F16%2Fa0007& cHash=4c58d90794aebcca21fb1436a1bc95 da (08.08.2015) und Marco Thielcke: „Matten-weise Abbruch leise", *Hamburger Wochenblatt*, http://www.hamburger-wochenblatt.de/wands-bek/lokales/hamburg-mattenweise-abbruch-leise-d17321.html (08.08.2015)

um Bedenken des Umfelds frühzeitig ausräumen zu können, ist es erforderlich, ein Schallschutzkonzept für die Bauphase zu entwickeln. Dessen Ziel ist es, Beeinträchtigungen der Anwohner und damit verbundene mögliche Auseinandersetzungen und Verzögerungen im Rahmen der Bauphase zu vermeiden.

Die Allgemeine Verwaltungsvorschrift zum Schutz gegen Baulärm (Geräuschimmissionen – AVV Baulärm) vom 19. August 1970 setzt die Geräuschimmissionswerte fest, die tagsüber und nachts auf Baustellen entstehen dürfen. Als Nachtzeit gilt die Zeit von 20 Uhr bis sieben Uhr. So dürfen zum Beispiel in Gebieten, in denen vorwiegend Wohnungen untergebracht sind, tagsüber 55 Dezibel und nachts 40 Dezibel gemessen werden. Jede einzelne der in der nebenstehenden Tabelle genannten Maßnahmen, die für den Rückbau von Stahlbeton eingesetzt werden könnten, überschreiten die in der Vorschrift genannten Immissionsrichtwerte für Wohngebiete. Schallschutzmaßnahmen sind vor allem bei Bauarbeiten erforderlich, die auf der Abschlussdecke der Bunker stattfinden, da der Lärm hier seitlich ungeschützt in alle Richtungen in die Umgebung abstrahlen kann. Eine Maßnahme kann ein Schallschutzgerüst sein, mit dem der Bunker komplett eingerüstet wird, oder das auf dem Dach des Bunkers aufgestellt wird. Ein Schallschutzgerüst ist ein gängiges Baustellengerüst, das zusätzlich mit Lärmschutzmatten verkleidet ist. Es hat den Vorteil, dass die Baumaßnahme nicht direkt eingesehen werden kann und daher wahrscheinlich als weniger störend empfunden wird. Geräusch-intensive Arbeiten im Inneren des Bunkers werden durch die starken Außenwände abgeschirmt.[8] Sollen die Außenwände nicht erhalten werden, kann trotzdem ihre schallabschirmende Wirkung in der Bauphase genutzt werden, indem die Außenwände als letzte zurückgebaut werden. Neben nachträglichen Maßnahmen ist der Einsatz von imissionsreduzierenden Mitteln beim Einsatz der einzelnen Werkzeuge möglich. Diese werden im Zusammenhang mit den einzelnen Arbeitsweisen beschrieben.

Keinen Staub aufwirbeln

Bei Abbruchmaßnahmen entsteht – unabhängig vom abzubrechenden Bestandsgebäude – Schutt und Staub. Ein Schallschutzgerüst kann über seine eigentliche Funktion hinaus verhindern, dass letzterer in die Umgebung abgegeben wird. Grundsätzlich ist es möglich, durch Wässerung der Baustelle im Ganzen und Wassereinspeisung direkt im Einsatzbereich der Werkzeuge, den Staub zu binden. Einige Sägeblätter müssen ohnehin im Nassschnitt eingesetzt werden, weil ihr Material ohne die kühlende Wirkung ermüdet. Das dabei entstehende schlammige Schmutzwasser muss

B) „Lochfassade"
30625 Hannover, Bispinger Weg (as)

9) „Einheitsgewichte (Dichte)", *Berufsgenossenschaft Bauwirtschaft* , http://www.bgbau-medien.de/bau/bau507/1.htm (08.08.2015)

fachgerecht entsorgt werden. Die Feststoffe werden durch eine Schlammfilterpresse vom Wasser getrennt, zu Briketts gepresst und mit dem Bauschutt entsorgt. Das gereinigte Wasser kann in einem von der zuständigen Behörde freigegebenen Anschluss in die Kanalisation geführt werden.

Da eine Baustelle immer die Aufmerksamkeit der Umgebung auf sich zieht, ist es zu empfehlen, vor Beginn der Maßnahmen zusätzlich zur Information der Anwohner eine Beweissicherung der Umgebung durch Dokumentation oder Messmarkierungen (zum Beispiel Gipsmarken) vorzunehmen. Es ist andernfalls möglich, dass Schäden, die in der Umgebung bereits vor dem Beginn der Baumaßnahme vorhanden waren, fälschlicherweise der Baustelle zugeordnet werden.

Rückbau und Abtransport

Da keine Typenstatik für die einzelnen Bunker vorliegt, ist es notwendig, jegliche Eingriffe von einem Tragwerksplaner begleiten zu lassen. Das Gewicht von Beton kann pauschal mit 2,5 Tonnen (2500 Kilogramm) je Kubikmeter angenommen werden.[9] Das bedeutet, dass ein Ausschnitt mit einer Größe von ein mal ein Meter bei einer Wandstärke von zwei Metern bereits fünf Tonnen (5000 Kilogramm) wiegt. Gemäß den *Bestimmungen für den Bau von Luftschutzbunkern* sollten Zwischendecken für eine Belastung für 500 Kilogramm je Quadratmeter ausgelegt werden. Ein zurückgebauter Betonklotz kann auf ihnen also nicht zwischengelagert wer-

C) Seilsäge im Einsatz (as)

10) Burgl Rademacher: „Diamantseilsägen", in: *Der Betonbohrer*, Heft 34, 2014, S. 70–71

D) Seilsägen

den. Neben den eingesetzten Werkzeugen stellt daher die Logistik für den Abtransport des zurückgebauten Materials eine besondere Herausforderung für das Umbaukonzept dar. Kann die Fassade von außen erreicht werden? Ist es möglich, vor dem Bunker einen Kran aufzustellen? Wie viel Nutzlast kann auf einen LKW geladen werden? Wie viel Nutzlast kann ein LKW abkippen, ohne einen Kran einsetzen zu müssen? Aus der Untersuchung bereits umgebauter Bunker ergeben sich drei Typen, die in Variationen oder Kombination immer wieder auftreten und für die unterschiedliche Vorgehensweisen erforderlich sind: Der „Aufbau" macht sich den Bunker als Sockel zunutze, belässt den Bunker selbst aber nahezu unangetastet: In ihm werden untergeordnete Nutzungen wie Nebenräume, Ausstellungs- oder Lagerflächen untergebracht, die kaum oder kein Tageslicht benötigen. Die Baumaßnahme ist konstruktiv nicht bunkertypisch, der „Aufbau" ist mit der Errichtung eines Neubaus auf einem Plateau vergleichbar. Der „Einbau" greift in erster Linie in die Bestandsfassade ein, um über diese den erforderlichen Tageslichteinfall herzustellen. Die innere Struktur aus Treppe, Wänden und Geschossdecken bleibt oft zumindest in Teilen erhalten, was bedeutet, dass diese Substanz zu sichern und zu schützen ist. Der „Umbau" entkernt den Bunker ganz und erhält nur seine Außenwände, manchmal auch diese nur zum Teil. Daneben gibt es natürlich auch die „extreme Variante" des „Umbaus", der vollständige Rückbau. Je mehr vom Bunker abgerissen wird, desto weniger sorgsam muss mit dem Bunkerbestand umgegangen werden.

Um einen Bunker für eine höherwertige Nutzung anzupassen, ist die minimal erforderliche Maßnahme, Fensteröffnungen in der Außenhülle herzustellen. Hier hat sich vor allem ein Werkzeug etabliert: die mit Diamantkörnern besetzte Seilsäge.

Seilsägen

Die Technik des Seilsägens, auch Diamantseilsägen genannt, wurde ursprünglich im Gesteinsabbau eingesetzt. Bereits 1950 wurde die erste Anlage in Italien in Betrieb genommen. Ab 1980 begann sie sich im Stahlbetonrückbau zu etablieren. Die harten Diamantkörner werden in einer Metallbindung oder keramischen Bindungsstruktur eingebettet und kraftschlüssig auf dem ring- oder hülsenförmigen Perlenträgerkörper aufgebracht. Gebaut werden elektrische, hochfrequenz- oder hydraulikbetriebene Geräte, die Bauteile von schwer armiertem Beton bis hin zu meterdickem Mauerwerk sägen können. Die Seilsäge arbeitet erschütterungsarm und ohne Schädigung der angrenzenden Strukturen. Sie benötigt keine Überschnitte, kann in jede Richtung eingesetzt werden und die Dicke des zu schneidenden Materials ist nahezu unbegrenzt.[10]

E) Abtransport Betonblock
30449 Hannover, Ricklinger Straße (Foto:Axia)

11) Michael Findeis: „Arbeitsbedingungen in der
Bohr- und Sägebranche", in: *Der Betonbohrer*,
Heft 33, 2013, S. 49

Die von ihr erstellten Schnittkanten sind sehr präzise, sodass Folgearbeiten, wie das Einsetzen von Fenstern und Türen, einfach ausgeführt werden können. Zuerst werden an den Enden der zu schneidenden Fläche Kernbohrungen vorgenommen. Durch zwei Löcher werden die diamantbesetzten Seile der Säge geführt. Über ein Antriebsrad wird das jetzt geschlossene und dadurch endlose Seil in Bewegung gesetzt. Umlenkspulen stellen sicher, dass das Seil immer gespannt ist und erzeugen so Reibung; das Seil mit dem Diamantenbesatz schneidet sich langsam durch die Wand. Im Mittel wird die Schneidegeschwindigkeit von verschiedenen Herstellern mit 23 Sekunden je Meter angegeben. Allerdings gilt das für den reinen Scheidevorgang, von den Abbruchunternehmen werden für eine große Fensteröffnung inklusive der Entsorgung des nicht mehr benötigten Betons zwischen fünf und sieben Arbeitstagen angegeben.[11] Die Schnitte mit der Seilsäge trennen das zu entsorgende Material von dem zu erhaltenden Beton. Ist es möglich, einen Kran oder ein Hubgerüst vor die zu öffnende Fassade zu stellen, kann der Betonblock über diesen Weg entsorgt werden. Damit sich beim Herausschieben der Betonblock in der Öffnung nicht verkantet, sollten die Schnittflächen nach innen konisch zulaufen. Das Herausschieben selbst stellt eine große Herausforderung dar. Hier gibt es unterschiedliche Herangehensweisen: Gibt es im Inneren ein Widerlager, das ausreichend stark ist, kann mit hydraulischen Pressen die horizontale Verschiebung erzeugt werden. Um die Auflagerfläche zu reduzieren, ist es möglich, durch Kernbohrungen einen Spalt unter den Betonblock zu schneiden, in den Träger eingesetzt werden können, über die der Block dann verschoben werden kann. Er wird anschließend über ein Hubgerüst nach unten gefahren (zum Beispiel Neustädter Straße). Alternativ kann auch oberhalb des Betonblocks ein Spalt geschnitten werden, sodass der Block in seiner Öffnung gekippt werden kann und durch ein, durch eine Kernbohrung geführtes Lastseil langsam herausgezogen und direkt auf einen Transporter gesetzt werden kann (zum Beispiel Ricklinger Straße). Fehlt die Möglichkeit, die Fläche vor der Fassade des Bunkers zu nutzen, muss das Material innerhalb des Gebäudes nach unten transportiert werden. Dazu ist es erforderlich, im Inneren einen „Abwurfschacht" aus dem Bestand zu schneiden. Unten wird das Material dann mit einem Bagger durch eine vorhandene oder herzustellende Öffnung in einen Container geladen (zum Beispiel Bunker Ungererstraße).
Für den Transport innerhalb des Bunkers muss der aus dem Bestand geschnittene Klotz weiter zerkleinert werden, um nicht durch sein Gewicht zu erhaltende Substanz zu zerstören. Dafür kommen die folgenden Arbeitsweisen infrage:

F) Stemmen

Stemmen

Stemmen bedeutet, mit Schlägen und Stößen Material zu zerstören. Dafür werden Meißel und Hämmer eingesetzt. Das Stemmen kann bei beengten Platzverhältnissen mit einem Handgerät ausgeführt werden oder schneller, wenn genügend Raum und eine tragfähige Aufstellfläche im Inneren vorhanden ist, mit einem elektrischen Minibagger, der ohne Abgasentwicklung auch in Innenräumen eingesetzt werden darf.

G) Sägen

Sägen

Neben den Seilsägen gibt es Fugenschneider und -schienen oder handgeführte Wandsägen, die mit runden Sägeblättern arbeiten und präzise Schnitte in Beton erzielen können. Da ihre Blattgröße beschränkt ist und sie Überschnitte benötigen, werden sie vorrangig zum Zerteilen von abgängigen Betonblöcken verwendet und zur Erstellung nachträglicher Öffnungen in den Innenwänden und Decken. Je nach Hersteller wird die maximale Eindringtiefe mit 625 bis 915 Millimeter angegeben. Es gibt sogenannte lärmarme Sägeblätter, die zur Verringerung von Schallemmission bevorzugt eingesetzt werden sollten.

Fräsen

Fräsen gibt es in unterschiedlichsten Größen und Formen. Mit Betonfräsen werden vor allem Flächen bearbeitet. Hierbei wird durch ein rotierendes Werkzeug das Material zerspant und abgetragen. Mit einem kleinen Fräskopf lassen sich aber auch Schlitze erzeugen und auf diese Weise der Beton zerteilen.

H) Fräsen

Werden große Teile des Bunkers zurückgebaut, können weitere Verfahren eingesetzt werden und wenn die Substanz nicht erhalten bleibt, sind weniger präzise, aber wirtschaftlichere Arbeitsweisen möglich.

Pressen

Bei der Betonpressung wird in vorher ausgeführten Kernbohrungen chemisch oder hydraulisch Druck erzeugt, um das Material zu sprengen. Das Verfahren ist einfach, aber weniger kontrollierbar als Sägearbeiten und eignet sich vorwiegend für größere zurückzubauende Bauteile.

I) Pressen/Sprengen

Sprengen

Ähnlich eingesetzt werden Lockerungssprengungen. Dabei wird in einem Netz aus Bohrungen (Sprengmäuler) des zu zerstörenden Bauteils im Abstand zwischen 0,5 und ein Meter Sprengstoff eingebracht. Die Detonation erzeugt durch die entstehende

J) Bunker nach Teilrückbau
40549 Düsseldorf, Pariser Straße (as)

K) Knacken

Druckspannung Risse und Brüche im Abbruchmaterial. Bei horizontalen Bauteilen wie der Abschlussdecke verringern oberseitig auf die Sprengladung aufgebrachte Bautenschutzmatten die Geräuschemmission deutlich. Auch das Risiko unkontrollierter Abplatzungen (Sprengstreuflug) wird so verringert. Sprengungen werden den Bewohnern mit Uhrzeit vorab und mit Signalen unmittelbar vorher angekündigt.

Knacken

Nachdem ein massives Bauteil durch Pressen oder Sprengen poröser gemacht worden ist, können klassische Abbruchwerkzeuge zum Einsatz kommen. Mit Zangen, Scheren oder Backen an Abbruchbaggern werden Stücke aus der Substanz herausgebrochen.

Brechen

Die Entsorgung des zurückgebauten Betons ist ein früh zu berücksichtigendes Thema. Es muss beachtet werden, das auch Verkehrswege und Transportmittel nur begrenzte Nutzlasten aufnehmen können. Beim vollständigen Abbruch des Bunkers in der Henriettenstraße in Hamburg wurden nach Aussage von Christian Strauch, Geschäftsführer der Abbruchfirma Ehlert & Söhne, 10.000 Tonnen Stahlbeton zurückgebaut. Beim Einsatz von Sattelschleppern mit einer möglichen Nutzlast von 27 Tonnen waren dafür ungefähr 380 Fuhren für den Abtransport erforderlich. Da der Betonblock nicht nur auf den LKW aufgeladen, sondern an anderer Stelle wieder von ihm abgeladen werden muss, kann es erforderlich sein, bei größerem Gewicht einen Kran am Ort der Entsorgung aufstellen zu müssen. Das kann durch kleinere Blockgrößen vermieden werden. Die Parameter, die an dieser Stelle die maximalen

L) Bunker nach Teilrückbau
22089 Hamburg, Eilbeker Weg
(Foto: Sebastian Glombik)

12) *Verordnung über energiesparenden Wärmeschutz und energiesparende Anlagentechnik bei Gebäuden* (Energieeinsparverordnung - EnEV), Anlage 3 (zu den §§ 8 und 9), Anforderungen bei Änderung von Außenbauteilen und bei Errichtung kleiner Gebäude; Randbedingungen und Maßgaben für die Bewertung bestehender Wohngebäude, Absatz 7

Blockgrößen definieren, sind die maximale Nutzlast des Kippladers und das Fassungsvermögen des Betonbrechers. Diese können Beton zu Schotter zermahlen und er kann so zum Beispiel im Straßenbau wiederverwendet werden, nachdem mithilfe von Magneten die zerkleinerten Bewehrungsstähle ausgesondert worden sind. Als Zuschlag für Recyclingbeton kann der entsorgte Beton auch als Bauteil erneut Verwendung finden.

Was tun mit der Bunkerwand?

Nachdem der überflüssige Beton zurückgebaut worden ist, stellt sich die Frage, wie mit der restlichen Außenwand umgegangen werden soll. In den geschlossenen Bunkern der BImA werden über das Jahr konstant Temperaturen zwischen neun und 16 °C gemessen. Nach Öffnung der Bunker geht diese Konstante verloren. Die Masse der Bunkerwand, günstig für den Schallschutz, hat energetisch kaum Bedeutung. Die dicke Wand muss tatsächlich gedämmt werden. Armierter Beton mit einer Materialdicke von 1,10 Meter hat einen Wärmedurchgangskoeffizient von ungefähr 1,65 W/m²K. Die Energieeinsparverordnung (EnEV) fordert für den erstmaligen Einbau, Ersatz oder Erneuerung von Außenwänden einen Wert unter 0,24 W/m²K.[12] Die Betonmasse sorgt nur für eine Phasenverschiebung, die das Heizen nicht unnötig macht, sondern die Heizperiode im Inneren eines Bunkers im Vergleich zu einem Neubau nur zeitlich versetzt. Die im Sommer erwärmten Bunkerwände geben die in ihnen gespeicherte Wärme an ihre Umgebung ab, sind sie einmal ausgekühlt, dauert es aber auch einige Zeit, bis sie sich wieder erwärmen. Soll die Bunkerwand außen oder innen gedämmt werden? Neubauten werden heute fast ausschließlich mit Außendämmung ausgeführt. Nur im Bestand wird diskutiert, ob aus denkmalrechtlichen und gestalterischen Gründen Fassaden innen gedämmt werden sollen. Das ist beim Bunker genauso der Fall. Außen liegende Dämmung erzeugt weniger Wärmebrücken, da die Dämmung an den Anschlüssen der Geschossdecken und Innenwänden nicht unterbrochen werden muss. Auch wird das tragende Bauteil selbst gedämmt und ist so weniger thermischen Schwankungen ausgesetzt. Die Speichermasse der Wände kann im Inneren bei warmen Außentemperaturen durch die Aufnahme der Wärme für das Raumklima einen kühlenden Effekt haben. Innen liegende Dämmung lässt die Fassade des Bunkers nach außen bestehen. Die im Sommer durch ihre kühlende Eigenschaft günstige Speicherfähigkeit der Bunkerwände ist so groß, das ein großer Teil der Heizenergie im Winter von der Wand verschluckt wird, was durch die Innendämmung vermieden werden kann. Die im folgenden Kapitel vorgestellten Umbauten zeigen, wie unterschiedlich mit den Hochbunkern umgegangen werden kann.

Umgebauter Bunker

Bei der Recherche erfasst, aber nicht bewertet und im Folgenden nicht vorgestellt

Aufbau

Der Bunker wird weitgehend im Originalzustand belassen und als Sockel für einen Aufbau benutzt.
Im Sockel werden häufig Lagerflächen, Ausstellungs- oder Nebenräume untergebracht.

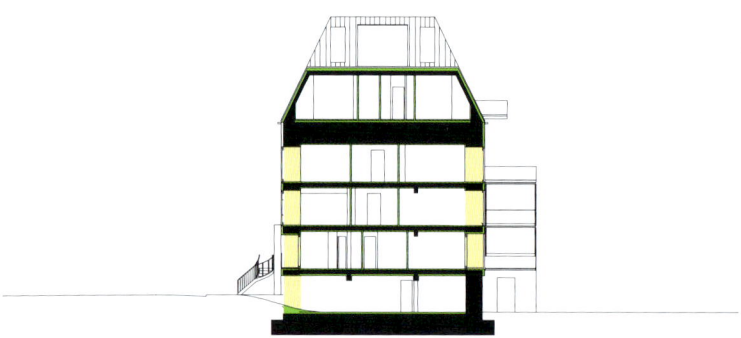

Einbau

Das Innere des Bunkers wird zurückgebaut. Der Eingriff in die Bausubstanz beschränkt sich auf die Außenwände und die Abschlussdecke. Sie werden lokal durchbrochen, um Öffnungen für den Tageslichteinfall herzustellen.

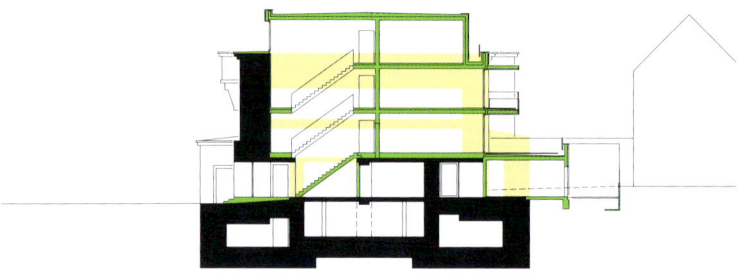

Umbau

Der Bunker wird zu einem großen Teil zurückgebaut. Es werden ganze Teile der Fassade entfernt, das Innere wird teilweise oder vollständig entkernt.

Rückbau Bestand

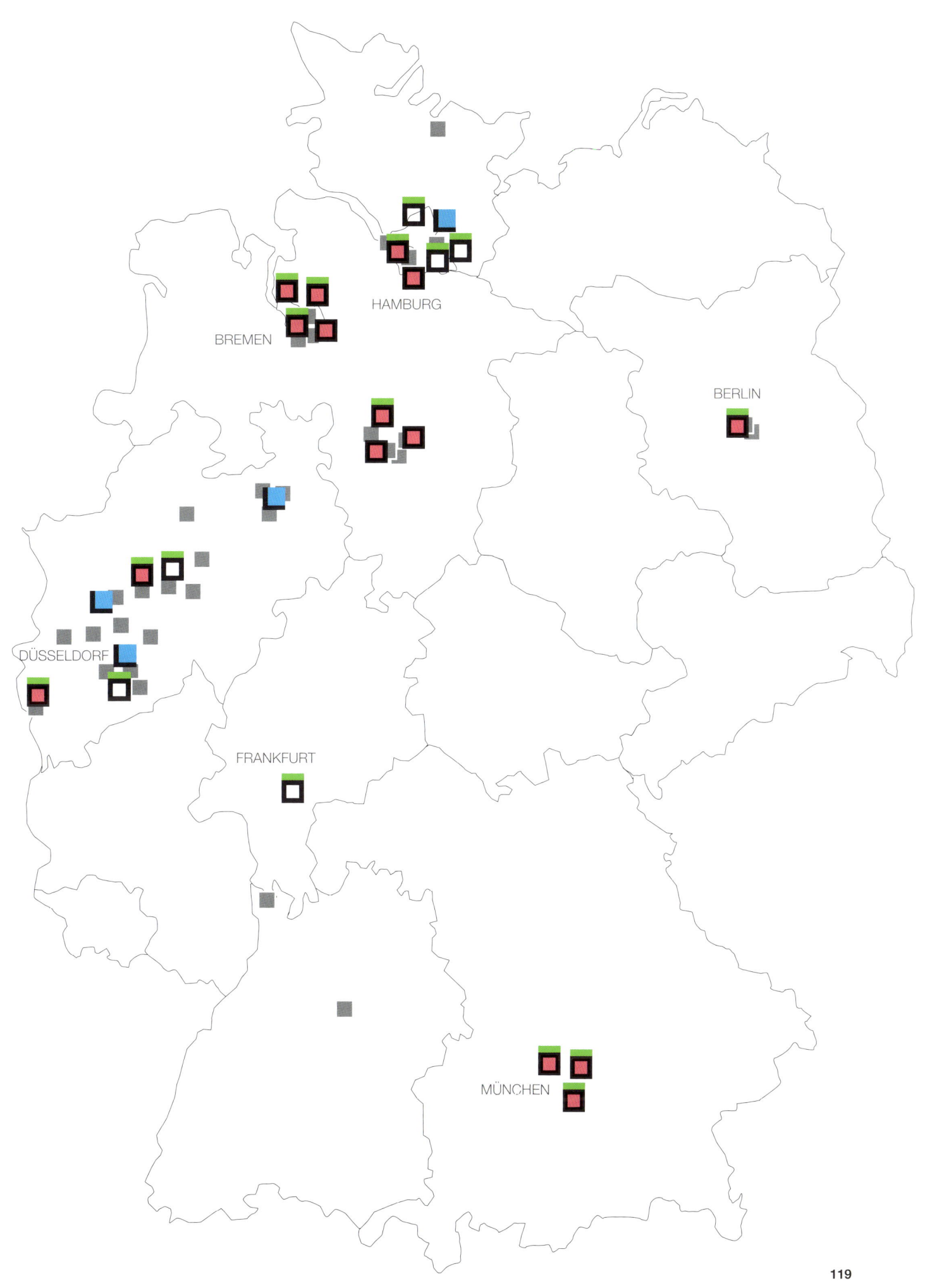

UMGEBAUTE FALLBEISPIELE

Bereits belebte Bunker

Alexandra Schmitz

Erste Bunkerumnutzungen hat es schon direkt nach Ende des Zweiten Weltkrieges gegeben. Die Nutzung als Lagerfläche für Materialien lag bei Bunkern auf der Hand. Sie wurden aber auch bereits als Notunterkünfte eingesetzt, für Menschen, die im Bombenkrieg ihre Wohnungen verloren hatten. Da für anspruchsvollere Nutzungen größere Eingriffe erforderlich gewesen wären, wurden diese erst zu einem späteren Zeitpunkt, mit dem technischen Fortschritt der eingesetzten Mittel, wirtschaftlich realisierbar (siehe Kapitel Historie und Dekonstruktion).

Die Schutzbauten, errichtet, um Kriegstechnik zu trotzen, können heute mit zivilen Mitteln bezwungen werden. Im Folgenden wird eine Auswahl von Hochbunkern vorgestellt, die in den letzten Jahren in der Bundesrepublik umgebaut und umgenutzt worden sind. Fotos, jeweils ein Schnitt und ein Grundriss sollen die einzelnen Eingriffe verständlich erläutern und vergleichbar machen. Der gewählte Maßstab ist 1:500; einzig der Flakbunker in Hamburg tanzt aus der Reihe – mit dem Maßstab 1:1000 aufgrund seiner Größe, aber auch inhaltlich mit einem ungewöhnlichen, aber sehr interessanten Nutzungskonzept. Die Bunker wurden nach ihren Standorten geordnet. Jedes Objekt wird kurz erläutert, wichtige Fakten und die Hauptprotagonisten werden im Steckbriefformat vorgestellt. Die Bauherren bleiben ungenannt, um ihre Privatsphäre zu wahren. Die „eingesetzten Mittel" beziehen sich auf die vorrangig gewählten Werkzeuge zum Bunkerrückbau. Einige Akteure treten mehrmals auf: Der Umbau von Bunkern ist im Bereich der Architekturaufgaben noch immer ein Nischenthema, an das sich bisher nur wenige Architekturbüros gewagt haben.

◀
„Pallasseum"
Überbauter Bunker
Architekt Jürgen Sawade, 1977
10781 Berlin, Pallasstraße (as)

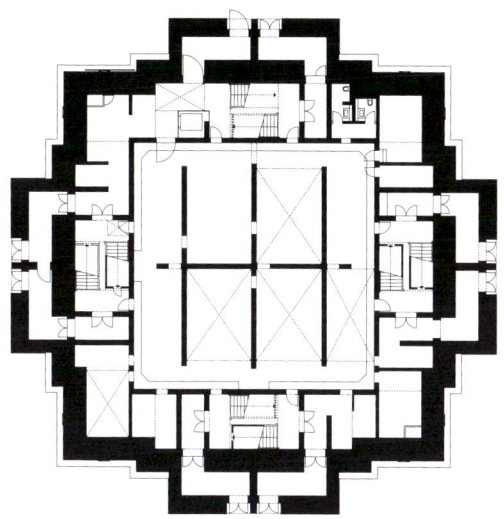

Architekten Realarchitektur

J. Casper, P. Petersson, A. Strickland

Rückbauunternehmen

BBT Betonbohr- und Sägetechnik

Eingesetzte Mittel Säge und Stemmarbeiten

Stahlbetonabbruch (t) ca. 1875

Nutzung Wohnen, Museum

NF (m²) 2500 Sammlung

450 Wohnen

Bauzeit (Monate) 36

Fertigstellung (Jahr) 2008

◄

Von oben nach unten, von links nach rechts:
Außenansicht, Ai Weiwei, Tree, 2009–2010
Manon & Benjamin Awst & Walther
Latent Measures (Component 17), 2011
(Fotos: © NOSHE)

Der stark gestaltete, von Karl Bonatz (Anm.: ab 1949 Stadtbaudirektor in Berlin) für den Schutz von 3000 Menschen entworfene Hochbunker, ist von außen fast vollständig erhalten worden. Nach der Wende für Techno- und Fetischpartys zwischengenutzt, hat ein Kunstsammler den Bunker gekauft, um daraus ein Zuhause für seine Familie und seine Sammlung zu schaffen.

Im Bunker selbst wurde letztere untergebracht. Für die Kunstwerke mussten keine Fenster in die Fassade eingeschnitten werden, sie konnte vollständig erhalten bleiben und ist von Anbauten befreit und saniert worden. Im Inneren wurden zum Teil Geschossdecken und Zwischenwände entfernt, um punktuell mehr Raumhöhe und unterschiedliche Raumsituationen zu erhalten. Die Grundstruktur und die Oberflächen der Bunkerinnenwände, mit Spuren aus den unterschiedlichsten Zeiten, wurden so belassen. Nur wenige Innenwände wurden weiß gestrichen.

Auf den Bunker wurde ein eingeschossiges Penthouse als Wohnbereich gesetzt. Es ist rundum verglast und beinhaltet großzügige Räumlichkeiten. Es wurden nur wenige Materialien eingesetzt: unter anderem Beton, Räuchereiche und Muschelkalk. Auf dem ehemaligen Schutzbau wurden um das Penthouse zusätzlich Wasserflächen und ein Dachgarten angelegt. Im Bunker ist durch Entnahme Neues entstanden. Auf dem Bunker wurde in engem Bezug zur bestehenden Struktur Neues hinzugefügt. Das Projekt wurde in großem Stil veröffentlicht und erhielt zahlreiche renommierte Auszeichnungen. Der Bunker und die darin beinhaltete Sammlung können auf Anfrage besichtigt werden.

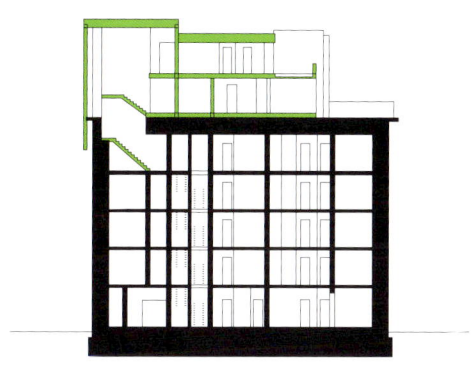

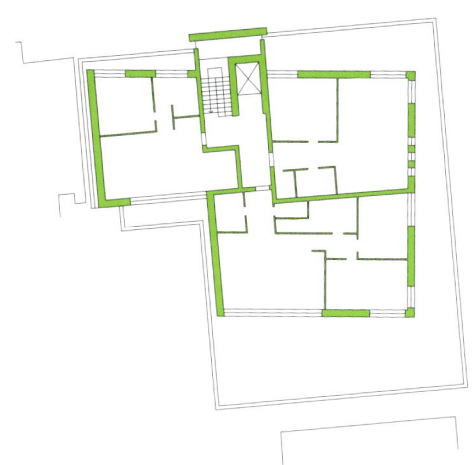

Architekten Andreas Thomsen Architekten GmbH

Rückbauunternehmen -

Eingesetzte Mittel -

Stahlbetonabbruch (t) -

Nutzung 5 Wohnungen, Gewerbe

NF (m²) -

Bauzeit (Monate) 10

Fertigstellung (Jahr) 2001

◀

Von oben nach unten, von links nach rechts:
Perspektive Heußweg/Unnastraße,
Eingang, Eingang von innen
(Fotos: as, as, Andreas Thomsen Architekten)

Die Aufstockung um zwei Geschosse unterscheidet sich deutlich von dem bestehenden, roh belassenen Bunker. Der Aufbau wurde weiß verputzt, über ihm kragt ein filigranes Dach aus. Es gibt große Fensterflächen und einzelne, farblich gelb oder rot akzentuierte Bauteile.

Die vorgesetzte rote Wandscheibe markiert nach Aussage des Architekten den Übergang zwischen dem bestehenden Bunker und dem neu errichteten Aufbau und den dafür erforderlichen Durchbruch der Abschlussdecke des Bunkers an dieser Stelle. Hier befindet sich das alte Treppenhaus, das nach oben verlängert und um einen Aufzug erweitert wurde. In der Aufstockung sind fünf Wohnungen untergebracht, die zur Südseite gestaffelt sind, sodass hier Terrassen entstehen. Der Aufbau ist zusätzlich von den Bunkeraußenwänden zurückgesetzt, um auch die Abschlussdecke des bestehenden Bunkers als Terrasse zu nutzen. Insgesamt entstehen so 70 Quadratmeter Außenflächen für die Wohnungen.

Der Bunker selbst wird von einer Elektrofirma genutzt. In seinem Inneren befinden sich Büro- und Lagerräume sowie Werkstätten. Für die erforderliche Belichtung der Büroräume wurde die Fassade in einer großen Geste über zwei Geschosse aufgebrochen und eine Glasfassade als klimatischer Abschluss davor gesetzt. Dadurch wird die Stärke der Bunkerwände für Passanten sehr gut erlebbar. Der dreieckige Ausschnitt symbolisiert deutlich das Öffnen des Bunkers an dieser Stelle. Er erinnert eher an einen Höhleneingang als an eine geplante Öffnung, da seine Kanten sehr grob herausgebrochen wurden.

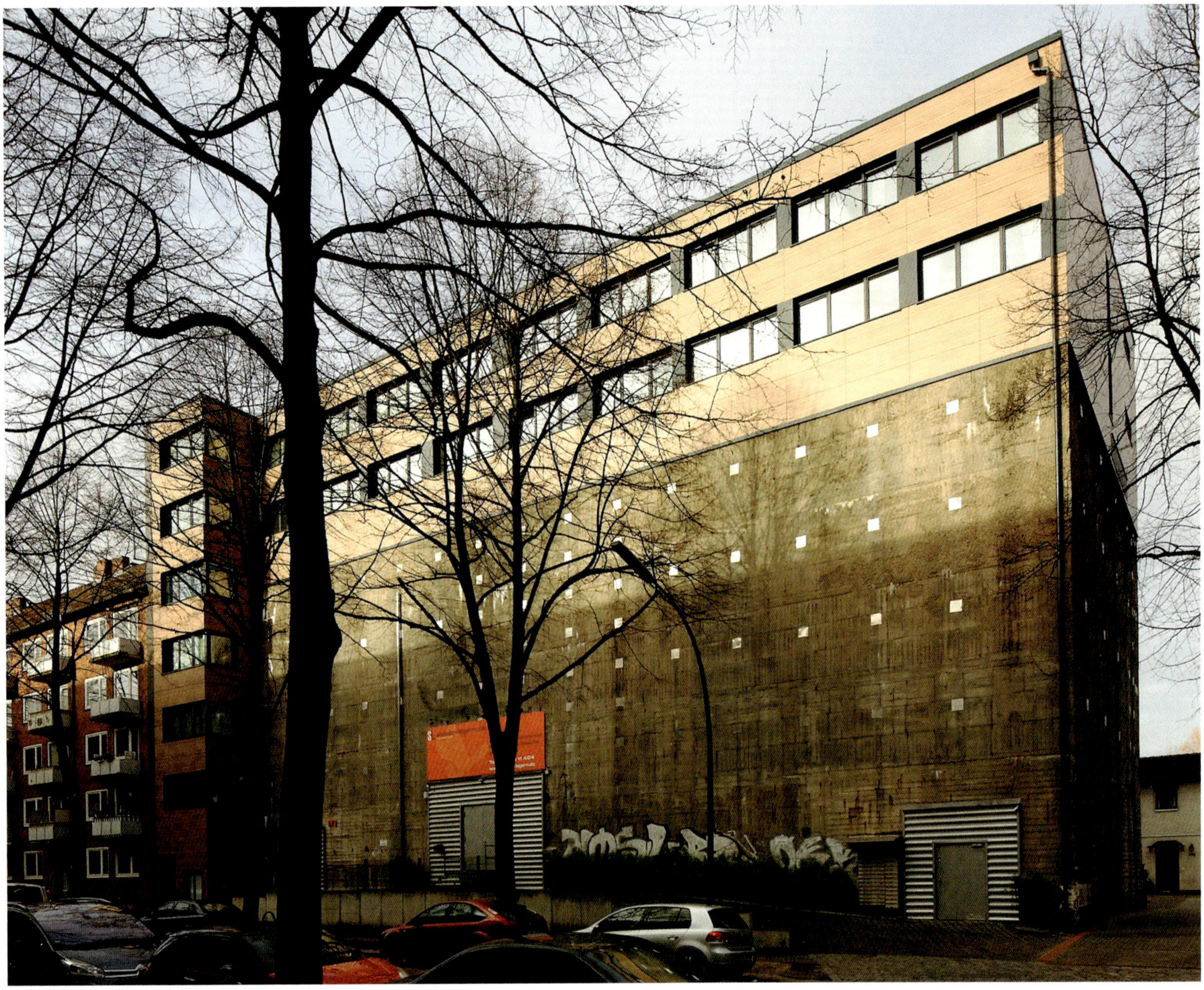

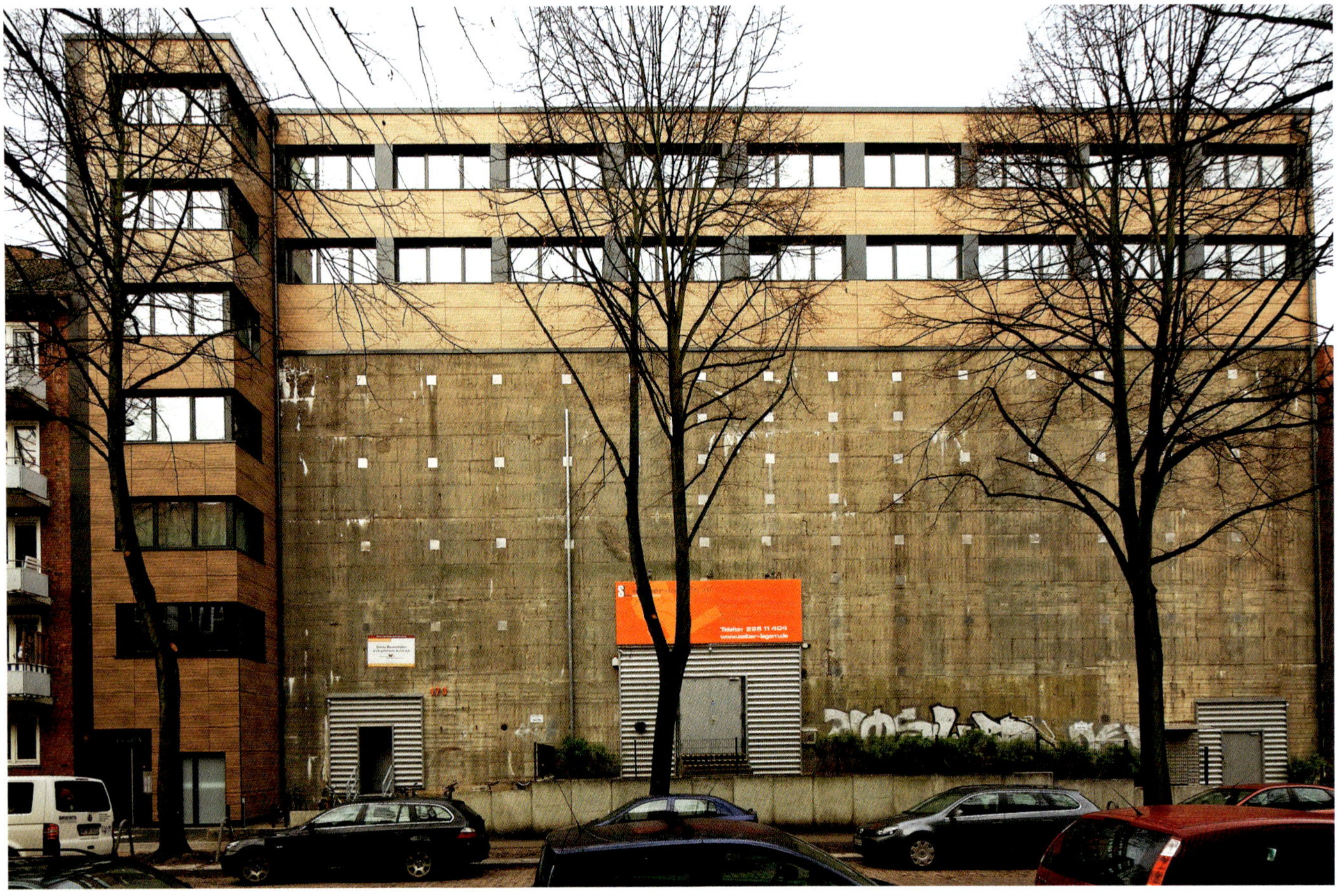
Telefon 226 11 404

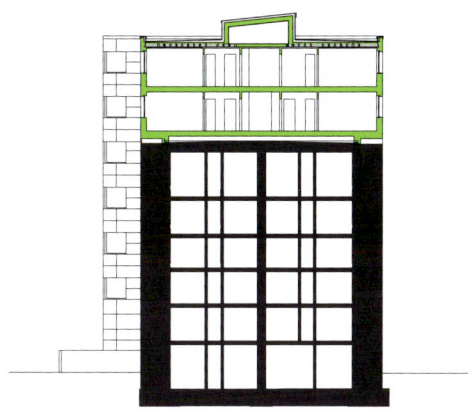

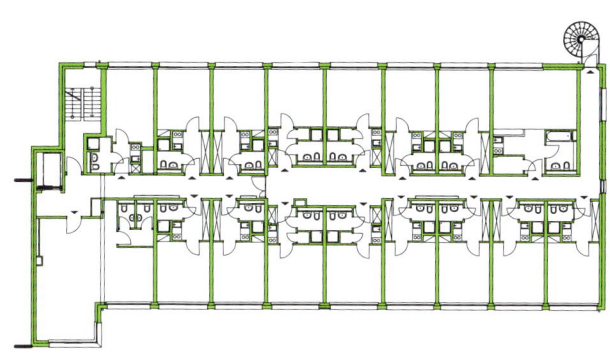

Architekten Sven Miller,

BWH BAUWERK HAMBURG Planungs GmbH

Rückbauunternehmen -

Eingesetzte Mittel -

Stahlbetonabbruch (t) -

Nutzung Studentenwohnen

NF (m²) 980

Bauzeit (Monate) 13

Fertigstellung (Jahr) 2011

◄
Von oben nach unten:
Außenansicht schräg, Außenansicht frontal
(Fotos: Burkhard Katz)

Der Hochbunker selbst bleibt im Wesentlichen unberührt. Stand er ursprünglich frei, wird im Zuge der Umbaumaßnahme die Fuge zur angrenzenden Blockrandbebauung einseitig geschlossen. Durch diesen Anbau, der geometrisch aus der Flucht des Bunkers hervortritt, wird das Gebäude betreten.

Hier befindet sich – neben untergeordneten Räumen, zwei Studentenapartments und ein Gemeinschaftsraum – das Treppenhaus und der Aufzug, über den alle Geschosse erreicht werden können, einschließlich der zweigeschossigen Aufstockung. Der zweite Fluchtweg wird über eine außen liegende Spindeltreppe sichergestellt. Die Aufstockung schließt bündig mit den Bunkeraußenwänden ab und verstärkt die strenge Kubatur des Bunkers zusätzlich. Verkleidet mit Fassadentafeln in Holzoptik setzt sie sich vom Bestand ab und unterstreicht die Rohheit der bestehenden Bunkeraußenwand. In der Aufstockung sind 36 Ein-Zimmer-Apartments untergebracht, jeweils mindestens 22 Quadratmeter groß, erschlossen über einen Mittelgang. Die Apartments verfügen über ein Duschbad, einen Einbauschrank und eine offene Küchenzeile.

Da eine zusätzliche Belastung der bestehenden (wahrscheinlich nicht bauzeitlichen) Hohlkammerspannbetondecke nicht möglich war, wurde eine Stahlbeton-Fertigteilkonstruktion entwickelt, die die Lasten der Aufstockungen über die 2,2 Meter starken Bunkeraußenwände und die 0,5 Meter starke Mittellängswand abträgt. Die tragenden Wände, die Wohnungstrennwände und die Konstruktion des Anbaus wurden in klassischer Massivbauweise mit Holzdach im KfW 70 Energiestandard ausgeführt.

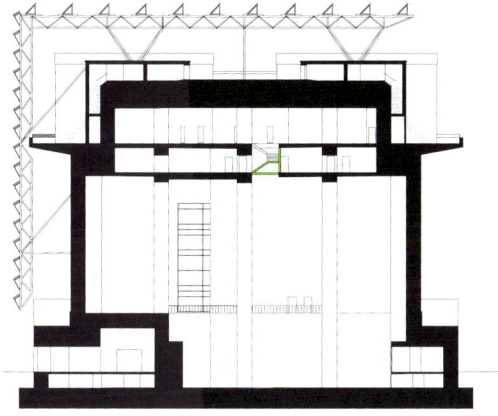

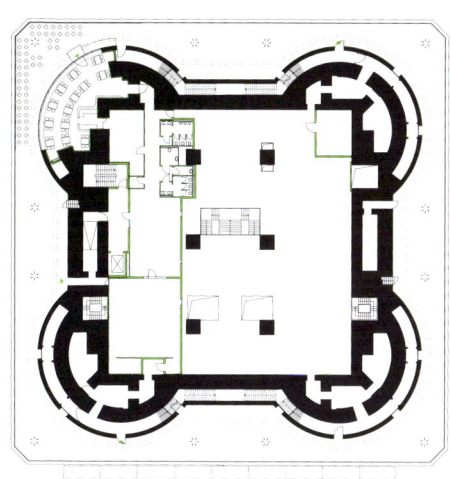

Architekten HHS Planer + Architekten AG

Rückbauunternehmen -

Eingesetzte Mittel Seilsäge, Lockerungssprengungen

Stahlbetonabbruch (t) -

Nutzung Gastronomie, Energiezentrale

NF (m²) 1500

Bauzeit (Monate) 26

Fertigstellung (Jahr) 2013

◄

Von oben nach unten, von links nach rechts:
Außenansicht, Aussichtsterrasse, Blick hinter
die energieerzeugende Hülle
(Fotos: Martin Kunze, Hamburg)

Der ehemalige Flakbunker steht in Wilhelmsburg, einem Hamburger Stadtteil südlich der Elbe. Im Rahmen der Entmilitarisierung durch die Alliierten nach dem Zweiten Weltkrieg wurde sein Inneres durch Sprengungen zerstört. Daher war der Bunker lange Zeit nicht nutzbar und galt sogar als einsturzgefährdet.

Im Rahmen der IBA Hamburg erfolgte die Verwandlung des Flakbunkers in ein regeneratives Kraftwerk mit Großwärmespeicher. Er versorgt etwa 3000 Haushalte im Quartier mit bis zu 85 Prozent regenerativ erzeugter Wärme – unterstützt durch Industrieabwärme eines benachbarten Betriebs – und ca. 1000 Haushalte mit Strom (Zahlen: iba-hamburg.de).

Der durch die vorangegangenen Zerstörungen entstandene Innenraum mit 28 Metern Höhe beherbergt den 2000 Kubikmeter Wasser fassenden Wärmespeicher.

Den Charakter des Schutzbauwerkes wollten die Planer als Mahnmal erhalten. So erhielten im Rahmen der Fassadensanierung die Außenflächen eine vollflächig anhaftende Spritzbetonschale; in die Kubatur wurde nur minimal eingegriffen, um zum Beispiel eine Fensteröffnung für das Café zu erzeugen. Das Stahlgerüst der Solarthermie- und Photovoltaikanlage ist deutlich abgesetzt und bewahrt so die ursprüngliche markante Kubatur des Flakbunkers. Der „Energiebunker" kann besichtigt werden. Vom Café auf der obersten Ebene in 30 Metern Höhe hat man den vielleicht besten Ausblick auf die Hamburger Innenstadt, den Hafen und das umliegende Wilhelmsburg.

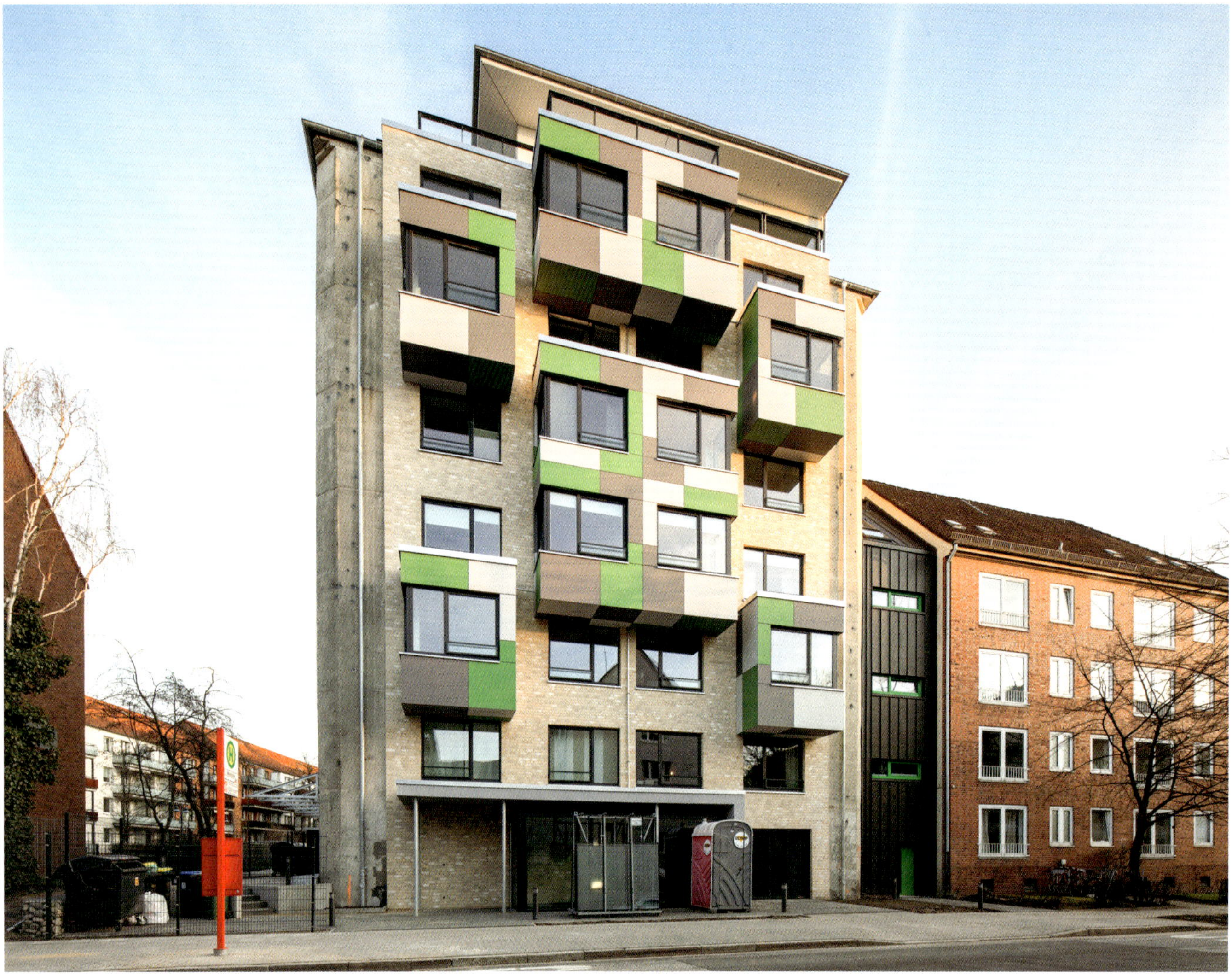

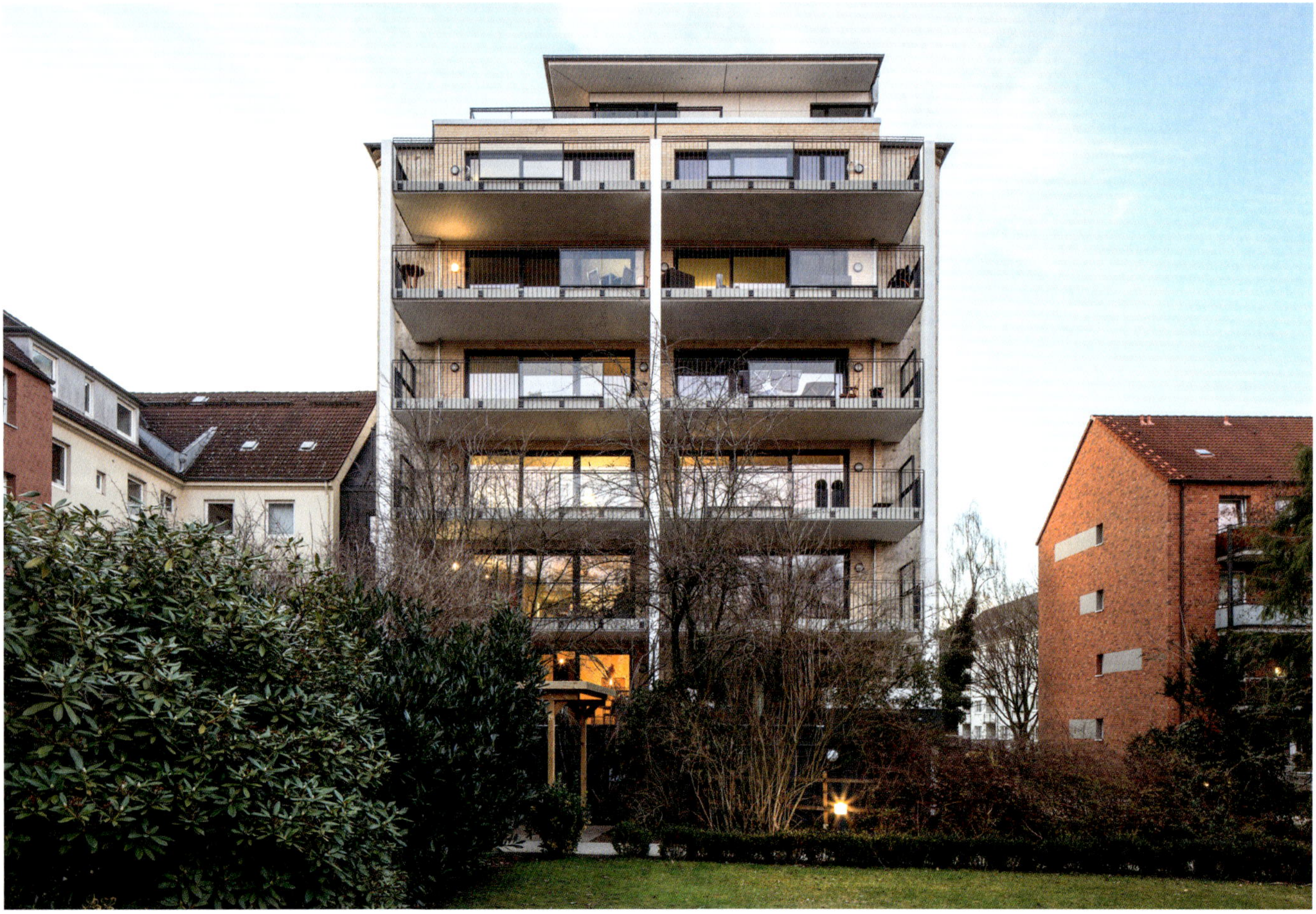

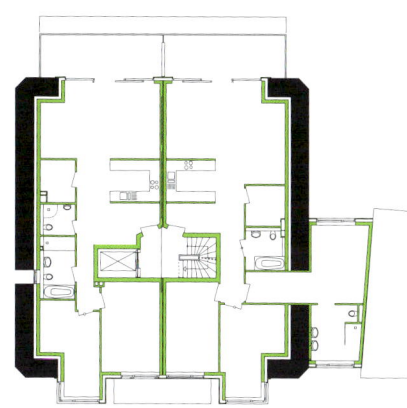

Architekten/Bauträger

Rainer Mielke + Claus Freudenberg

Rückbauunternehmen Moß Abbruch-Erdbaurecycling
GmbH & Co. KG

Eingesetzte Mittel Lockerungssprengungen

Stahlbetonabbruch (t) ca. 1925

Nutzung 13 Wohnungen

NF (m²) 1632

Bauzeit (Monate) 19

Fertigstellung (Jahr) 2014

Dieser Bunker wurde nahezu komplett abgetragen. Nur die beiden Gebäudetrennwände und die Sohlplatte wurden erhalten; damit wurde Bestandsschutz erreicht und die Bebauung konnte deutlich höher ausfallen als die der angrenzenden Grundstücke. Ein neu errichteter Zwischenbau schließt die schmale Baulücke zum Nachbarhaus.

Die Entkernung war erforderlich, da die ursprünglichen Geschosshöhen von 2,50 Meter von den Architekten als nicht ausreichend erachtet wurden. Gleichzeitig erzeugte der Abriss aller Innenwände und Decken Grundrissfreiheit, sodass das Treppenhaus mit der Aufzugsanlage für den barrierefreien Zugang zu allen Wohnungen kompakt ausgeführt werden konnte.

Auf sieben neu eingezogenen Geschossdecken entstanden 13 Eigentumswohnungen. Im Erdgeschoss befinden sich neben der Haupterschließung die Technikzentrale, Abstellräume für die einzelnen Wohnungen und eine Tiefgarage mit acht Stellplätzen.

Die ersten sechs Geschosse enthalten jeweils zwei Wohnungen in Nord-Süd-Ausrichtung. Im siebten Obergeschoss befindet sich das Penthouse, das durch seine erhöhte Position gegenüber der umliegenden Bebauung einen weiten Blick über Hamburg bietet. Zum südlichen Garten sind große Balkone vor die Fassade gestellt. Das Penthouse springt von der Fassade zurück, die verbleibende Dachfläche dient als Terrasse.

◄
Von oben nach unten:
Straßenansicht, Gartenansicht
(Fotos: Sebastian Glombik)

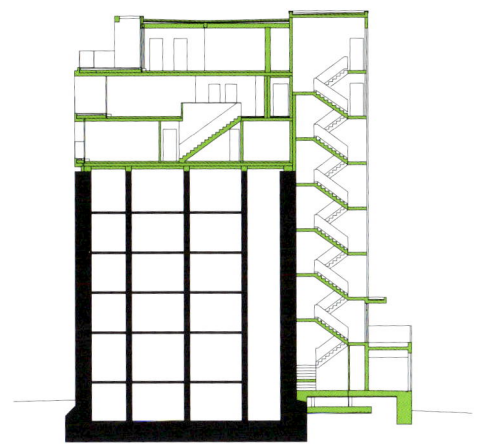

Architekten Sven Miller,
BWH BAUWERK HAMBURG Planungs GmbH

Rückbauunternehmen -

Eingesetzte Mittel -

Stahlbetonabbruch (t) -

Nutzung 7 Wohnungen

NF (m²) 914

Bauzeit (Monate) 16

Fertigstellung (Jahr) 2010

◄

Von oben nach unten, von links nach rechts:
Außenansicht frontal, Außenansicht schräg,
Fassadendetail
(Fotos: Burkhard Katz)

Die Wohnbebauung sollte unabhängig vom Bestand funktionieren, was sich auch in der Gestaltung zeigt. Die Außenwände des Hochbunkers bleiben im Wesentlichen unberührt. Die Betonoberfläche der Fassade wurde gereinigt und die eingeschnittenen Fensteröffnungen mit einfachen Stahlfensterkonstruktionen flächenbündig geschlossen.

Dem Bunker wird ein niedriger Anbau vorgesetzt, der Haupteingang und Nebenräume beinhaltet. Seine Dachfläche ist begrünt und kann als Gemeinschaftsbereich genutzt werden. Über ihn gelangt man in den vorgesetzten Erschließungsturm, über den die dreigeschossige Aufstockung erreicht werden kann. Diese setzt sich durch eine Fuge vom Bestand deutlich ab. Alle neuen An- und Aufbauten haben eine glatte, strahlend weiße Oberfläche, die im deutlichen Kontrast zur rohen Bunkerwand steht. Im ersten und zweiten Geschoss der Aufstockung befinden sich Maisonettewohnungen, die über einen Laubengang erschlossen werden. Die 117 bis 125 Quadratmeter großen Wohnungen bieten eine großzügige Loggia, die sich nach Süden orientiert. Im Staffelgeschoss, dessen Dach aus klimatischen Gründen begrünt worden ist, sind zwei offene 162 und 107 Quadratmeter große Wohnungen untergebracht, die direkt vom Erschließungsturm begangen werden können. Von allen Räumen kann die durch die Staffelung gewonnene Dachterrasse direkt betreten werden.

Die Lasten der Aufstockung werden über einen umlaufenden Stahlbetonringbalken in die Bunkeraußenwände eingebracht. Die tragende Konstruktion wird überwiegend aus Stahlbeton hergestellt. Das Staffelgeschoss wurde in Leichtbauweise errichtet.

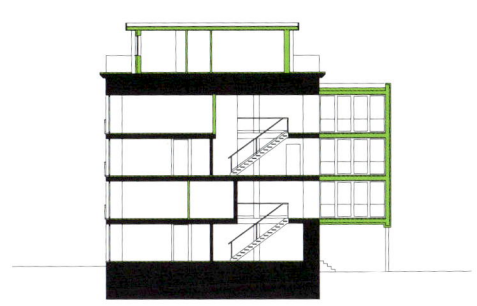

Architekten Architekturbüro Solvie

Rückbauunternehmen Senft GmbH

Eingesetzte Mittel Diamantseilsägen,

Lockerungssprengungen

Stahlbetonabbruch (t) ca. 990

Nutzung 9 Wohnungen

NF (m²) 1228

Bauzeit (Monate) 18

Fertigstellung (Jahr) 2009

Der Bunker wurde bereits in den 80er Jahren um ein Staffelgeschoss aufgestockt. Für den Umbau zu Wohnungen wurden teilweise sehr große Einschnitte in die Fassaden vorgenommen, um möglichst viel Licht einzulassen. Die Geschossdecken blieben erhalten. Die geringe lichte Höhe von 2,40 Meter in den Schlaf-, Arbeits- und Kinderzimmern sowie den Bädern wurde durch den Deckendurchbruch in den Wohnzimmern kompensiert, der zwei Geschosse miteinander verbindet.

Die Bunkerwände selbst wurden mit einer Sandstrahltechnik gereinigt und nicht verputzt. Fehlstellen im Beton, die grobe, rohe Betonoberfläche blieben so erhalten, der Bunker ist als solcher erkennbar. Auf Wärmedämmung durfte bei diesem Umbau im Bestand aufgrund des besonderen Objektes verzichtet werden.

Die unebenen Schnittkanten der neu erstellten Öffnungen wurden mit umlaufenden Aluminiumprofilen verdeckt. Das ausgewählte Material und die Farbigkeit der Fensterelemente zusammen mit den leichten, vorgesetzten Balkonen aus glänzendem Milchglas und Stahl stehen in subtilem Kontrast zur rohen Bunkeroberfläche. Die bestehenden Treppenhäuser werden als Erschließung weiter genutzt, ebenso wie der bei der vorangegangenen Aufstockung bereits eingebaute Aufzug.

◀

Von oben nach unten, von links nach rechts:
Ansicht von der Straßenecke, Ansicht von der
Haydnstraße, Ansicht von der Regerstraße
(Fotos: Sebastian Glombik)

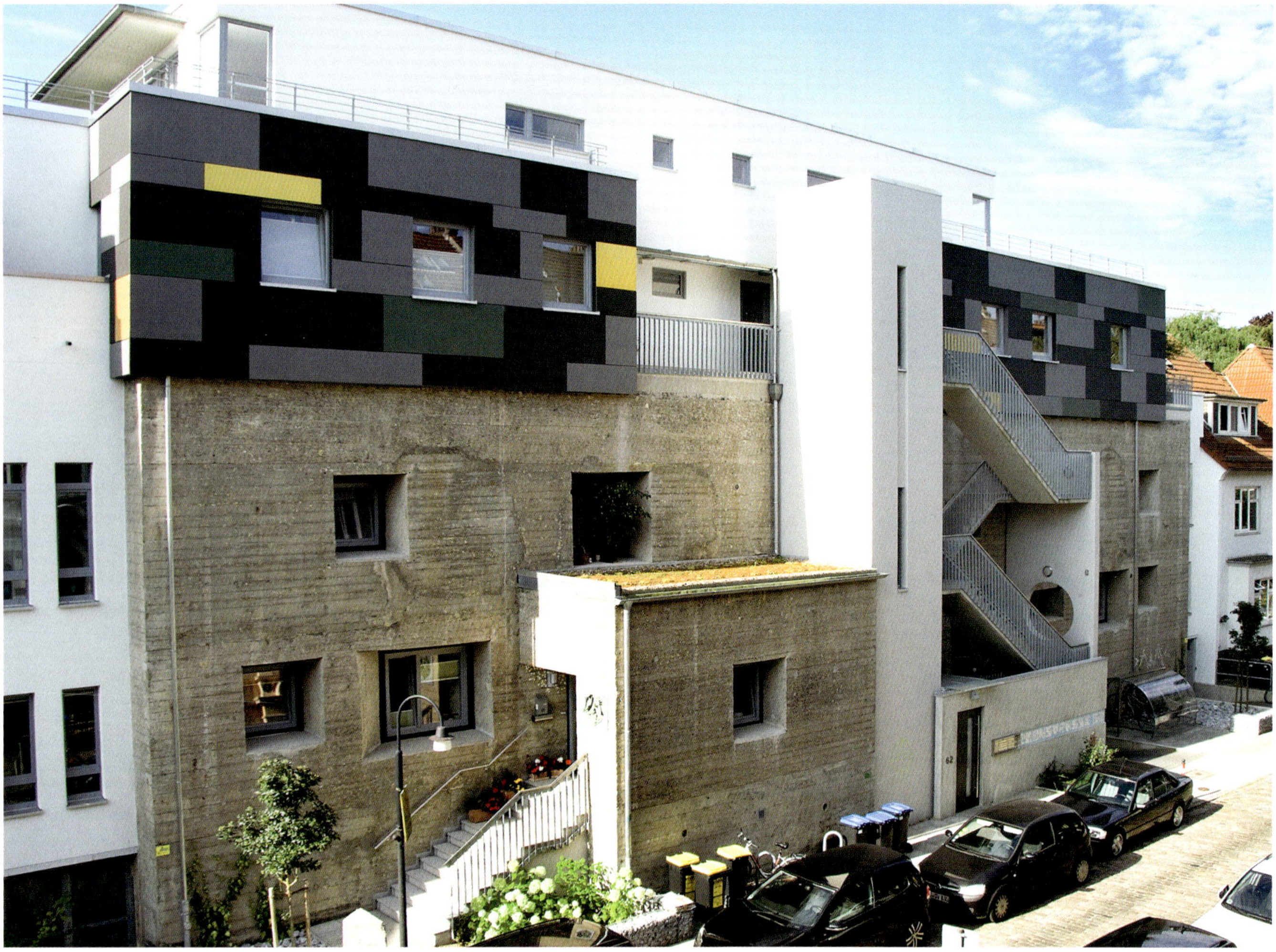

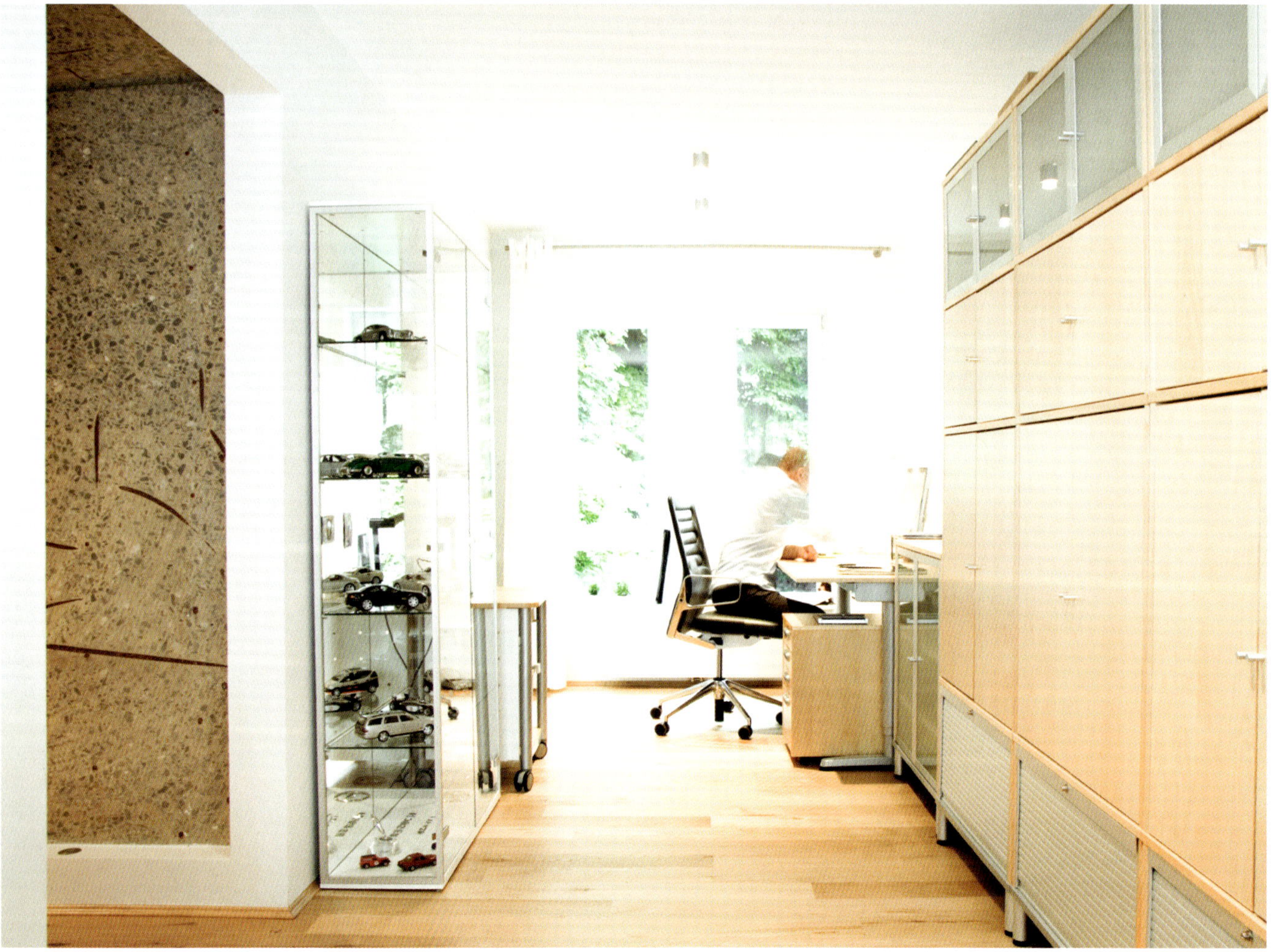

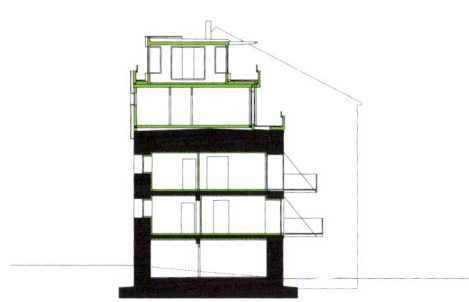

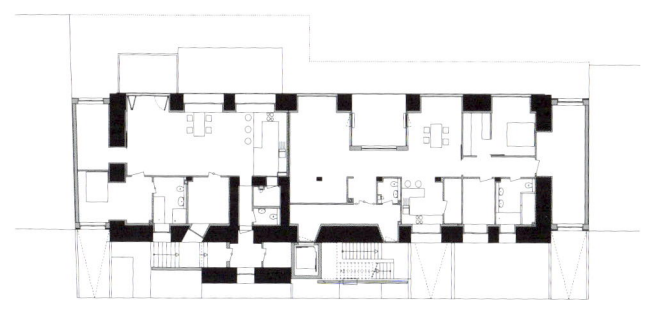

Architekten/Bauträger

Rainer Mielke + Claus Freudenberg

Rückbauunternehmen BBP Beton- Bohr- und Sägetechnik GmbH

Eingesetzte Mittel Seilsäge, Betonpresse, mobiler

Kran

Stahlbetonabbruch (t) ca. 526

Nutzung 7 Wohnungen

NF (m²) ca. 877

Bauzeit (Monate) 19

Fertigstellung (Jahr) 2011

Der dreigeschossige Bunker wurde um zwei Staffelgeschosse aufgestockt. Die angrenzenden beidseitigen Lücken zur Be-
standsbebauung wurden geschlossen. Um die Anwohner nicht
zu beeinträchtigen, durfte die Aufstockung auf der Gartenseite
nur gestaffelt erfolgen. Die daraus resultierende Terrassierung erzeugt für die neu entstandenen Geschosse großzügige Außenbereiche.

Durch die Innendämmung der Wohnungen innerhalb des Bunkers
bleibt die Betonwand nach außen sichtbar und so seine ehemalige
Funktion als Schutzbauwerk auch nach erfolgtem Umbau weiterhin ablesbar. Die Aufstockung setzt sich durch die farbige Faserze-
mentverkleidung stark von der rauen Betonoberfläche ab.

Eine Wohnung im Hochparterre wird über die alte Bunkertreppe
erschlossen. Alle anderen Wohnungen sind barrierefrei erreichbar.
Die vertikale Erschließung, bestehend aus Aufzug- und Treppenturm aus Stahlbetonfertigteilen, wurde vor das Gebäude gestellt,
sodass die Komplexität des Eingriffs in die Bausubstanz reduziert
werden konnte. Ähnlich der Aufstockung setzt sich der Treppenturm ebenfalls mit seiner Oberfläche vom Bestand ab.

Im Erdgeschoss befinden sich der Heizungsraum und sieben
PKW-Stellplätze. Der Aufbau wurde in Kalksandsteinmauerwerk
mit Mineralfaserdämmung, alle Innenwände wurden als Leicht-
bauwände ausgeführt.

◀

Von oben nach unten:
Ansicht von der Roonstraße, Innenansicht
(Fotos: Mielke + Freudenberg)

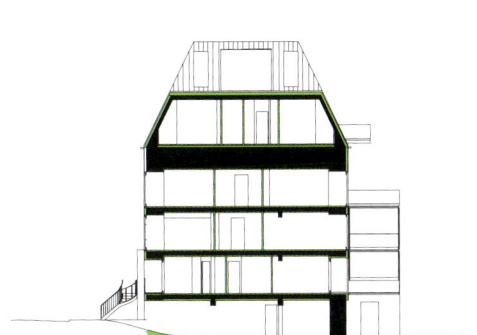

Architekten/Bauträger

Rainer Mielke + Claus Freudenberg

Rückbauunternehmen BBP Beton- Bohr- und Säge-

technik GmbH

Eingesetzte Mittel Seilsäge, Betonpresse, mobiler

Kran

Stahlbetonabbruch (t) ca. 375

Nutzung 4 Wohnungen

NF (m²) ca. 635

Bauzeit (Monate) 12

Fertigstellung (Jahr) 2008

Die besondere Kubatur des bestehenden Bunkers wurde erhalten, das Walmdach war bereits Teil des ursprünglichen Bauwerks. Es bestand aus geneigten Betonplatten, die sehr breite Schlitze aufwiesen. Aus der Luft sah der Bunker damit wie ein ausgebranntes Haus aus.

Im Inneren wurde der Bunker zu vier Eigentumswohnungen umgebaut. Im Kellergeschoss, das mit einer halben Geschosshöhe über das Straßenniveau hinausragt, befinden sich drei Garagenplätze und der Heizungsraum. Die Wohnung im Erdgeschoss wird über die vorgesetzte Treppe direkt erschlossen. Über eine Aufzuganlage, die zusammen mit der Treppe in dem bereits bestehenden Zwischenbau aus Stahlbeton und Kalksandsteinmauerwerk zwischen Bunker und angrenzender Bebauung Platz findet, können die darüberliegenden Wohnungen barrierefrei erreicht werden.

Im Dachgeschoss wurde durch den Einbau einer Zwischendecke eine Maisonettewohnung geschaffen. Auf der Südseite erweitern große, schwellenfreie, vor die Fassade gesetzte Balkone die Wohnflächen.

Der Bunker ist von außen gedämmt, verputzt und in einem intensiven Rot gestrichen, sodass die ursprünglich raue Oberfläche nur noch im Inneren erfahren werden kann.

Von oben nach unten und links nach rechts:
Ansicht von der Schierker Straße, Ansicht Treppenhaus 01 + 02 (Fotos: Mielke + Freudenberg)

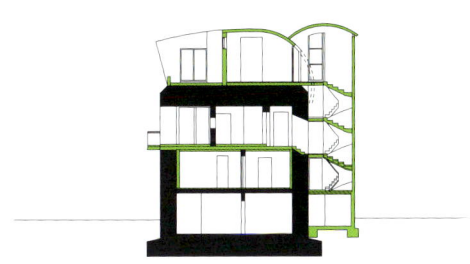

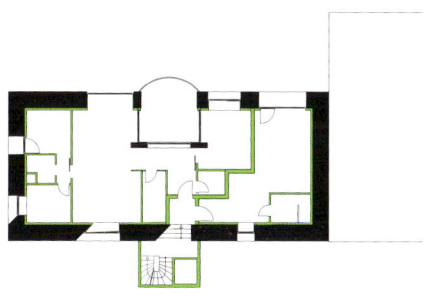

Architekten/Bauträger

Rainer Mielke + Claus Freudenberg

Rückbauunternehmen BBP Beton- Bohr- und Sägetechnik GmbH

Eingesetzte Mittel Seilsäge, Betonpresse, mobiler
Kran

Stahlbetonabbruch (t) ca. 114

Nutzung 5 Wohnungen

NF (m²) ca. 440

1. Bauzeit (Monate) 10

Fertigstellung (Jahr) 1999

2. Bauzeit (Monate) 10

Fertigstellung (Jahr) 2004

◀

Von oben nach unten, von links nach rechts:
Ansicht von der Claussenstraße, Großformatige
Wandaussparung von innen, Balkon
(Fotos: Mielke + Freudenberg)

Der Bunker wurde in zwei Schritten umgebaut. Die Aufstockung
inklusive Treppenturm wurde bereits errichtet, als der Bunker
noch für den Zivilschutz genutzt wurde. Der Architekt Rainer
Mielke zog selbst dort ein, nachdem es ihm gelungen war, die
Skepsis der Behörden, einen noch als Schutzraum vorgesehenen
Bunker an eine Privatperson zu verkaufen, zu überwinden und die
Freigabe der Dachfläche für eine Wohnnutzung zu erreichen. Der
leichte, runde und farbige Aufbau und der weiße, durch eine Glas-
fuge abgesetzte Treppenturm bilden einen starken Kontrast zum
grauen, rohen Beton des Bunkers. Unter dem neuen Tonnendach
befindet sich eine große Wohnung. Ein Einschnitt in der leichten,
aufgesetzten Dachkonstruktion schafft einen zusätzlichen Außenraum.

Weil der Bunker noch als Schutzraum zur Verfügung stand, durften die Räume in seinem Inneren baulich nicht verändert werden
und Rainer Mielke war verpflichtet, den Bunker in Krisensituatio-
nen sofort zu räumen. Deshalb waren hier anfangs nur temporäre
Nutzungen möglich: es wurden eine Modenschau, Ausstellungen
und Theateraufführungen gezeigt und sogar eine Oper aufgeführt.
Nach der Aufhebung der Zivilschutzbindung wurde der Bunker
auch im Inneren umgebaut. Die raumhohen, großformatigen Ausschnitte in der Bunkerwand lassen sich unterschiedlich nutzen.
Ist die Glasfassade innenbündig, dienen die Laibungsflächen als
Loggien. Ist die Fassade außenbündig, kann die Bunkerwand als
Nische im Innenraum genutzt werden. Hier werden die bunker-
typischen Wandstärken alltäglich erfahrbar gemacht.

Architekten/Bauträger

Rainer Mielke + Claus Freudenberg

Rückbauunternehmen BBP Beton- Bohr- und Sägetechnik GmbH

Eingesetzte Mittel Seilsäge, Betonpresse, mobiler
Kran

Stahlbetonabbruch (t) ca. 480

Nutzung 7 Wohnungen

NF (m²) ca. 930

Bauzeit (Monate) 10

Fertigstellung (Jahr) 2006

Der dreigeschossige Bunker wurde um zwei Geschosse aufgestockt. Die baurechtlich notwendige Staffelung erzeugt großzügige Terrassen in den neuen Etagen. Der Aufbau schließt mit einem
deutlich auskragenden Dach ab.

Über eine Außentreppe wird eine Wohnung im Hochparterre direkt
erschlossen. Der vorgesetzte Aufzugs- und Treppenturm macht
die barrierefreie Erschließung der anderen Wohnungen möglich.
Seine sichtbare Oberfläche aus glatten Stahlbetonfertigteilen bildet einen Kontrast zur rohen Betonoberfläche. Noch deutlicher
setzt sich die seitlich eingerückte und den Bunker zur Straßenseite
hin deutlich überkragende Kubatur des Aufbaus mit ihrer Verkleidung aus roten Faserzementplatten vom Bestand ab. Im Souter-
rain befinden sich sechs Stellplätze und der Heizungsraum.

Durch die Innendämmung des Bunkers sind in den Wohnungen
die ehemaligen Betonoberflächen nicht erfahrbar. Nur in den Lai-
bungen der Loggien sind sowohl das Material als auch die Wandstärke gut ablesbar geblieben.

◀

Von oben nach unten, von links nach rechts:
Ansicht von der Leipziger Straße, Eingang,
Innenansicht (Fotos: Rüdiger Lubricht)

Architekten/Bauträger

Rainer Mielke + Claus Freudenberg

Rückbauunternehmen J. & F. Schmitt

Eingesetzte Mittel Seilsäge

Stahlbetonabbruch (t) -

Nutzung 1 Wohnung

NF (m²) ca. 286

Bauzeit (Monate) -

Fertigstellung (Jahr) 2013

Der Bunker wurde für eine Familie umgebaut. Es wurde ein Staffelgeschoss aufgesetzt und zusätzlich das dritte und oberste Geschoss des Bunkers zu Wohnzwecken umgebaut, sodass eine zweigeschossige Wohnung entstand, die sich zu einem Teil im und zum anderen Teil auf dem Bunker befindet.

Die unteren Geschosse werden als Lagerfläche und als Garage genutzt. Die bestehende Betontreppe konnte als Erschließung erhalten werden, zusätzlich wurde eine Holztreppe für das neu errichtete Staffelgeschoss eingebaut. Außen wurde ein Aufzug an den Bunker gestellt, um den Wohnbereich barrierefrei erreichen zu können.

Der erforderliche Wärmeschutz der Wohnfläche im Bunker wird über eine Innendämmung erreicht. So konnte die mit Natursteinelementen verzierte Bunkerfassade bis auf wenige neue Öffnungen im dritten Obergeschoss und die Garageneinfahrt im Erdgeschoss fast vollständig erhalten bleiben. Die auf der Laibungsinnenseite eingesetzten Fenster und das ebenfalls innenbündig eingesetzte Garagentor machen die Wandstärke von außen erfahrbar.

Das Staffelgeschoss ist aus Kalksandstein gemauert, gedämmt und mit Faserzementplatten verkleidet. Es setzt sich dadurch deutlich vom Bestand ab. Seine Kubatur ist allseitig zurückgesetzt, auf diese Weise entsteht eine umlaufende Terrasse. Die exponierte Lage des Bunkers erlaubt von der Dachterrasse einen weiten Blick über die Umgebung.

◄
Von oben nach unten, von links nach rechts:
Ansicht vom Trageweg, Treppe, Innenansicht
(Fotos: Mielke + Freudenberg)

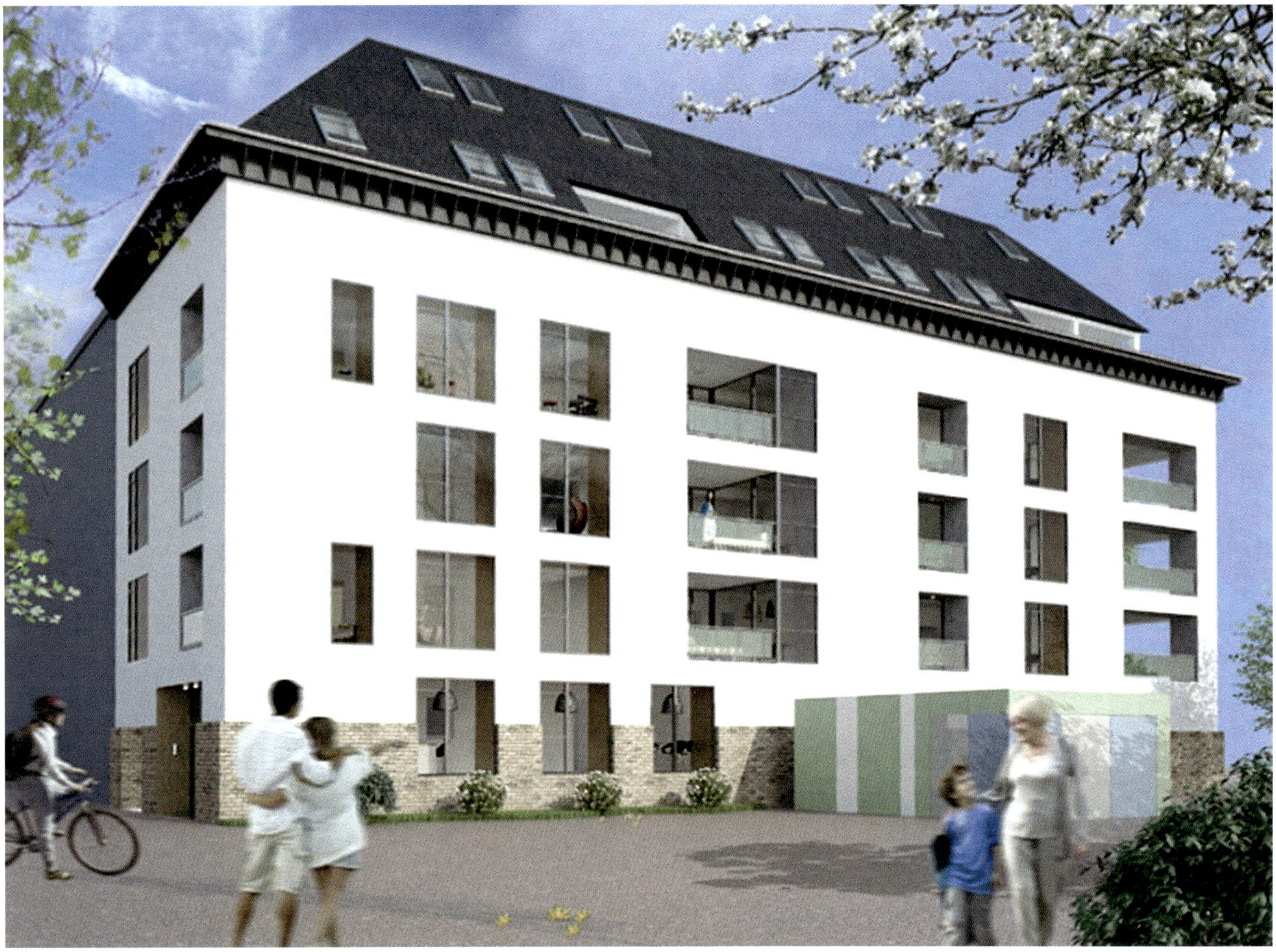

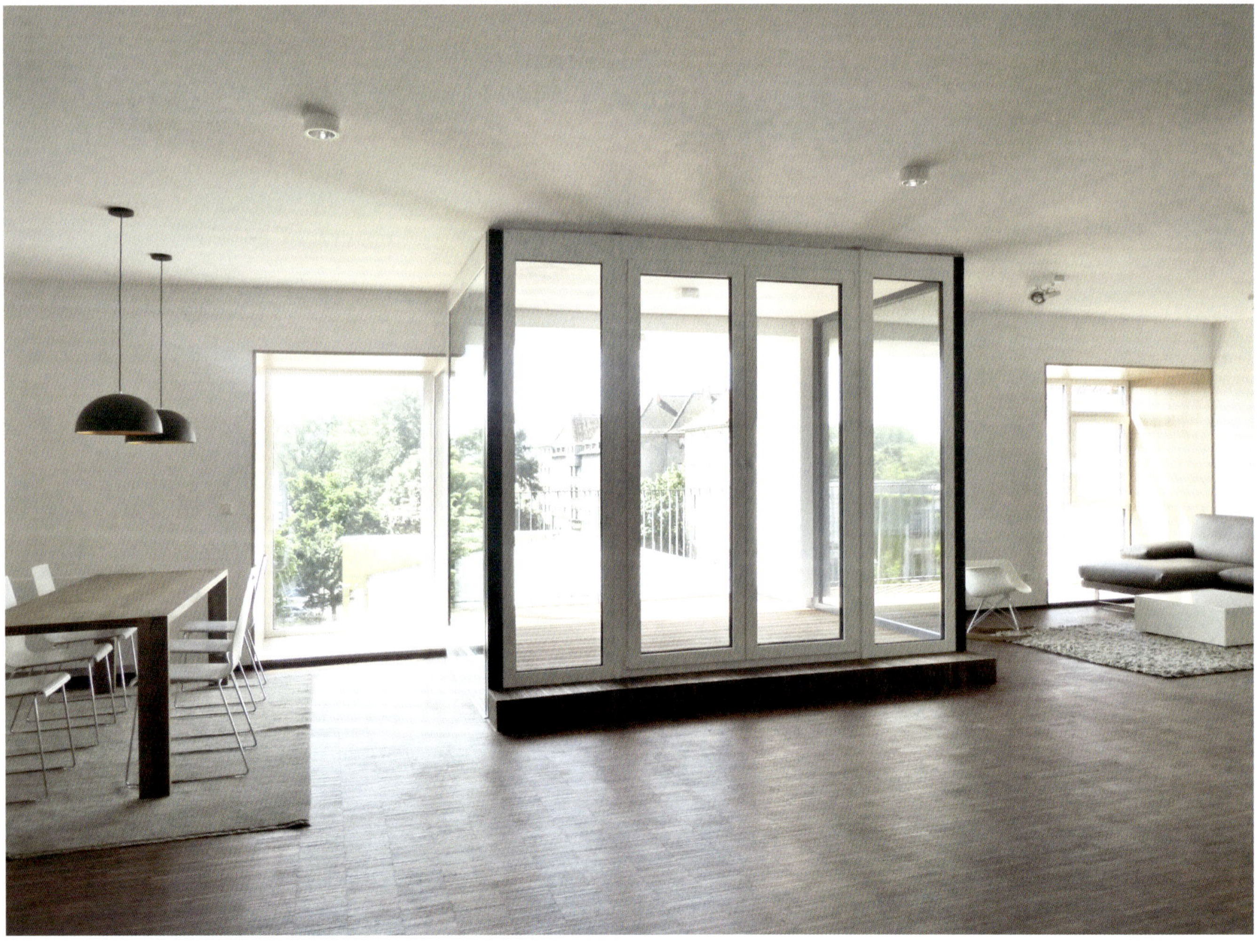

Architekten/Bauträger

AXIA Vermögensverwaltungs-

und Beteiligungs GmbH

Rückbauunternehmen BBT Betonbohr- und

Sägetechnik GmbH

Eingesetzte Mittel Diamantseilsäge

Stahlbetonabbruch (t) -

Nutzung 9 Wohnungen, 1 Bürofläche

NF (m²) ca. 2300

Bauzeit (Monate) ca. 16

Fertigstellung (Jahr) 2015

Von oben nach unten:
Ansicht von der Ricklinger Straße (Das Gebäude war zum Zeitpunkt der Drucklegung noch
nicht ausgerüstet), Blick von innen auf die
Loggia (Fotos: AXIA Design Agentur)

Der an drei Seiten freistehende Bunker mit Stahlbetongiebeldach blieb in seiner Kubatur erhalten. Das bestehende Giebeldach gliedert sich städtebaulich selbstverständlich in die umliegende Umgebung ein.

Das Innere des Bunkers wurde zu Büroflächen und Eigentumswohnungen umgebaut. Im Kellergeschoss wurden Stellplätze geschaffen, der Niveauunterschied zum umliegenden Gelände wurde durch eine Rampe überbrückt. Im Erdgeschoss wurden Büroräume und eine Wohnung eingerichtet, die darüberliegenden Geschosse bleiben dem Wohnen vorbehalten. Dafür wurden große Teile der Stahlbetoninnenwände zurückgebaut, um großzügige Innenräume zu schaffen. Für einen besseren Grundrisszuschnitt wurden auch die Treppenhäuser in ihrer Position verändert; ein neu installierter Personenaufzug gewährleistet den barrierefreien Zugang zu allen Wohnungen.

In den hohen Dachraum wurde eine Zwischendecke eingezogen, um hier Maisonettewohnungen entstehen zu lassen. In die Fassade wurden mit Seilsägen bodentiefe Öffnungen eingeschnitten, sie dienen als Fenster oder als Loggien für den zugehörigen Wohnraum.

Der ehemalige Bunker ist nur an den Laibungstiefen erkennbar geblieben, die rauen, ehemals prägnanten Betonoberflächen werden von der außenliegenden, weiß verputzten Dämmung verdeckt. Im Sockelbereich wurde der Bunker mit Fotobeton verkleidet. Innen blieben nur einige ausgesuchte Wände roh belassen.

30625 HANNOVER, BISPINGER WEG

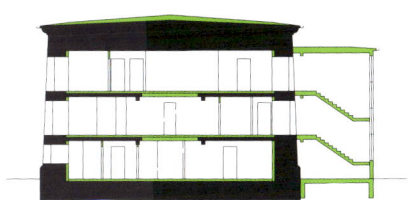

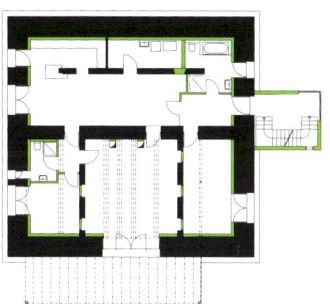

Architekten/Bauträger B41-New Urban Living UG

Rückbauunternehmen J.&F. Schmitt GmbH & Co.

Betonbohr- und Sägetechnik KG

Eingesetzte Mittel Seilsäge, Wandsäge

Stahlbetonabbruch (t) ca. 400

Nutzung Wohnen

NF (m²) ca. 570

Bauzeit (Monate) 15

Fertigstellung (Jahr) 2015

◄

Von oben nach unten, von links nach rechts:
Ansicht der Balkone, Eingang EG, Ansicht der
Südfassade (Fotos: Bianca Streicher)

Der kompakte, freistehende Bunker im Heideviertel in Hannover ist nicht unterkellert und drei Geschosse hoch. Im Rahmen seines Umbaus wurde die Hülle und große Teile der inneren Struktur erhalten, was die im Bestand vorhandene lichte Geschosshöhe von 2,40–2,70 Metern möglich machte. Für den erforderlichen Tageslichteinfall wurden in jedem Geschoss unterschiedlich große Öffnungen mit Seilsägen in die Fassade und ins Dach geschnitten, sodass alle Aufenthaltsräume und Badezimmer im Inneren Tageslicht erhalten. Die innen liegende Treppe wurde zurückgebaut und die Deckenöffnungen geschlossen, um im Bunker zusätzlich Fläche zu gewinnen. Die Erschließung der oberen Geschosse leistet ein neu errichteter, vor die Ostfassade gestellter Treppenturm.

In jedem Geschoss ist eine ca. 190 Quadratmeter große Wohnung untergebracht. Das Erdgeschoss hat eine vorgesetzte ebenerdige Terrasse, in den beiden oberen Geschossen werden große Balkone mit jeweils 40 Quadratmetern an der Südfassade als zusätzlicher Außenbereich vorgesetzt.

Der Hochbunker war bereits bei Errichtung verputzt und mit gestalterischen Elementen versehen worden. Seine sich nach oben hin verjüngenden Außenwände schließen mit einem Kranzgesims ab, die Gebäudeecken sind rustiziert und die alten Öffnungen mit Sandstein eingefasst worden. Um diese Gestaltungselemente des Bunkers nicht verkleiden zu müssen, aber gleichzeitig ein energetisch optimierteres Gebäude zu erhalten, wurden alle Wohnungen von innen gedämmt. Die Putzfassade wurde saniert, die neuen Einschnitte wurden mit Faschen eingefasst und nehmen so die Elemente der Bestandsfassade auf.

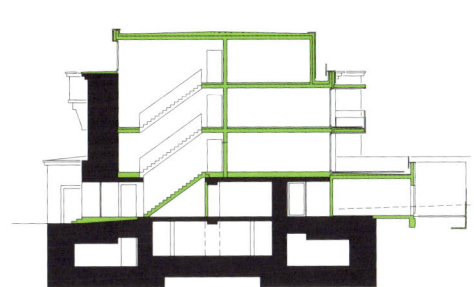

Architekten/Bauträger
Hauer Dipl.-Ing. Architekten BDA
Rückbauunternehmen Betab GmbH,
Hagedorn GmbH
Eingesetzte Mittel Diamantseilsäge
Stahlbetonabbruch (t) ca. 5000
Nutzung Wohnen, Gewerbe
NF (m²) ca. 1380
Bauzeit (Monate) 14
Fertigstellung (Jahr) 2012

◀

Von oben nach unten:
Ansicht von der Neustädter Straße,
Innenansicht des Treppenhauses
(Fotos: Cäcilia Epkenhans-Hauer)

In den bestehenden Bunker wurde stark eingegriffen, was auch deutlich kommuniziert wird. Die unteren Geschosse und zwei Bunkerwände blieben erhalten, der Rest wurde zurückgebaut und durch einen Neubau ersetzt, der wie eine eingestellte Box vom verbleibenden Bunker umfasst wird.

Die Bunkerwände, die im Bereich der Wohnungen durch große Einschnitte geöffnet wurden, erscheinen wie ein vorgesetztes Passepartout zur Neustädter Straße gewandt. Die Verkleidung des Neubaus setzt sich in ihrer Materialität deutlich von der roh belassenen, wehrhaften Fassade des Bunkers ab. Die Architekten wollten mit dieser Maßnahme den zivilen Charakter des neuen Inhalts betonen. Im Inneren bleibt der Bunker durch einzelne, gezielt im Originalzustand belassene Oberflächen im Treppenhaus spürbar.

Im vollständig erhaltenen Kellergeschoss befinden sich die Technik- und Nebenräume der Wohnnutzung. Im Erdgeschoss sind neben den Eingangsbereichen und einer Gewerbefläche zusätzlich elf PKW-Stellplätze untergebracht. In den darüberliegenden Geschossen befinden sich insgesamt zwölf Wohnungen, von denen pro Geschoss drei barrierefrei an ein Treppenhaus mit Aufzug angeschlossen sind.

Da die Wohngeschosse komplett neu errichtet wurden, konnte eine deutlich größere lichte Höhe der einzelnen Geschosse erreicht werden als im Bestand.

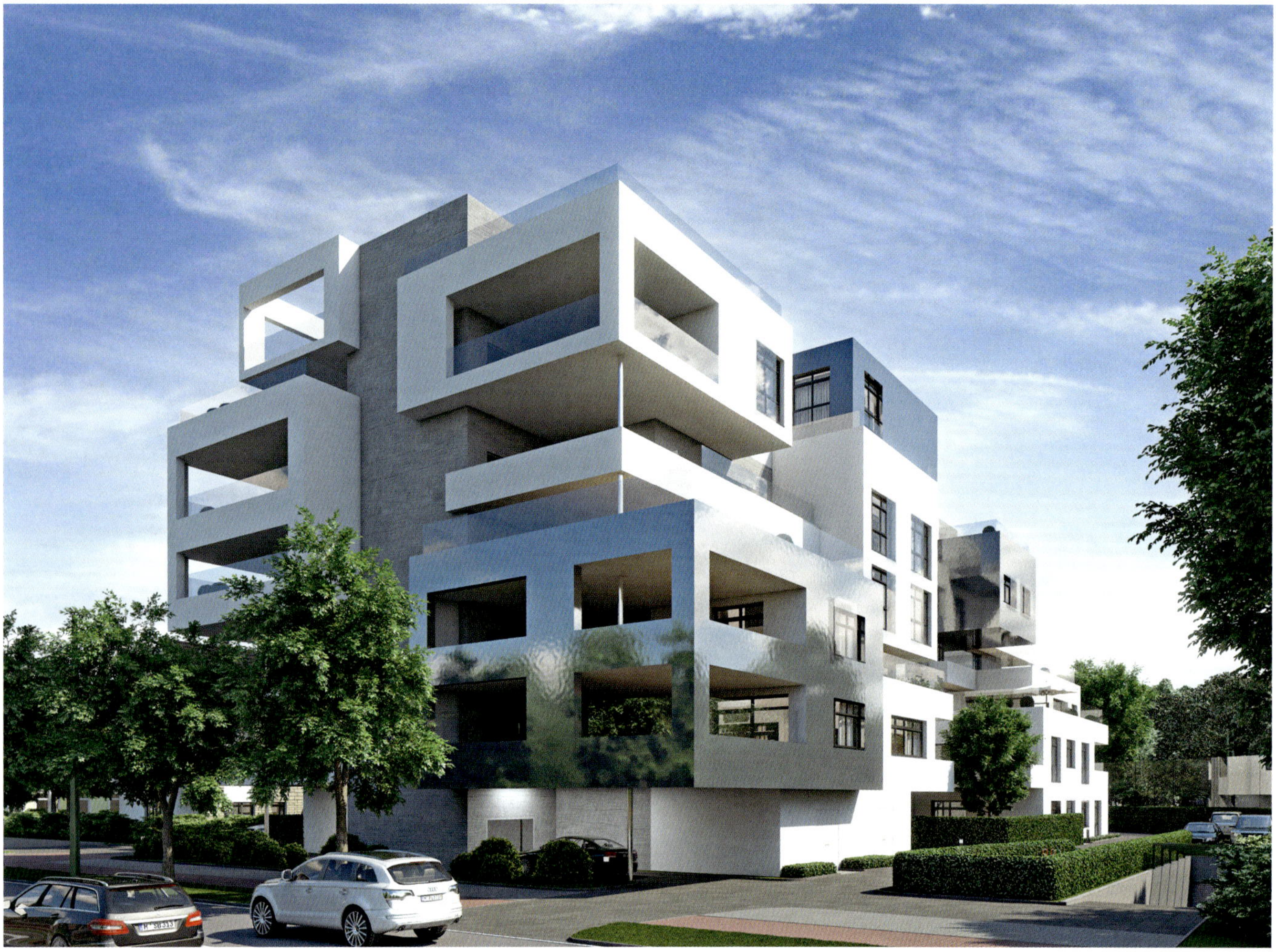

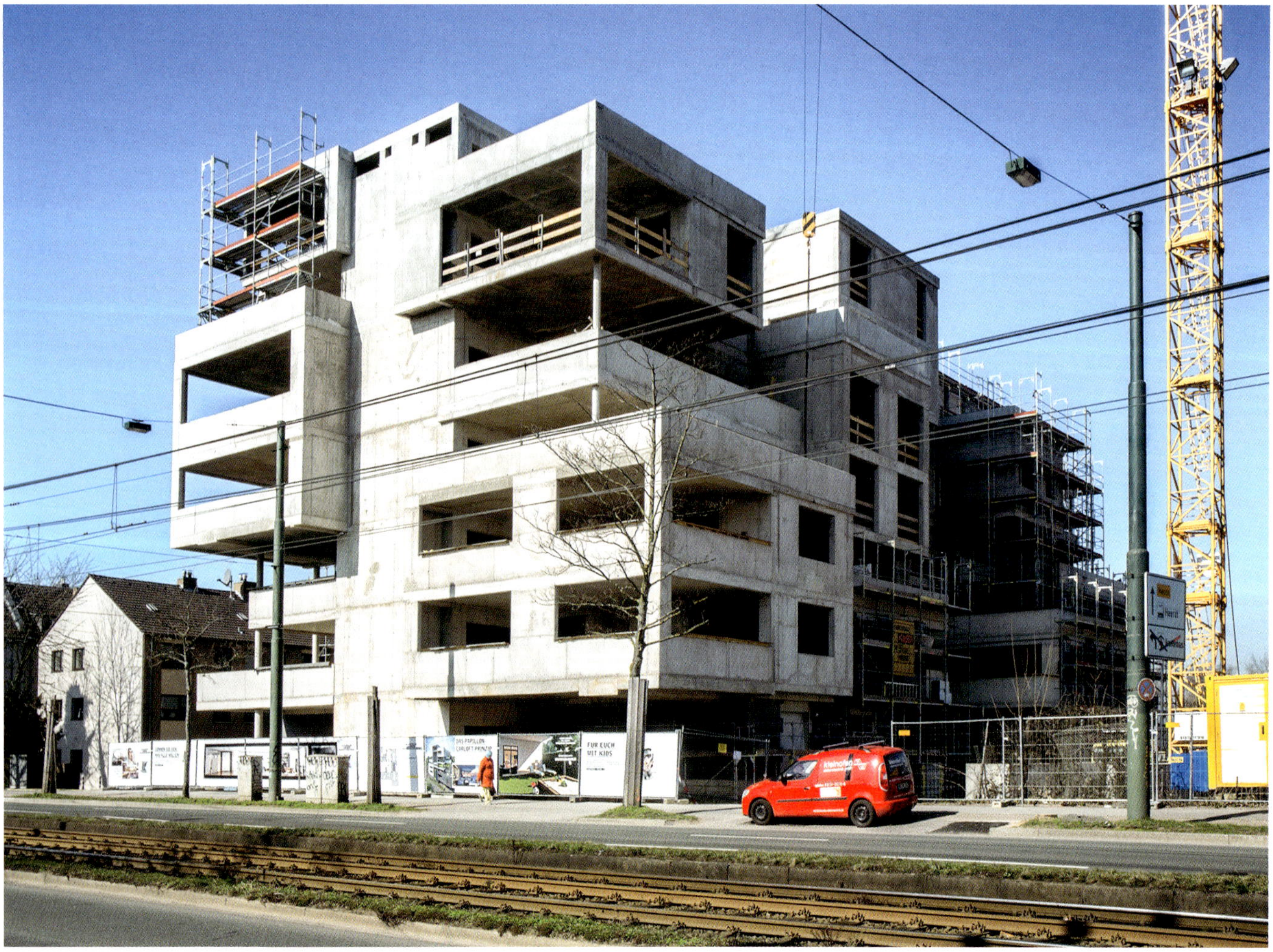

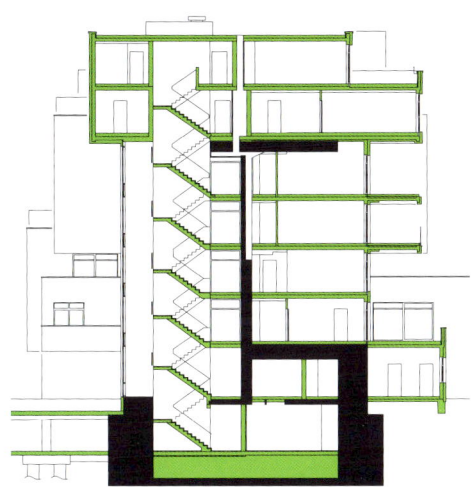

Architekten Entwurf: Luczak Architekten

Umsetzung: SW-Häuser GmbH

Rückbauunternehmen Diabo GmbH

Eingesetzte Mittel Diamantseilsäge

Stahlbetonabbruch (t) ca. 5000

Nutzung 24 Wohnungen

NF beheizt (m²) 3500

NF gesamt (m²) 4250

Baubeginn 07/2013

Geplante Fertigstellung (Jahr) 2015

◀

Von oben nach unten:
Ansicht Pariser Straße (Visualisierung: Cadman),
Ansicht Baustelle (Foto: Martina Chardin)

In den Bunker an der Pariser Straße wurde großzügig eingegriffen. Das Kellergeschoss und das Erdgeschoss blieben weitestgehend erhalten. Die Geschossdecken und bestehenden Treppenhäuser wurden abgerissen. In die Außenwände der darüber liegenden Geschosse und die Abschlussdecke wurden große Einschnitte gesägt.

Durch vor die Bunkerfassade gesetzte große, weit auskragende Boxen konnte die nutzbare Fläche des Projektes erweitert werden. Sie setzen sich in ihrer Farbigkeit von der bestehenden Außenwand ab, ihre Geometrie verunklart aber die Kubatur des Originalobjekts, sodass diese nach erfolgtem Umbau nur noch schwer erfahrbar ist.

In den Boxen sind die Wohnzimmer der angeschlossenen Wohnungen untergebracht. Durch den Rückbau der alten Geschossdecken mit lichten Höhen von 2,40 Meter und das Einziehen neuer Decken konnten Wohnungen mit einer lichten Höhe von 2,80 Meter errichtet werden.

Die einzelnen Wohnungen haben Terrassenflächen in Größen zwischen 25 und 220 Quadratmeter. Zusätzlich zu der Tiefgarage im Erdgeschoss mit 26 Stellplätzen können die Bewohner über zwei seitlich angestellte Autoaufzüge ihr Auto mit zu ihrer Wohnung nehmen. Es sind 23 Stellplätze direkt an den Wohnungen vorgesehen. Im fast vollständig erhaltenen Kellergeschoss befinden sich Technik- und Nebenräume.

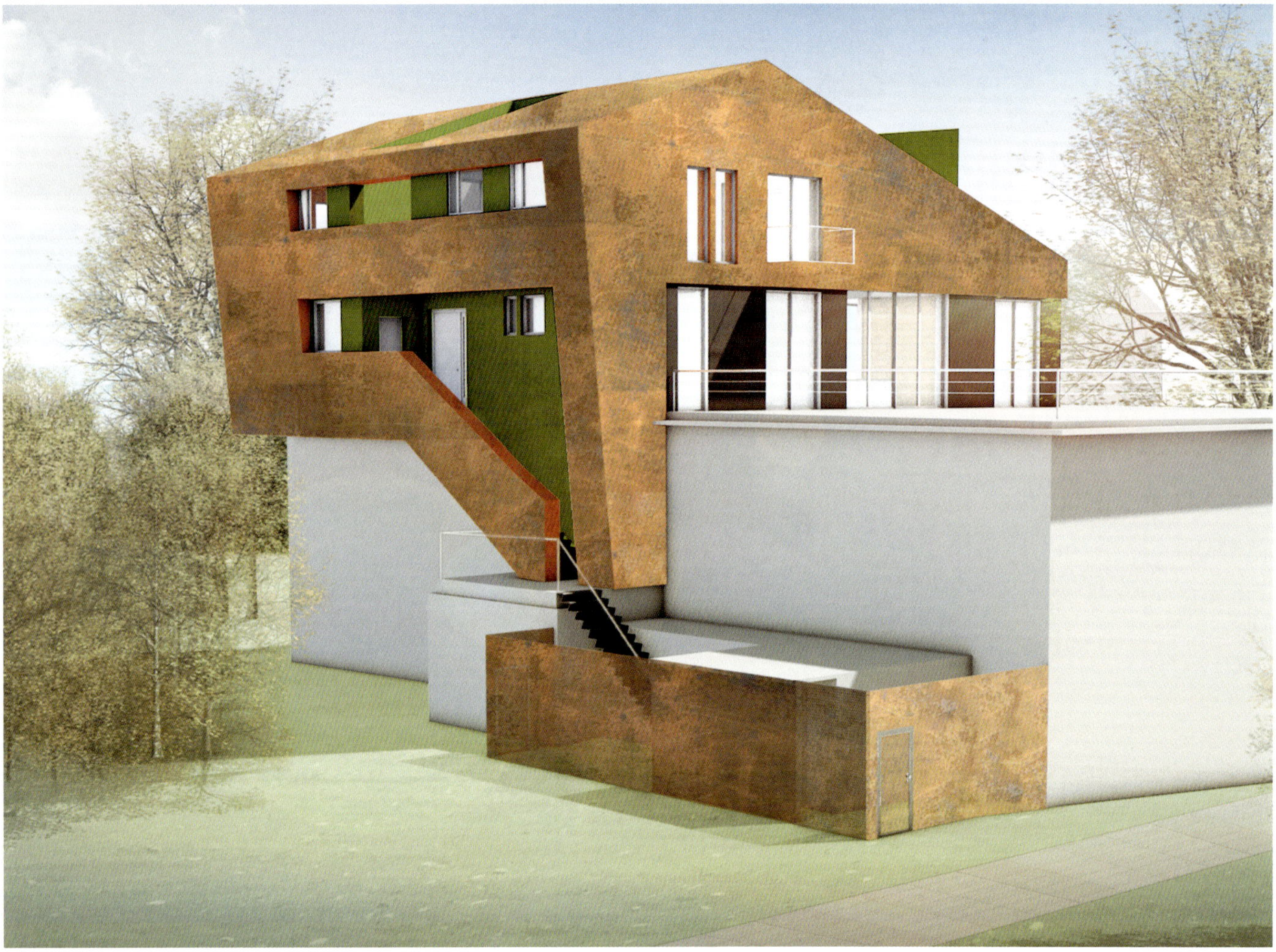

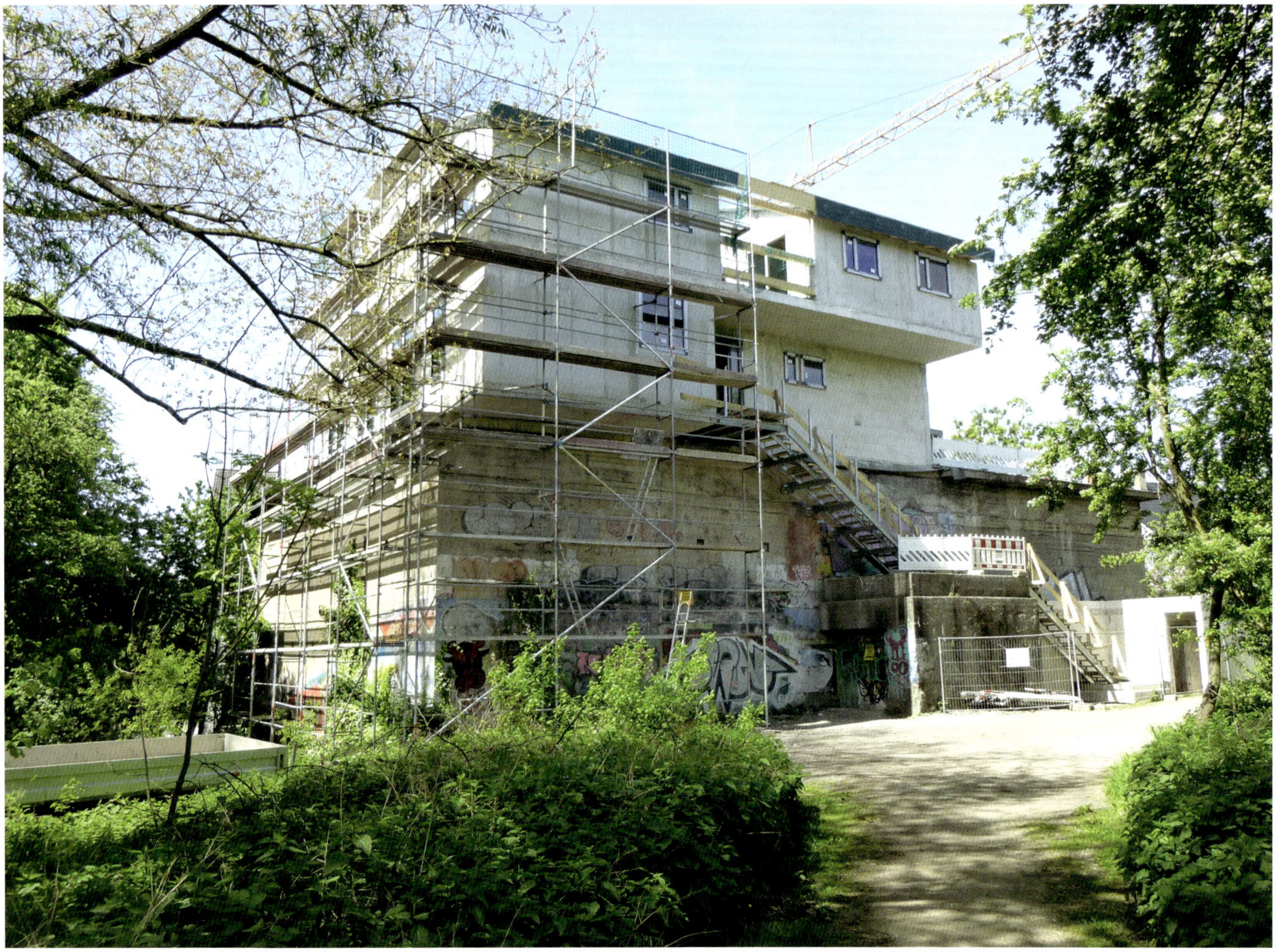

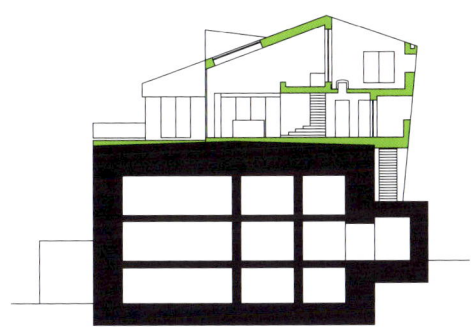

Architekten bertbielefeld&partner

Rückbauunternehmen -

Eingesetzte Mittel -

Stahlbetonabbruch (t) -

Nutzung 2 Wohnungen

NF (m²) ca. 380

Bauzeit (Monate) 12

Fertigstellung (Jahr) 2015

Der Bunker wird seit vielen Jahren für Musik- und Proberäume genutzt. Die funktionierende Nutzung soll weiter bestehen bleiben und durch die geplante Wohnnutzung nicht beeinträchtigt werden. Daher sind auf dem Bunker zwei Staffelgeschosse vorgesehen, in denen zwei Maisonettewohnungen untergebracht werden sollen.

Die Aufstockung wird auf das Gebäude gesetzt, ohne dass ein Eingriff in die Hülle erforderlich wird. Die Erschließung erfolgt über eine außen vorgesetzte Treppe. So werden die ursprüngliche Konstruktion und Erschließung nicht beeinträchtigt und aufwendige Eingriffe in die Bunkerhülle unnötig.

Die Architekten haben sich an den Satteldächern der umliegenden Bebauung orientiert. Durch die Zusammenführung von Satteldach und Treppenturm zu einem zusammenhängenden Volumen entsteht ein expressiver Baukörper, der auf den Bunker aufsattelt.

Die vorgesehenen Fassadenmaterialien Glas, Faserzementplatten und Cortenstahl unterstreichen den Kontrast zwischen Bunker und Aufbau zusätzlich und machen den Aufbau zu einem unabhängigen Objekt, das den Bunker ausschließlich als Sockel nutzt.

◀

Von oben nach unten:
Fertiger Zustand, Baustelle
(Visualisierung und Foto: bertbielefeld&partner)

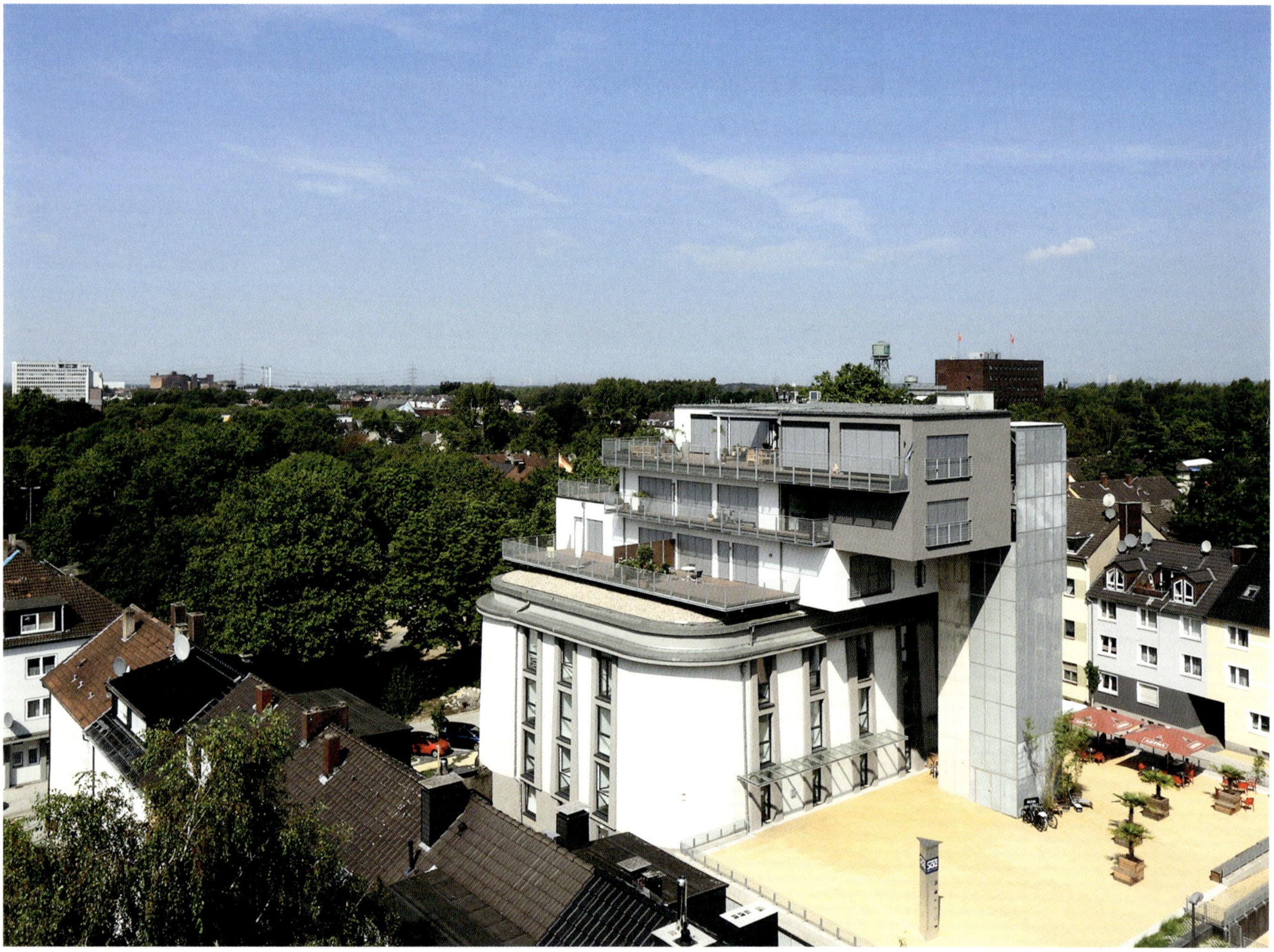

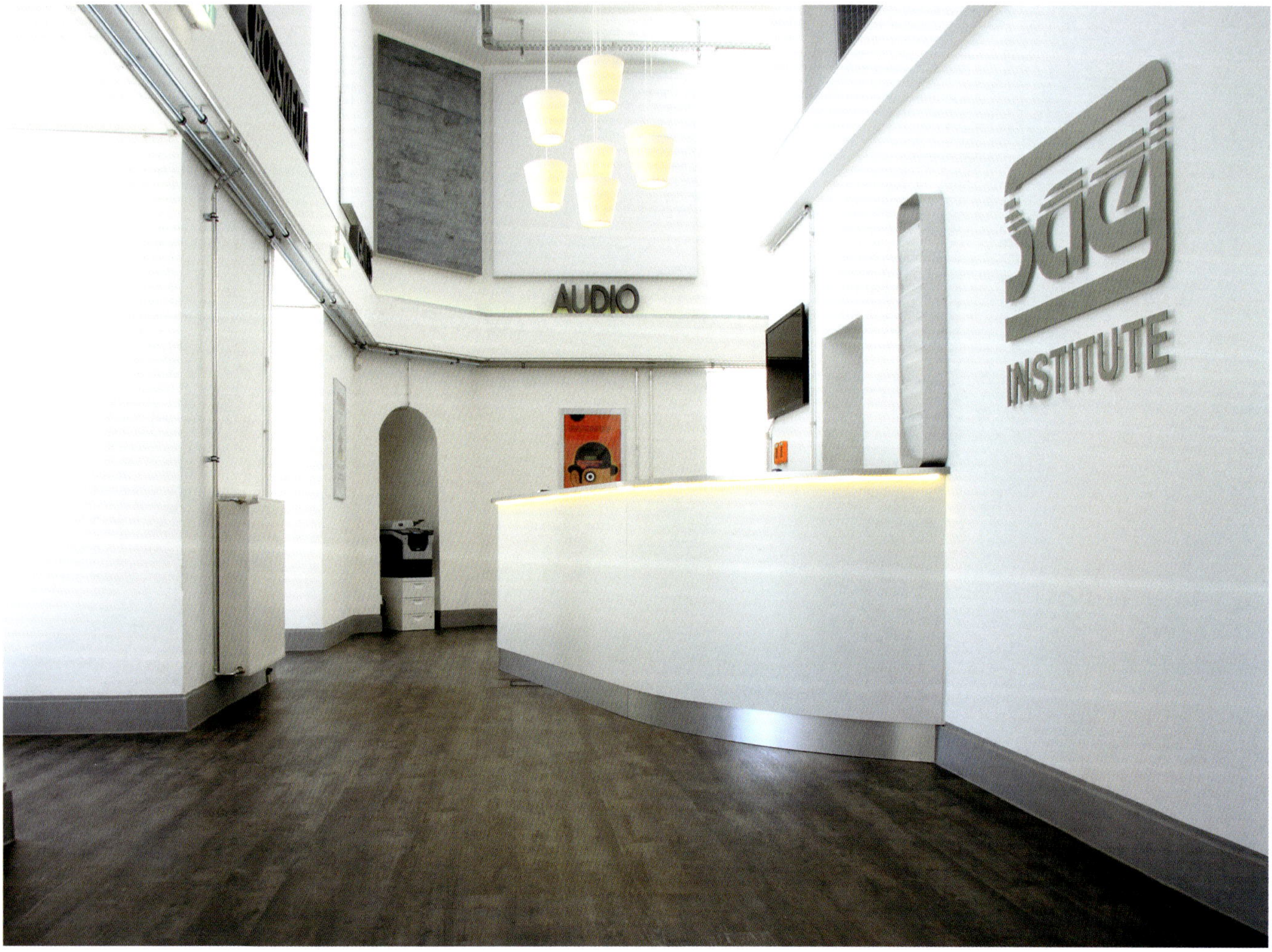
AUDIO
INSTITUTE

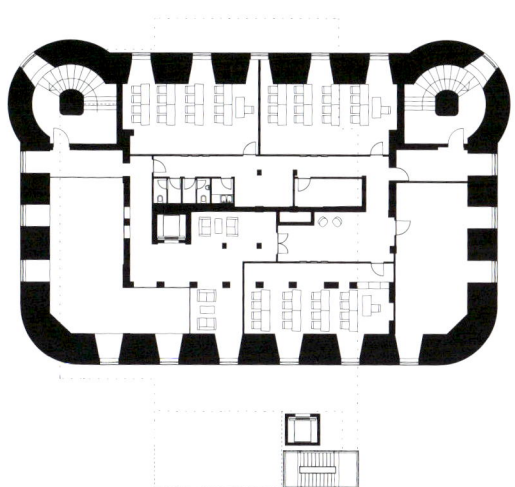

Architekten stark design

Rückbauunternehmen Abbruchtechnik Unna GmbH

Eingesetzte Mittel Sprengungen (Entfestigung 50er Jahre)

Stahlbetonabbruch (t) ca. 300

Nutzung Bildung, Wohnen, Gastronomie

NF (m²) ca. 2550

Bauzeit (Monate) 24

Fertigstellung (Jahr) 2012

Das „Zentralmassiv", der gut sichtbare ehemalige Bunker, dominiert den Springerplatz. Er war bereits entfestigt, als er im Jahr 2008 saniert und aufgestockt wurde.

Die Aufstockung umfasst drei Vollgeschosse mit insgesamt vier Wohnungen, die über einen seitlich angestellten Erschließungsturm mit Treppe und Aufzug erreicht werden können. Die Aufstockung bildet einen Riegel, der quer zur Bunkerausrichtung liegt. Sie kragt teilweise stark aus und setzt sich in ihrer Kubatur so vom darunterliegenden Bunker ab. Die an den aufgesetzten Geschossen längsseitig laufenden Terrassen lassen durch die exponierte Lage des Bunkers einen weiten Ausblick zu.

Im Bunker ist das Medieninstitut SAE Institute untergebracht, das insbesondere Schulungsräume benötigt. Durch teilweise herausgenommene Geschossdecken sind auch im Inneren großzügige Bereiche entstanden. Das Bestandsgebäude ist von außen gedämmt. Obwohl in Konstruktion und Kubatur kontrastierend, ist die Farbigkeit von Bunker und Aufbau aufeinander abgestimmt.

◀

Von oben nach unten:
Vogelperspektive, Innenansicht
(Fotos: stark design)

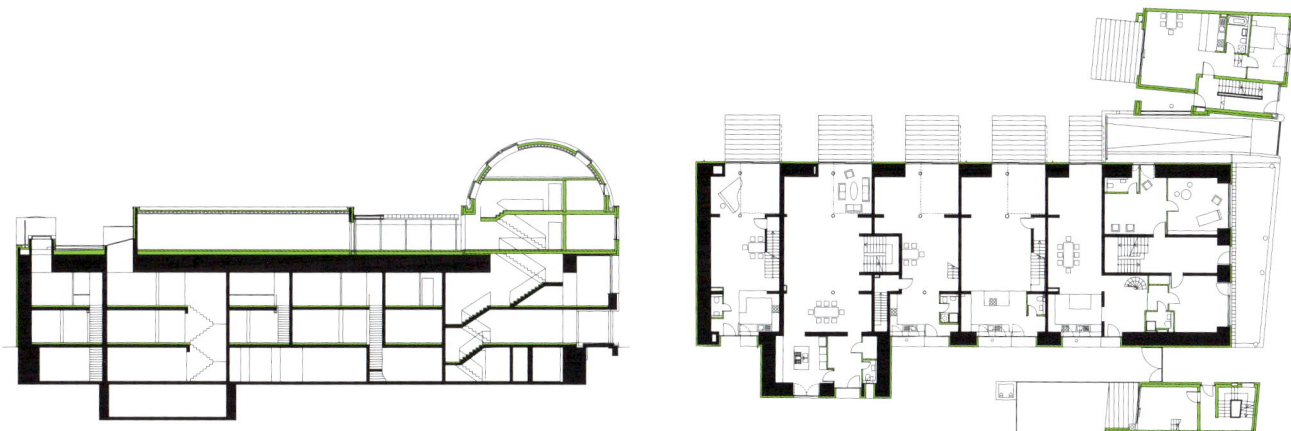

Architekten Luczak Architekten

Rückbauunternehmen -

Eingesetzte Mittel Diamantseilsäge, Zirkelsäge

Stahlbetonabbruch (t) ca. 5000

Nutzung 17 Wohnungen

NF (m²) ca. 2085

Bauzeit (Monate) 12

Fertigstellung (Jahr) 2004

Der umgebaute Bunker ist als solcher von außen für Laien nicht mehr erkennbar. Einzig die großen Laibungstiefen lassen sehr dicke Wände erahnen. Ziel des Architekten war es, dem Gebäude den wehrhaften und bedrohlichen Charakter zu nehmen.

Die beidseitige seitliche Füllung der Baulücke an der Stirnseite des Bunkers und das Tonnendach der aufgesetzten Holzkonstruktion, das von der Straßenseite gut sichtbar ist, verunklaren die ehemals freistehende Geometrie. In ihm befindet sich eine Penthousewohnung, die den ehemaligen Flakturm als Dachgarten nutzt.

Sehr große Einschnitte in den Außenwänden und der Abschlussdecke sollen Licht in den tiefen Baukörper holen. Zusätzlich wurde der Bunker völlig entkernt, sodass man frei in der Grundrissgestaltung wurde. So entstanden 17 sogenannte Lofts und Stadthäuser zwischen 70 und 235 Quadratmeter. Alle erstrecken sich mindestens über zwei Ebenen und bieten zweigeschossige Bereiche, die die einzelnen Einheiten sehr großzügig machen.

Die Lofts haben einen direkten Zugang zur Tiefgarage und einen kleinen Garten. Die Wohnungen an der Straßenseite haben Balkone oder Dachterrassen als Außenbereiche. Die Innenwände wurden weiß verputzt, an manchen Stellen wurde die alte Betonoberfläche bewusst sichtbar gelassen.

◀

Von oben nach unten, von links nach rechts:
Ansicht von der Gartenseite, roh belassene
Außenwand von innen, Eingangsbereich
(Fotos: Constantin Meyer)

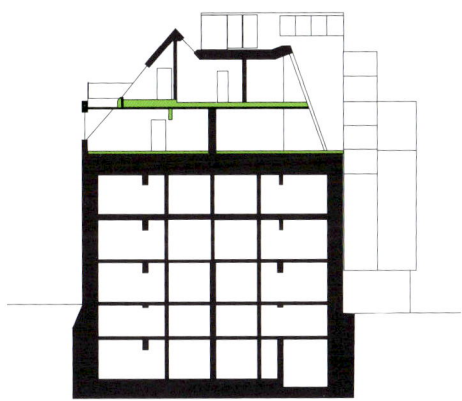

Architekten Karl Jankowski,

Jankowski Architekten Stadtplaner Köln

Rückbauunternehmen -

Eingesetzte Mittel -

Stahlbetonabbruch (t) -

Nutzung 6 Wohnungen

NF (m²) ca. 950

Bauzeit (Monate) 21

Fertigstellung (Jahr) 2008

Der Hochbunker steht seit 1995 unter Denkmalschutz. Aus diesem Grund sollten die Eingriffe gering und von der Straßenseite kaum wahrnehmbar sein. Daher beschränkt sich auf der Straßenseite der Eingriff auf neue Fenstereinbauten.

Es wurden insgesamt sechs Wohnungen zwischen 150 und 210 Quadratmeter im Bereich des bestehenden Satteldaches realisiert. Die Erschließung der Wohnungen auf dem Bunker erfolgt über einen rückseitig vorhandenen Treppenturm, der um einen gläsernen Aufzugsturm ergänzt wurde. In die massive Schutzhülle des Bunkers selbst wurde nicht eingegriffen.

Die Wohnungen erstrecken sich zum Teil über zwei Geschosse. Sie öffnen sich an der Südseite zum Innenhof. In das bestehende Betondach durfte trotz Denkmalschutz auf dieser Seite deutlich eingegriffen werden: es wurde vollständig geöffnet und verglast, die Gliederung erfolgt durch regelmäßig eingeschnittene Loggien. Die für alle zugängliche Dachterrasse kann über das Treppenhaus erreicht werden. Von hier hat man einen weiten Ausblick über Köln und das Umland bis zum Siebengebirge und zur Ville.

◄

Von oben nach unten, von links nach rechts:
Gartenseite, Treppenhaus,
Zugang Dachterrasse, Baustelle
(Fotos: Sigurd Steinprinz / Karl Jankowski)

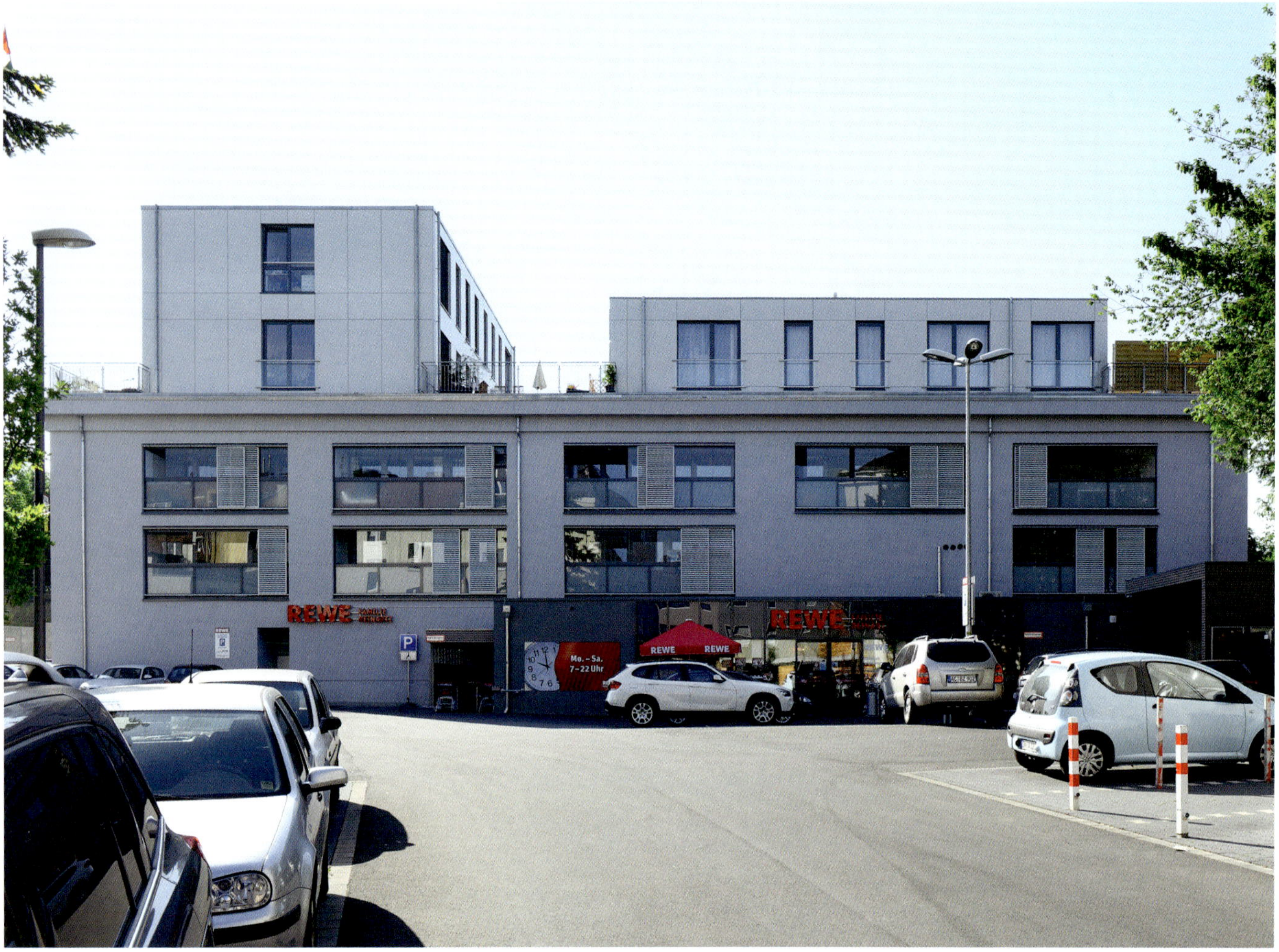
REWE
Mo. – Sa.
7–22 Uhr
REWE
REWE
REWE

REWE

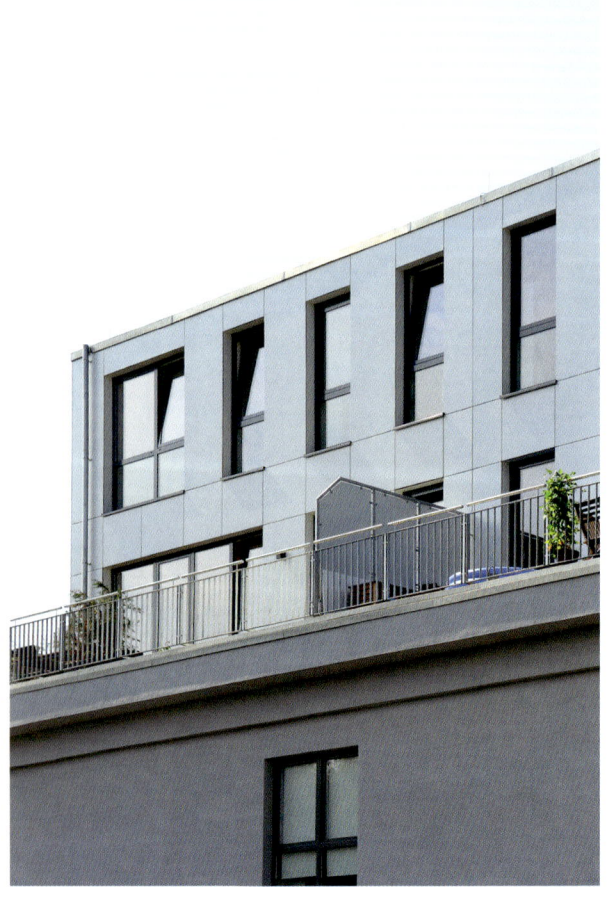

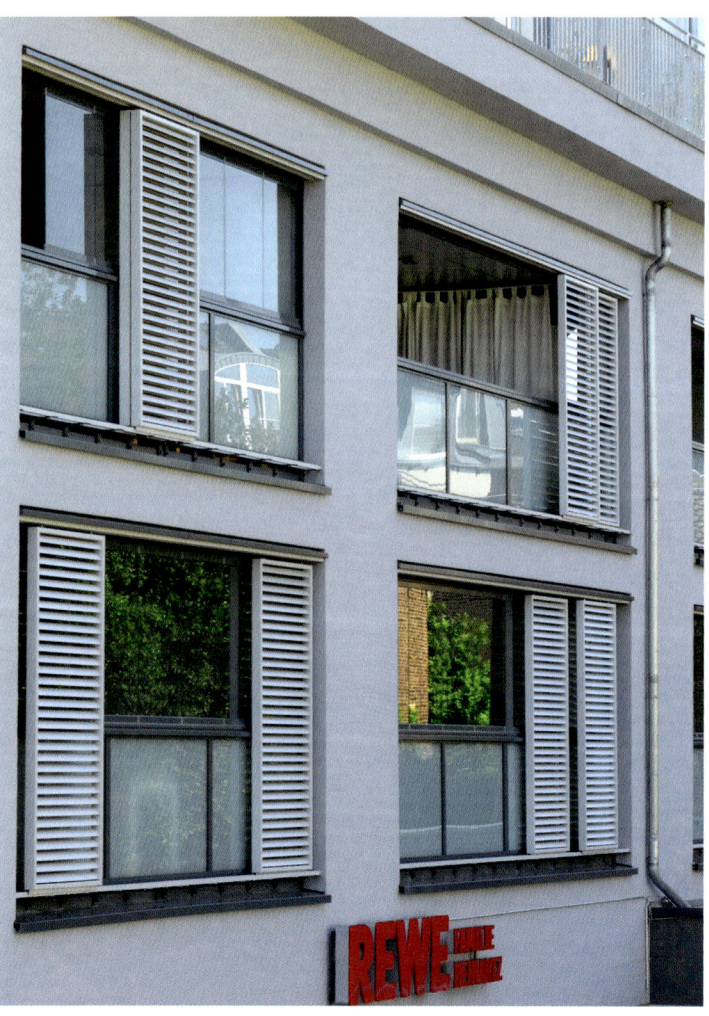

Architekten/Bauträger

Architekturbüro B. Cortis

Rückbauunternehmen Firma Schlun

Eingesetzte Mittel Diamantseilsäge

Stahlbetonabbruch (t) 6500

Nutzung Wohnen, Gewerbe

NF (m²) 4281

Bauzeit (Monate) 16

Fertigstellung (Jahr) 2014

◄

Von oben nach unten, von links nach rechts:
Außenansicht, Detail Aufstockung, Loggien im
Bunkerbestand
(Fotos: Architekturbüro B. Cortis)

Der Bunker liegt verborgen hinter der straßenbegleitenden Blockrandbebauung. Im Erdgeschoss werden Gewerbeflächen geschaffen, im ersten und zweiten Obergeschoss und in der zurückgesetzten Aufstockung Wohnungen. Dafür wurden in die zwei Meter starken Außenwände des Bunkers große Öffnungen eingeschnitten und der Bunker wurde im Erdgeschoss, im Bereich der Gewerbeeinheit, entkernt. Im Bunker befinden sich 16 Zweizimmerwohnungen, die über die großen Öffnungen einseitig belichtet werden. Da die Leibungstiefe so groß ist, kann durch den Einsatz von großen Schiebefenstern die Wandstärke jahreszeiten- und wetterabhängig als Balkon oder Wintergarten genutzt werden.

Über einen angestellten Treppenturm mit Aufzug wird das Bunkerdach erreicht. Ähnlich einer Laubengangerschließung, werden die beiden unterschiedlich hohen Aufbauten aus dem Außenraum erschlossen. Der eingeschossige Aufbau beinhaltet eine Zwei- und zwei Vierzimmerwohnungen, der zweigeschossige Aufbau zwei zweigeschossige Sechszimmerwohnungen, die vom Bunkerdach direkt betreten werden können. Die zu den Wohnungen gehörigen Abstellflächen sind im Keller untergebracht. Obwohl die Bunkerkubatur noch erhalten ist, ist durch die außen liegende Dämmung und den neuen farbigen Putz der Bunker als solcher nur für Eingeweihte zu erkennen. Die große Stärke der Bunkerwände wird durch die Verglasung der Loggien, die sowohl von innen als auch von außen die Bunkerwand oberflächenbündig schließt, verschleiert.

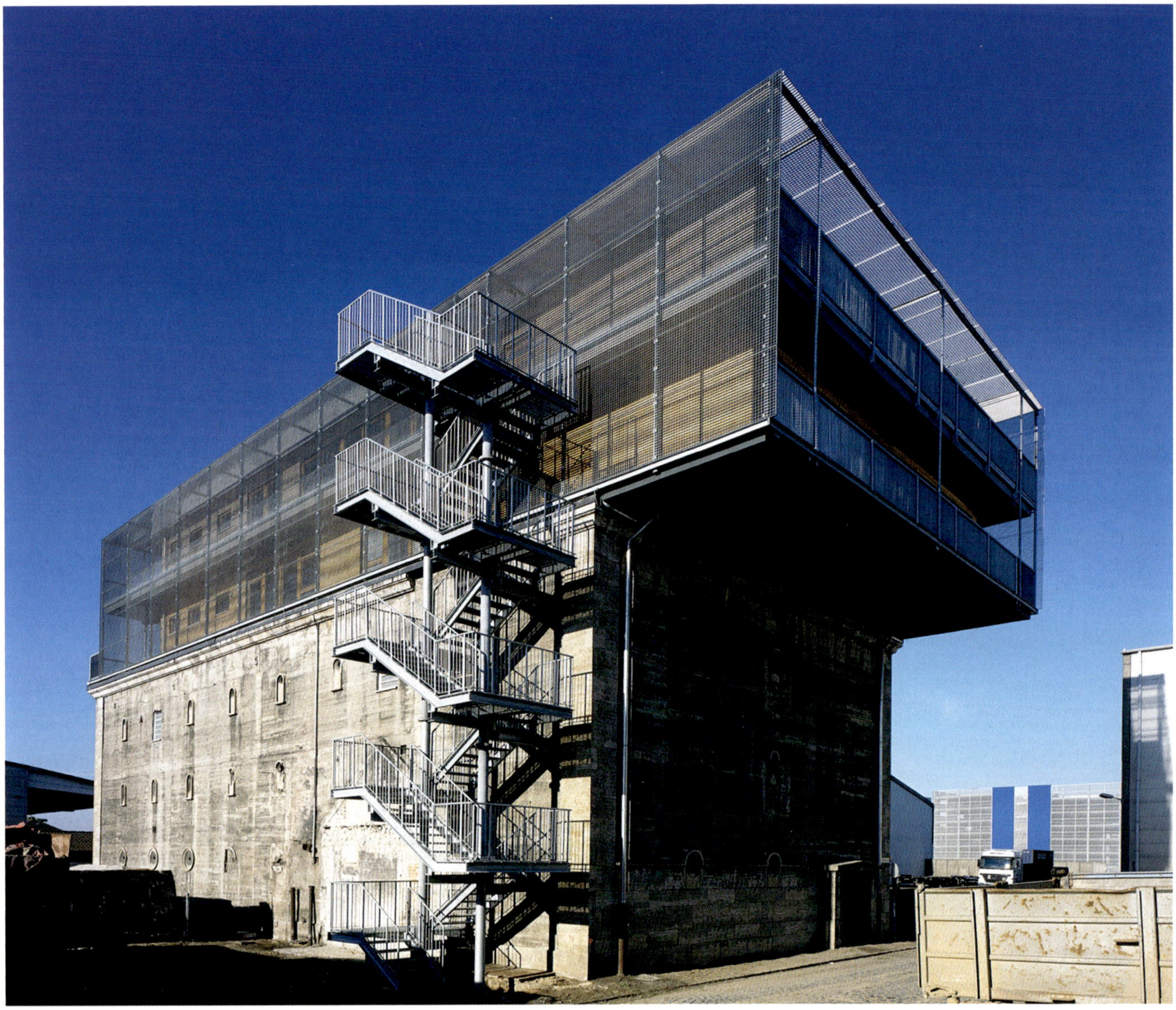

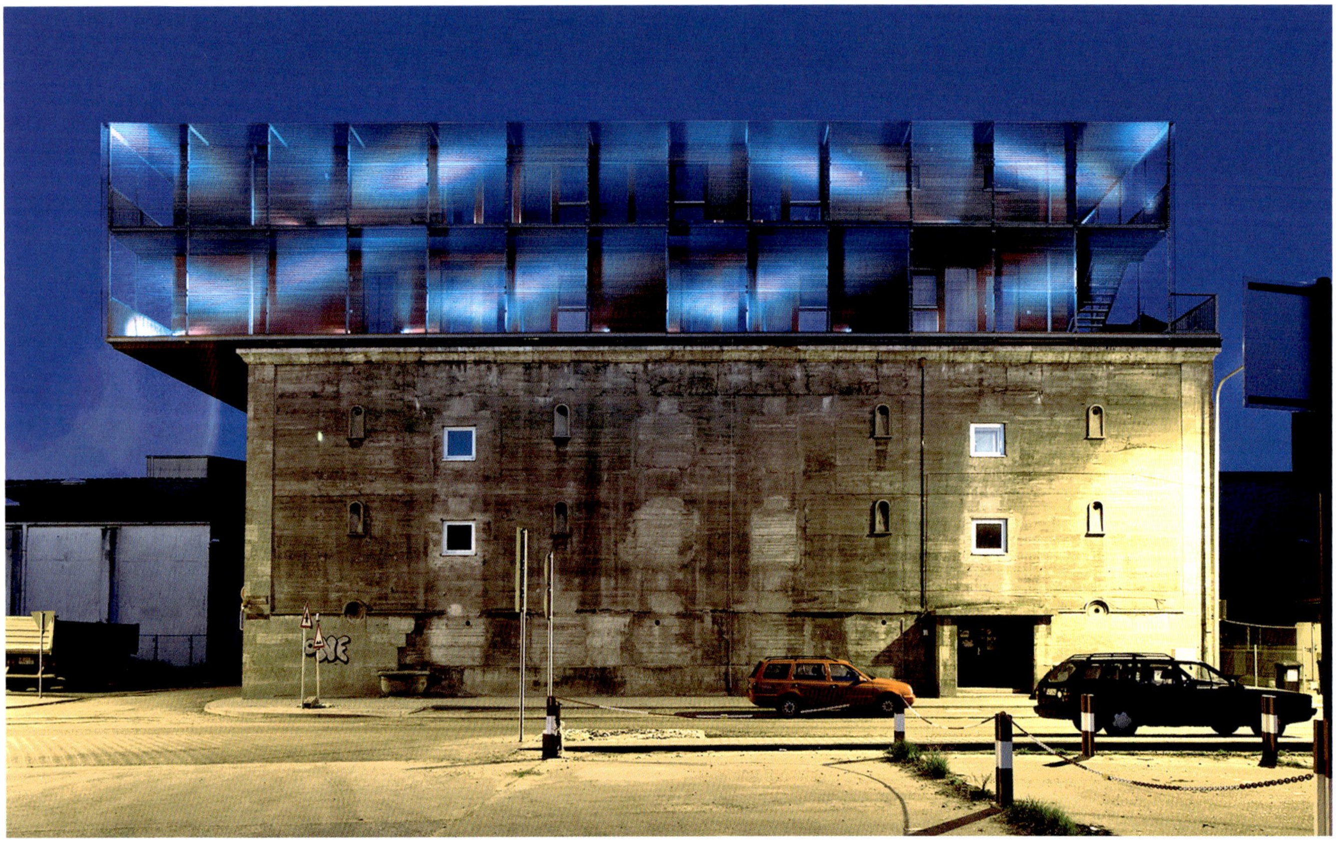

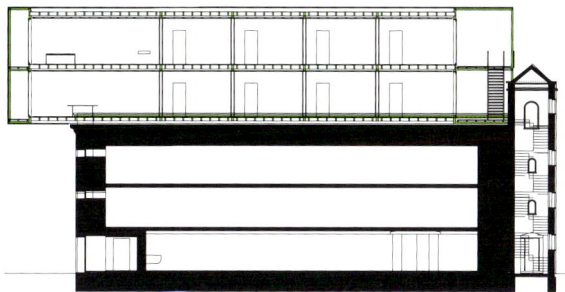

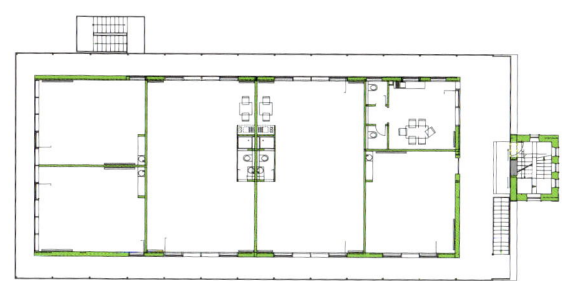

Architekten INDEX Architekten BDA

Rückbauunternehmen -

Eingesetzte Mittel -

Stahlbetonabbruch (t) -

Nutzung Institut für Neue Medien, Ateliers

NF (m²) 586

Bauzeit (Monate) -

Fertigstellung (Jahr) 2005

◄

Von oben nach unten:
Ansicht von der Rückseite (Foto: Christoph Lison), Straßenseite bei Nacht (Foto: Wolfgang Günze)

In Zusammenarbeit zwischen dem Amt für Wissenschaft und Kunst, dem Hochbauamt der Stadt Frankfurt und den Architekten wurde die Idee entwickelt, den bestehenden Bunker für Künstlerateliers umzunutzen. Ein Abriss schien aus Kostengründen nicht möglich zu sein. Da das bestehende Walmdach sanierungsbedürftig war, wurde es zurückgebaut, während der Bunker selbst bestehen blieb. So konnte die freigelegte Abschlussdecke als zehn Meter hoch gelegener Bauplatz genutzt werden. Die zweigeschossige Aufstockung, eine Leichtbaubox bestehend aus Holzkonstruktion und Holzverkleidung, beherbergt Ateliers und das Institut für neue Medien.

Umschlossen wurde die innere, klimatische Hülle mit einer einfachen Stahlkonstruktion und einer Verkleidung aus Gitterrosten. Sie gewährleistet Sonnenschutz und bildet einen umlaufenden Zwischenraum aus. Über den Zwischenraum können alle Räume erschlossen werden. Er wurde als Balkon und Gemeinschaftszone konzipiert und dient zusammen mit dem angestellten Treppenhaus als notwendiger Fluchtweg. Die Hülle schließt an den Längsseiten bündig mit dem Bunker ab, an der kurzen Seite kragt der gesamte Aufbau deutlich aus. Durch diesen Versatz und das gewählte leichte Material, das im Gegensatz zum beständigen Bunker temporäre Bauten zitiert, setzt sich der Aufbau vom Bunker ab und das gesamte Projekt erhält eine Richtung, setzt sich in Bewegung. Durch eine Lichtinstallation zwischen beiden Hüllen wird der Eindruck der Leichtigkeit verstärkt und der gesamte Aufbau wird zur Medienfassade. Im Bunker selbst wurden, schallgeschützt durch die dicken Wände, Übungsräume für Musiker untergebracht.

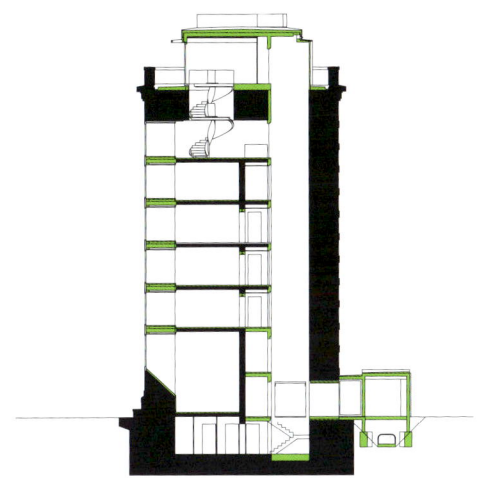

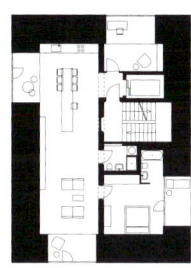

Architekten raumstation Architekten

Rückbauunternehmen Ziegler Betonbohr &
Sägeservice GmbH

Findeis Betonbohrservice GmbH

Eingesetzte Mittel Seilsäge, Wandsäge,
Lochkreissäge

Stahlbetonabbruch (t) 2000

Nutzung Wohnen, Büro mit Ausstellungsfläche

NF (m²) 1010

Bauzeit (Monate) 22

Fertigstellung (Jahr) 2013

◄
Von oben nach unten, von links nach rechts:
Ansicht von der Ungererstraße, Ausstellungs-
fläche, Innenraum Wohnung
(Fotos: hiepler, brunier für Euroboden)

Der denkmalgeschützte Hochbunker steht in deutlichem Abstand
zur umliegenden Bebauung und überragt sie auch deutlich. Alle
vier Seiten liegen frei, sodass alle zur Belichtung genutzt werden
konnten.

Die mit Naturstein verzierte Bunkerfassade wurde denkmalgerecht saniert, an drei Seiten wurden die Fenster außen bündig eingesetzt. Auf diese Weise konnte die äußere Kubatur des Bunkers
erhalten werden.

In jedem Geschoss wurden Einschnitte vorgenommen, die in alle
vier Himmelsrichtungen windmühlenartig ausgerichtet wurden. Einige ausgeschnittene Betonblöcke wurden als Zeugnis ihres Ur-
sprungs erhalten und vor den Bunker gelegt. Da die Grundrisse
sehr offen sind, wirken die Wohnungen trotz geringer lichter Höhe
der Bestandsdecken großzügig. Die Laibungsflächen wurden an
drei Gebäudeseiten dem Innenraum zugeordnet. Nur an einer Seite springt die Fassade nach innen, um die Tiefe der zwei Meter
dicken Bunkerwand als Loggia nutzbar zu machen.

Auf dem Bunker wurde ein Penthouse mit Flachdach errichtet, das innerhalb der ehemaligen Kubatur des zurückgebauten
Walmdachs liegt und von der Straßenseite fast nicht zu sehen ist.
Im Inneren wurden die bestehenden Betondecken teilweise sichtbar gelassen. Die einfachen, rohen Oberflächen kontrastieren mit
neuen hochwertigen Materialien wie Eichendielen oder Naturstein-
bädern.

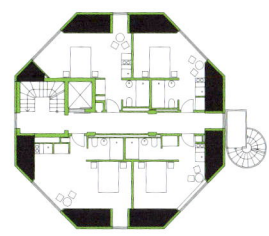

Architekten Donata Eberle

Rückbauunternehmen Fiechtner GmbH

Eingesetzte Mittel Fräse, Seilsäge

Stahlbetonabbruch (t) 2400

Nutzung Hotel

NF (m²) 660

Bauzeit (Monate) 18

Fertigstellung (Jahr) 2014

Von dem ehemaligen Schutzturm scheint nur die Grundform geblieben. Das zeltförmige Ziegeldach wurde ebenso wie das gesamte Innenleben des Bunkers zurückgebaut. Sogar die Stärke der Außenwände wurde mit einer Fräse reduziert, um mehr Fläche im Inneren zu erhalten.

Innen wurden vier Geschossdecken eingezogen. Anstelle des Ziegeldaches wurde auf die Bunkerabschlussdecke ein Staffelgeschoss mit begehbarem Flachdach und einem rundumlaufenden Balkon gesetzt. Durch die freistehende Position des Bunkers hat man von hier aus einen unverstellten Rundumblick. Die Fassade wurde an allen acht Seiten in jedem Geschoss mittig geöffnet, dadurch fällt viel Licht in die Innenräume.

Im Erdgeschoss und im Dachgeschoss befinden sich je zwei Hotelzimmer, in den anderen Geschossen jeweils vier. Die Zimmer sind über eine innen liegende und aus Gründen des Brandschutzes für Hotelnutzungen zusätzlich über eine außen liegende Treppe erreichbar.

Innen blieben gezielt Flächen im Treppenhaus und in den Hotelzimmern unverkleidet, um dort den alten Beton sichtbar zu lassen. Durch die außen gedämmte und hell verputzte Fassade, die vielen Fenster und die durch den teilweisen Rückbau der Außenwände erreichte geringe Laibungstiefe ist der ehemalige Schutzturm heute von außen nicht mehr als solcher zu erkennen.

◄

Von oben nach unten, von links nach rechts:
Ansicht von der Lautenschlägerstraße, Treppenhaus, Hotelzimmer (Fotos: Angelo Kaunat)

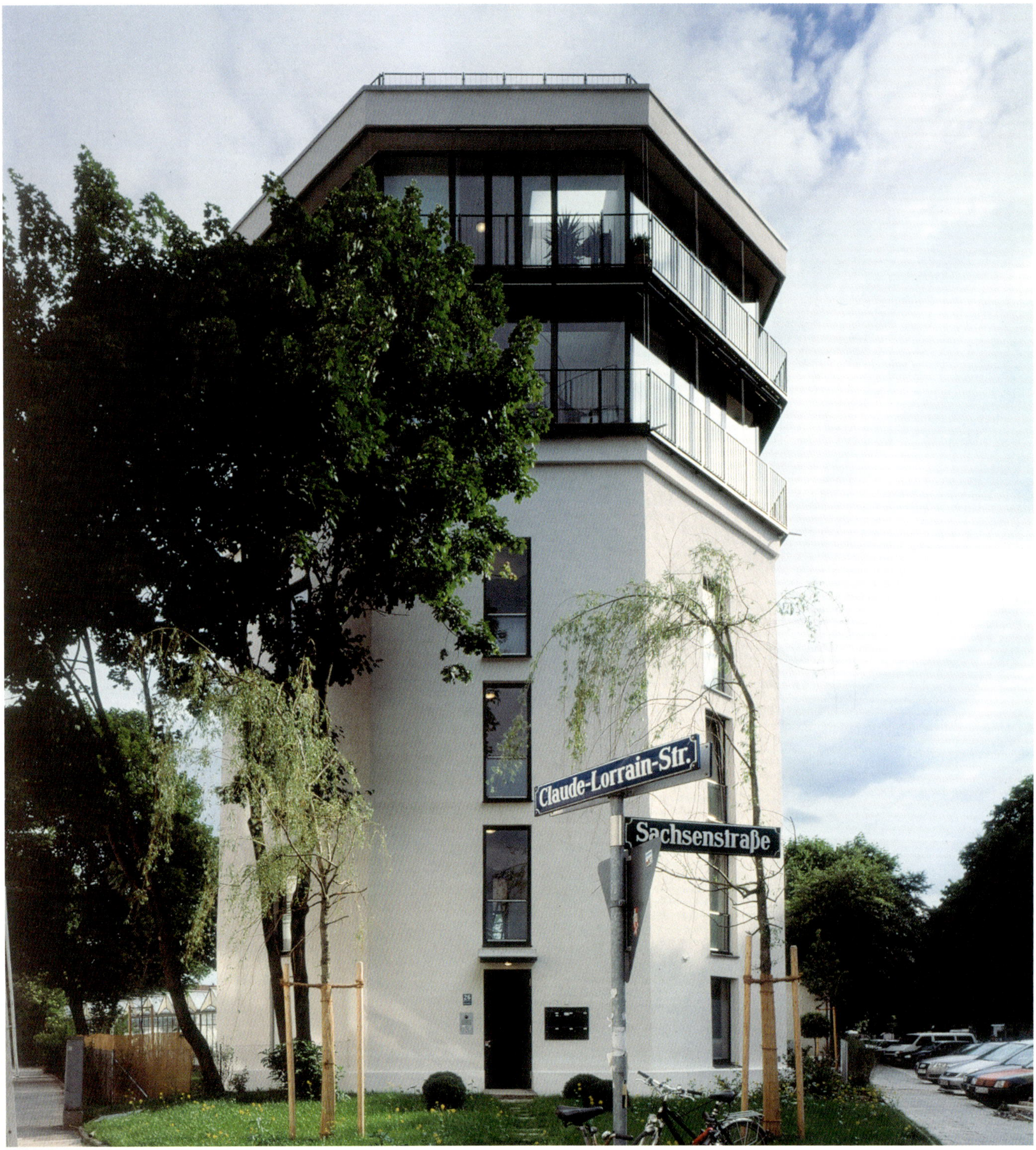
Claude-Lorrain-Str.
Sachsenstraße

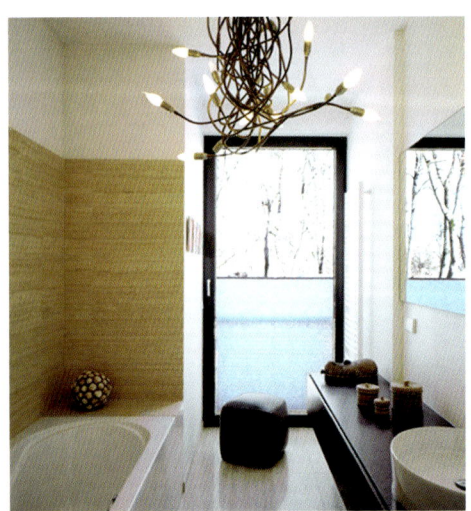

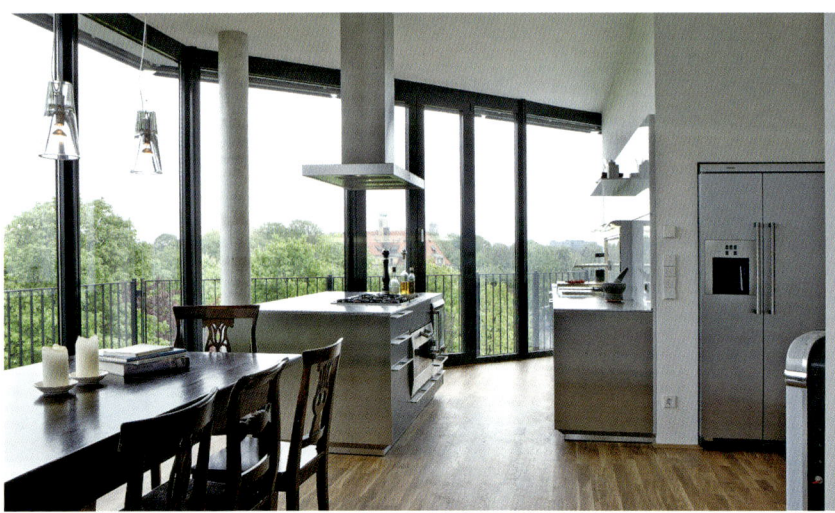

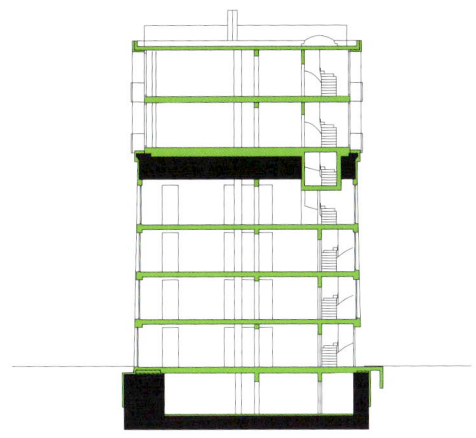

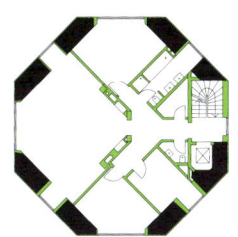

Architekten Binnberg + Eberle

Rückbauunternehmen Schöndorfer GmbH

Eingesetzte Mittel Fräse, Seilsäge

Stahlbetonabbruch (t) 2100

Nutzung Wohnen

NF (m²) 720

Bauzeit (Monate) 12

Fertigstellung (Jahr) 2005

Der Bunker in der Claude-Lorrain-Straße ist der erste Bunker in München, der zu einem Wohnhaus umgenutzt wurde. Der Bestandstyp und der Umbaueingriff ähneln stark dem Bunker in der Lautenschlägerstraße, für dessen Umbau ebenfalls die Architektin Donata Eberle verantwortlich war.

Auch hier sind vom Bunker nur die Grundform und Teile der Hülle erhalten. Das Gebäude wurde komplett entkernt, die Außenwände wurden teilweise zurückgebaut, um mehr Raum im Inneren zu gewinnen. In den Geschossen im ehemaligen Bunker befindet sich auf jeder Ebene eine Wohnung. Die zweigeschossige Aufstockung ist eine große Wohneinheit.

Durch die Wohnnutzung ist ein Treppenhaus als Fluchtweg ausreichend, der zusätzlich vorhandene Fahrstuhl ermöglicht den barrierefreien Zugang zu allen Geschossen. Durch die allseitige Öffnung des Bunkers und die offenen Wohngrundrisse ist der Bunker im Gegensatz zu seinem ursprünglichen Zustand im Inneren sehr hell.

Im Treppenhaus wird durch punktuell freigelegte Bunkerwände der Bestandsbau erfahrbar. Von außen ist durch den hellen, freundlichen Putz, die nach dem Eingriff bunkeruntypischen geringen Laibungstiefen und die gläserne Aufstockung der Bunker nicht mehr erkennbar.

◄

Von oben nach unten, von links nach rechts:
Ansicht von der Claude-Lorrain-Straße, Bad,
Wohnbereich (Fotos: Angelo Kaunat)

IDEENWETTBEWERB

Architektur als Ressource

Alexandra Schmitz

Im Rahmen des Projektes „Bunker beleben" wurde ein studentischer Architekturwettbewerb ausgelobt, um die mögliche Zukunft unterschiedlicher Hochbunker innerhalb der architektonischen Lehre zur Diskussion zu stellen. Renommierte Lehrstühle deutscher Hochschulen waren aufgerufen, ihre Studierenden Konzepte für die Umnutzung und bauliche Umgestaltung unterschiedlicher Hochbunker entwickeln zu lassen.

Aufgabenstellung

Die Teilnehmer sollten eine zu realisierende Nutzung aus den Bereichen Wohnen oder Gewerbe entwickeln. Besonderes Augenmerk lag dabei auf der ausreichenden natürlichen Belichtung der Hauptnutzflächen. Hybride Konzepte, also Kombinationen aus Wohnen und Gewerbe oder Wohnen oder Gewerbe mit einer weiteren Nutzung, waren vorstellbar. Die gewählte Nutzung sollte für den Standort sinnvoll erscheinen, also auf einen in der Umgebung bestehenden Bedarf reagieren bzw. auf das bereits am Standort vorhandene Angebot an Nutzungen und auf die avisierte Zielgruppe ausgerichtet sein. Auch sollte die neu gefundene Nutzung dem Bunker selbst gerecht werden. Gab es eine Nutzung, die in den ausgewählten Hochbunker gut integriert werden konnte? Hier sollte deutlich über die naheliegende (und bereits häufig vorhandene) Nutzung als Lager- oder Proberaum hinausgegangen werden.

Form über Inhalt

Der Umstand, dass Gebäude ihre Nutzung überdauern, war insbesondere im Hinblick auf das zu bearbeitende Thema offensichtlich. Für die Aufgabe entscheidender als die gewählte Nutzung war daher der architektonische und baukonstruktive Eingriff an sich. Er sollte geeignet sein, den ehemaligen Schutzraum langfristig nutzbar zu machen, mit dem Ziel, ein nachhaltiges Gebäude zu schaffen, das sich nach Möglichkeit für verschiedene unterschiedliche zukünftige Nutzungen offen zeigt.

◀

Präsentation der eingegangenen Arbeiten im
Rudolf Chadoire-Pavillon der TU Dortmund

Kriterien

Wie wurden vermeintliche Mängel der Bunker (zum Beispiel fehlendes Tageslicht) behoben und der mögliche Mehrwert der Bunker (zum Beispiel seine Masse) nutzbar gemacht? Wie wurde mit der Massivität der Wände umgegangen, die im Bestand Speichermasse und Schallschutz, jedoch keinen hochwertigen Wärmeschutz gewährleisten?

Im Zusammenhang mit den Eingriffen in die Bausubstanz waren zentrale Themen auch die Logistik (Bauablauf im Bestand, Gewicht und Abtransport der Betonblöcke) und die Wirtschaftlichkeit (Aufwand und Kosten der Einschnitte). Wie wurde die konstruktive und gestalterische Schnittstelle zwischen Bunker und Eingriff gelöst? Wurde auf, unter, in dem oder über den Bunker hinaus gebaut?

Wie viel der Bausubstanz wurde zurückgebaut, wie viel konnte erhalten werden? Wie konnte die vorhandene Struktur sinnvoll für alternative Nutzungen angepasst oder erweitert werden?

Da Hochbunker als ambivalente und widersprüchliche Bauwerke wahrgenommen werden, sollten die Bearbeiter eindeutig Position beziehen, wie sich der Bunker nach erfolgtem Umbau seiner Umgebung und den neuen Nutzern zeigt.

Wie viel Bunker ist erkennbar geblieben? Welche Atmosphäre konnte in dem bearbeiteten Bunker erzeugt werden? Mit welchen Mitteln?

Preisgericht

Vorsitz: Stefan Höglmaier, Euroboden
Univ.-Prof. Dipl.-Ing. Arch. Petra Petersson
Univ.-Prof. Dipl.-Ing. Arch. Paul Kahlfeldt
Univ.-Prof. Dipl.-Ing. Arch. Uwe Schröder
Prof. Dipl.-Ing. Arch. Markus Emde
Michael Odenthal, Leiter Zentrales Marketing, BImA

A) Preisgerichtssitzung
Von hinten nach vorne: P. Petersson, U. Schröder, P. Kahlfeldt (al)

B) Preisgerichtssitzung
Von links nach rechts: S. Höglmaier, U. Schröder, P. Petersson, M. Emde, A. Schmitz (al)

Teilnehmende Lehrstühle

Rheinisch-Westfälische Technische Hochschule Aachen
Lehrstuhl für Gebäudelehre und Grundlagen des Entwerfens
Univ.-Prof. Dipl.-Ing. Arch. Anne-Julchen Bernhardt

Technische Universität Berlin
Fachgebiet Entwerfen und Baukonstruktion
Prof. Arch. Donatelle Fioretti

Technische Universität Braunschweig
Institut für Entwerfen und Gebäudelehre
Prof. Dipl.-Ing. Arch. BDA, RIBA Almut Grüntuch-Ernst

Technische Universität Darmstadt
Fachgebiet Gebäudeplanung: Entwerfen + Raumgestaltung
Prof. Dipl. Arch. ETH / BSA Anna Jessen

HafenCity Universität Hamburg
Arbeitsgebiet Entwerfen und Gebäudelehre
Prof. Dipl.-Ing. Arch. Gesine Weinmiller

Technische Universität Kaiserslautern
Lehrgebiet Bauko 3 + Entwerfen
Prof. Dipl.-Ing. Arch. Johannes Modersohn

Technische Universität Kaiserslautern
Lehrgebiet StadtBauKunst
Prof. Dipl. Arch. ETH / BSA / SIA Ingemar Vollenweider

C) Preisgerichtssitzung
Von links nach rechts: A. Schmitz, P. Petersson,
M. Emde, U. Schröder, S. Höglmaier,
P. Kahlfeldt, M. Odenthal (al)

I1   Hamburg

Kuhnsweg, 22303 Hamburg

Anzahl Eingänge/Treppen	3
Außenwandstärke (m)	1,10
Abschlussdeckenstärke (m)	1,40
Länge (m)	28,80
Breite (m)	14,20
Höhe (m)	18,69
Anzahl Vollgeschosse	6

www.faszination-bunker.bundesimmobilien.de

D–G) Spielkarten aus dem „Bunkerquartett NRW", das als Nebenprodukt im Projekt „Bunker beleben" entstanden ist – es kann im Schaff-Verlag erworben werden. (Der Bunker Kuhnsweg, Hamburg ist als einziger dort nicht enthalten.)

1) http://www.hamburg.de/winterhude (01.02.2015)

2) *Hamburger Stadtteil-Profile 2012*, Statistisches Amt für Hamburg und Schleswig Holstein

22303 HAMBURG, KUHNSWEG

Der Hochbunker steht im Hamburger Stadtteil Winterhude. Winterhude liegt zwischen Alster, Uhlenhorst, Barmbek, Alsterdorf und Eppendorf und ist mit 48.500 Einwohnern, verteilt auf 7,6 Quadratkilometer, der fünftgrößte Stadtteil Hamburgs gemessen an seiner Bevölkerungsdichte. Erstmals urkundlich erwähnt wurde Winterhude 1250, als es noch ein kleines Bauerndorf war. Erst im 19. Jahrhundert begann sich Winterhude, insbesondere durch die Ansiedlung der Fabrik Nagel & Kaemp und durch die mit dem Einsetzen von regelmäßigen Schiffsverbindungen verbesserte Anbindung an die Innenstadt, zu seiner heutigen Größe zu entwickeln. Heutzutage finden im über 100 Jahre alten Stadtpark in der Nähe des Planetariums und des Stadtparksees im Sommer viele Freiluftkonzerte statt. Mit 150 Hektar ist der Stadtpark die drittgrößte zusammenhängende Grünfläche in Hamburg. Winterhude ist durch seine zentrale Lage sehr gut durch öffentliche Verkehrsmittel erschlossen und verfügt mit vorhandener Nahversorgung und Schulen über eine gute Infrastruktur.[1]

Winterhude hat mit 66,2 Prozent einen hohen Anteil an Einpersonenhaushalten (im Vergleich Hamburg gesamt: 53,6 Prozent) und mit einer durchschnittlichen Wohnfläche von 40,7 Quadratmeter je Einwohner einen hohen Flächenbedarf pro Kopf. Die Arbeitslosigkeit liegt bei vier Prozent (Hamburg: 5,9 Prozent).[2] Die *Berliner Zeitung* vom 27.04.2015 sieht Winterhude als zweitteuersten Stadtteil Deutschlands mit 6300 Euro je Quadratmeter Wohnfläche beim Wohnungskauf.

Der zu bearbeitende Hochbunker ist eingebunden in eine klassische Mehrfamilienhaus-Blockrandbebauung der Gründerzeit. Er ist genauso hoch wie die angrenzenden Gebäude. In seiner unmittelbaren Nähe haben sich kleine Restaurants, Cafés und kleine Läden, deren Sortiment im hochpreisigen Segment liegt, angesiedelt. Der Bunker ist nicht unterkellert. Er hat sechs Vollgeschosse, die über drei unterschiedliche Eingänge erreicht werden können. Zwei Treppenhäuser mit drei Treppen befinden sich im Inneren. Die Geschosshöhe beträgt in den oberen Stockwerken lediglich 2,40 Meter. Bedingt durch die angrenzende Bebauung, kann der Bunker nur über zwei Fassaden belichtet werden. Das zugehörige Grundstück umfasst ein Stück Garten auf der westlich gelegenen Hofseite.

Reusratherstraße, 40591 Düsseldorf

Anzahl Eingänge/Treppen	3/3
Außenwandstärke (m)	1,10
Abschlussdeckenstärke (m)	1,40
Länge (m)	39,65
Breite (m)	21,20
Höhe (m)	20,85
Anzahl Vollgeschosse	3

www.faszination-bunker.bundesimmobilien.de

1) Amt für Statistik und Wahlen Landeshauptstadt Düsseldorf,
http://www.duesseldorf.de/statistik
(01.02.2015)

2) http://www.wohlfuehlen-in-wersten.de/1063-1588 (01.02.2015)

3) http://www.duesseldorf.de/stadtgruen
(07.06.2015)

40591 DÜSSELDORF, REUSRATHER STRASSE

Der Stadtteil Wersten liegt im Düsseldorfer Süden. Wersten hat 26.600 Einwohner, fast 10.000 Einwohner gehören der Altersgruppe der 18- bis 45-jährigen an. Die Arbeitslosenquote liegt bei 14,7 Prozent. Von den ungefähr 14.100 Privathaushalten sind 50 Prozent Einpersonenhaushalte. Wersten ist ein traditionelles Arbeiterwohnviertel, das besonders durch den Bau des Werstener Autobahntunnels Ende der 1980er Jahre eine deutliche Aufwertung erfahren hat.[1]

1063 wird Wersten erstmals urkundlich erwähnt. Bis zur zweiten Hälfte des 19. Jahrhunderts bestand die Bebauung der Landgemeinde fast nur aus Bauernhöfen. Ende des 19. Jahrhunderts wurden für die Industriefirmen zunehmend Mietwohnungen für Arbeiter und Angestellte benötigt. Es entstanden Mietshäuser und kleinere Siedlungshäuser mit Gärten, die überwiegend an oder in der Nähe der Kölner Landstraße und Werstener Dorfstraße errichtet wurden. Nach der Eingemeindung nach Düsseldorf im Jahre 1908 wuchs Wersten von 5.550 Einwohnern stetig bis zu seiner heutigen Größe.[2]

Durch die Stadtbahn und eine Schnellbuslinie ist Wersten an die angrenzenden Stadtteile gut angebunden. Die historisch wichtigsten Straßen in Wersten sind die Werstener Dorfstraße und die Kölner Landstraße. An letzterer hat sich eine Vielzahl von unterschiedlichen Einzelhandelsgeschäften niedergelassen. Der tägliche und periodische Bedarf kann hier gedeckt werden. Kindertagesstätten, Grund-, Gemeinschafts-, Gesamt- und Realschulen sowie ein Berufskolleg sind vorhanden.

Städtisches Grün ist in Form des Südparks im Nordwesten des Stadtteils zu finden. Er ist mit 70 Hektar der größte und der meistbesuchte Düsseldorfer Park.[3] Zusammen mit dem bereits bestehenden Volksgarten war er 1987 das Ausstellungsgelände der Bundesgartenschau und liegt zum Teil auf Werstener Gebiet.

Der 1942 errichtete Hochbunker steht als Solitär an allen vier Seiten frei und grenzt an eine Grünfläche an. Durch sein Satteldach und den angestellten Turm strahlt er eine Wehrhaftigkeit aus, die ihn älter erscheinen lässt, als er tatsächlich ist. Er ist voll unterkellert, vom Erdgeschoss bis ins zweite Obergeschoss erstrecken sich etwa 8615 Quadratmeter Nutzfläche, die über drei separate Eingänge erreicht werden können. Das große Treppenhaus mit den zwei gewendelten Treppen stellt eine Besonderheit dar und unterstreicht den „Herrenhauscharakter" des Bunkers. Er weist altersbedingte Schäden auf und ist insgesamt sanierungsbedürftig. Das gilt insbesondere für das aufgesetzte Tarndach.

1) Altendorf (Essen), *Wikipedia*, Doppellizenz GNU-Lizenz für freie Dokumentation und Creative Commons CC-BY-SA 3.0 Unported (Kurzfassung). Dort ist eine Liste der Autoren verfügbar.

2) http://www.essen.de, *Bevölkerungsatlas* (07.06.2015)

45143 ESSEN, KÖRNERSTRASSE

Der Hochbunker steht im Stadtteil Altendorf, im Westen von Essen, zu dem der Stadtteil seit 1901 gehört. Bereits 1575 wurde gemäß Aufzeichnungen die erste Zeche erwähnt, die spätere Zeche Vereinigte Hagenbeck. Zechen haben den Stadtteil stark geprägt, zusammen mit der Krupp-Gussstahlfabrik im angrenzenden Westviertel, die auch als „deutsche Waffenschmiede" bezeichnet wurde, und der Anlass dafür war, dass Altendorf im Zweiten Weltkrieg durch alliierte Bombenangriffe weitestgehend zerstört wurde.[1]

Altendorf ist mit ca. 21.439 Einwohnern einer der bevölkerungsreichsten Stadtteile Essens. Der Anteil von Einpersonenhaushalten liegt bei 58 Prozent, der Anteil von Einwohnern mit doppelter oder nicht-deutscher Staatsbürgerschaft bei 39,3 Prozent.[2] 1998 wurde für Altendorf als „Stadtteil mit besonderem Erneuerungsbedarf" im Rahmen des Bund-Länder-Programms „Soziale Stadt" ein Handlungskonzept zur Aktivierung vorhandener Potenziale erstellt.

Angebunden ist Altendorf durch mehrere Straßenbahnlinien sowie Tag- und Nachtbuslinien. Altendorf ist durch den Verkehr über die den Stadtteil räumlich trennenden Hauptverkehrsadern Altendorfer Straße und Helenenstraße/Oberdorfstraße stark belastet. Im Stadtteil gibt es zwei Grundschulen und eine weiterführende Schule.

Im südlichen Teil Altendorfs liegt die von Gartenstadtarchitekt Theodor Suhnel entworfene, denkmalgeschützte Hirtsiefer-Wohnsiedlung. Der nördliche Stadtteilbereich wird durch Arbeitersiedlungen und Schrebergartenkolonien geprägt.

Der Hochbunker wurde 1942 zur Bereitstellung von 1473 Luftschutzplätzen erbaut. Seine Position als Eckgebäude in einer Blockrandstruktur und seine Ausbildung als Rundbunker machen ihn einzigartig. Er ist nicht unterkellert und verfügt über drei Eingänge und eine Treppe, über die sechs Vollgeschosse und ein Dachgeschoss erschlossen werden. Der Hochbunker ist 2014 als Baudenkmal in die Denkmalliste der Stadt Essen aufgenommen worden. Die Fassade des Bunkers ist im Jahr 2000 im Rahmen einer globalen Aktion mit dem Titel „Leben in einer Welt", welche unter der Schirmherrschaft der UNESCO stand, von einer internationalen Künstlergruppe um die Essener Künstlerin Moni van Rheinberg mit einem großflächigen Gemälde versehen worden. Eine Erhaltungspflicht ist nicht ersichtlich, die Stadt Essen würde eine Erhaltung des beliebten Wandbildes jedoch sehr begrüßen.

1) Münster-Geistviertel, *Wikipedia*, Doppellizenz GNU-Lizenz für freie Dokumentation und
Creative Commons CC-BY-SA 3.0 Unported
(Kurzfassung). Dort ist eine Liste der Autoren
verfügbar.

2) http://www.immobilien-kompass.capital.de/
muenster/mitte-sued/geist (07.06.2015)

3) „Bevölkerung", http://www.muenster.de/
stadt/stadtplanung/zahlen.html (07.06.2015)

48161 MÜNSTER, WÖRTHSTRASSE

Der 1942 erbaute „Schützenhofbunker" liegt im Stadtteil Geist im Stadtbezirk Mitte. Ursprünglich landwirtschaftlich geprägt, begann der Siedlungsbau auf der Geist um 1921. Viele größere Siedlungseinheiten wurden von Siedlungsgenossenschaften und Wohnungsbaugesellschaften auf der Geist errichtet. Von 1924 bis 1931 wurde unter den leitenden Architekten Gustav Wolf (bis 1927) und Eugen Lauffer von der Westfälischen Heimstätte die Gartenstadt Habichtshöhe/Grüner Grund mit 650 Wohneinheiten im Heimatschutzstil erbaut. Nach 1931 entstanden auf der Geist mehrere Kleinsiedlungen, zum Beispiel die Horst-Wessel-Siedlung (1934) und die Siedlungsgemeinschaft Düesbergweg (1936).

Im Zweiten Weltkrieg wurden im Stadtbezirk Geist über 60 Prozent der Gebäude zerstört. Die stark beschädigte Mustersiedlung Habichtshöhe/Grüner Grund wurde in der ursprünglichen Form wieder aufgebaut. Das Wohnquartier steht heute unter Denkmalschutz. Der gemeinnützige Wohnungsbau wurde zu Beginn der 1950er wieder aufgenommen, nachdem er in der Weltwirtschaftskrise ausgesetzt worden war.[1] Der *Immobilienkompass* von Capital.de sieht in Geist überwiegend gute und mittlere Wohnlagen. Eigentumswohnungen aus dem Bestand werden hier für durchschnittlich 3160 Euro je Quadratmeter angeboten.[2] Der Anteil der dort gemeldeten Personen beträgt 8864 Einwohner, das entspricht drei Prozent der Gesamtbevölkerung von Münster. Den größten Anteil der Bewohner nach Altersgruppen bilden die 20 bis 29-jährigen. Davon wohnen 60,1 Prozent in Einpersonenhaushalten.[3] Geist ist Standort von sechs Kindertagesstätten, jeweils einer Gemeinschafts-, Haupt- und Primusschule, einem Gymnasium und einem Berufskolleg.

Der Hochbunker ist vom Zentrum aus fußläufig zu erreichen. Er liegt in direkter Nähe des populären Geistmarktes, der wöchentlich stattfindet. Über vier Eingänge und vier Treppenhäuser werden drei Vollgeschosse erschlossen. Mit 62 Metern ist er ungewöhnlich lang. Der „Schützenhofbunker" wurde 2014 als Baudenkmal in die Denkmalliste der Stadt Münster eingetragen. Bauliche Maßnahmen am bestehenden Bauwerk dürfen das äußere Erscheinungsbild des Bunkers, insbesondere auf den Eingangsseiten, nicht grundsätzlich verändern. Die prägenden äußeren Merkmale, die innere Struktur und die Bunkertechnik müssen so weit erhalten bleiben, dass der Zeugniswert und damit die Denkmalaussage bewahrt werden. Das umfasst ebenfalls die Spuren des Bombentreffers im Bereich des östlichen Treppenhauses.

„WEITERBAUEN"

1. Preisträger

Jan Philipp Partsch, Technische Universität Darmstadt

Auszug Erläuterungstext

„Analysiert man das Wesen des Schützenhofbunkers genauer, fällt zuerst auf, dass es sich um einen (…) langen, (…) flachen Baukörper handelt. (…) Interessant ist die (…) geringe stadträumliche Präsenz des Bunkers an der Hammer- und an der Wörthstraße. Hier sind es neben Pflanzenbewuchs und Anstrich vor allem die geringe Gebäudehöhe des Bunkers (…) und der direkte Kontakt mit dem, den Bunker weit überragenden Walmdachgebäude an der Hammerstraße, die den sonst skulptural anmutenden Baukörper in seiner Strahlkraft merklich hemmen. (…) Der Entwurf (…) nimmt die (…) Längs- und Quergerichtetheit auf und weist sie jeweils einer Nutzung zu. Auch die vier Eingänge werden somit klar zugeordnet: Ost und Westeingang an den Schmalseiten des Bunkers für (…) eine Quartiersbibliothek. (…) Die beiden Zugänge an der Nordfassade sind in Querrichtung orientiert und werden somit der zweiten Nutzung zugewiesen: sie bilden die Zugänge zum Wohnungsbau im 2.- 4. Obergeschoss.

Die Bibliotheks- /Archivnutzung zeichnet sich durch eine Raumfolge aus Nischen und Kammern aus, die sich dem zentralen Gang angliedern.(…) Zentrum (…) der öffentlichen Nutzung stellt der zweigeschossige Lesesaal mit vier, aus der Bestandswand geschnittenen Oberlichtern dar. (…) Der Wohnungsgrundriss orientiert sich strukturell an der Nord-Süd-Ausrichtung der ehemaligen Schutzzellen (…). Die Großzügigkeit der einzelnen Wohnungen (…) wird durch eine Entwicklung in die Vertikale (…) über (…) Galerieräume sowie großformatige Thermenfenster erreicht. (…) Stadträumlich springen die Wohnungen im Norden von der Attika des Bestandes zurück, (…) im Süden wird der Querschnitt der Bunkerwand als Loggia genutzt (…).

Urteil Preisgericht

Die Strategie im Hinblick auf den bestehenden Denkmalschutz überzeugt in mehrfacher Hinsicht. Die öffentliche Nutzung als Bibliothek lässt den Erhalt des Bestehenden zu und gibt der Stadtgesellschaft einen dauerhaften Bezug zum Gebäude. Die darüberliegende Wohnnutzung besticht durch die Verzahnung aus erlebbaren Räumen innerhalb des Gebäudes mit der neuen darüberliegenden Kubatur, die sich auf die historische Dachplanung bezieht. Das Preisgericht würdigt zudem die hohe gestalterische Qualität der Pläne.

◀
Von oben nach unten:
Modellfoto Situation Lesesaal
Modellfoto Situation Thermenfenster

Ansicht Ost; M | 1:200

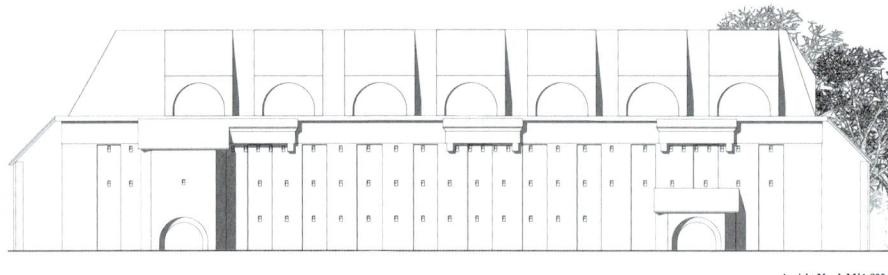

Ansicht Nord; M | 1:200

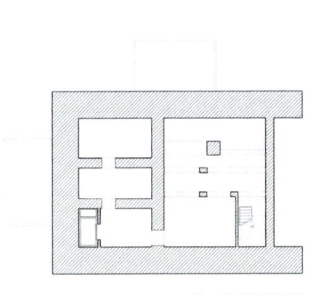

Grundriss KG; M | 1:200

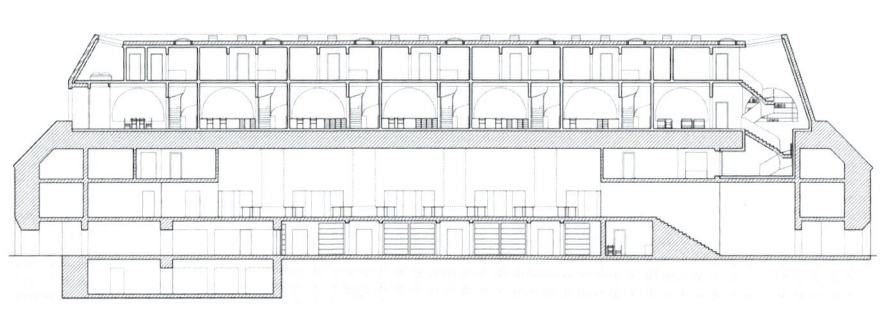

Schnitt C-C; M | 1:200

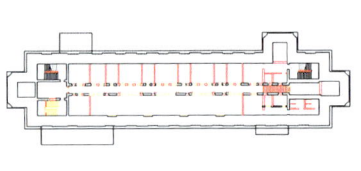

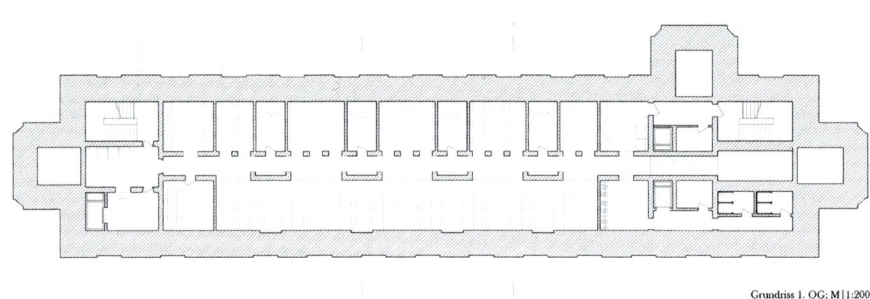

Grundriss 1. OG; M | 1:200

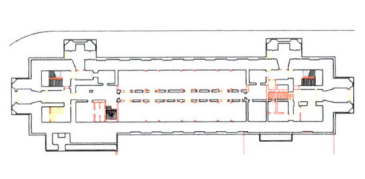

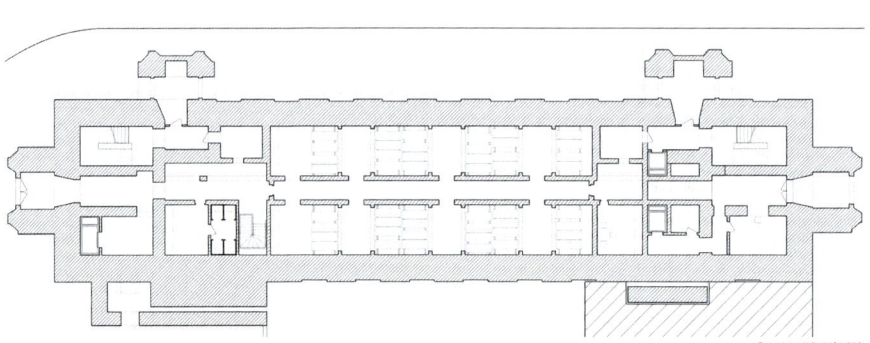

Grundriss EG; M | 1:200

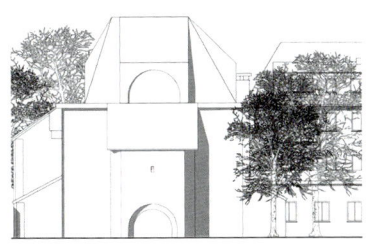

Ansicht West; M | 1:200

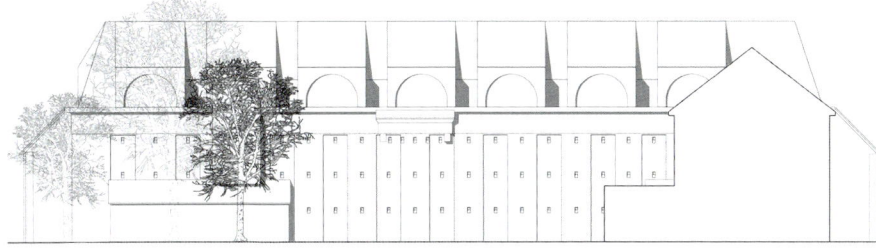

Ansicht Süd; M | 1:200

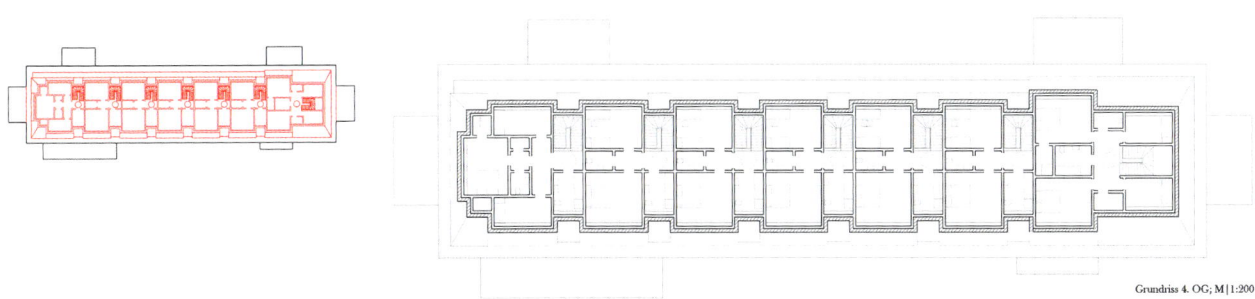

Grundriss 4. OG; M | 1:200

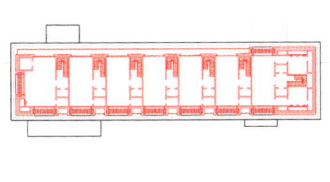

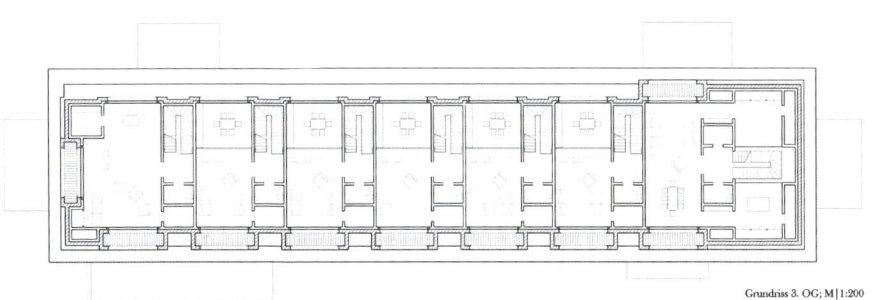

Grundriss 3. OG; M | 1:200

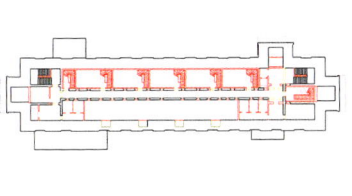

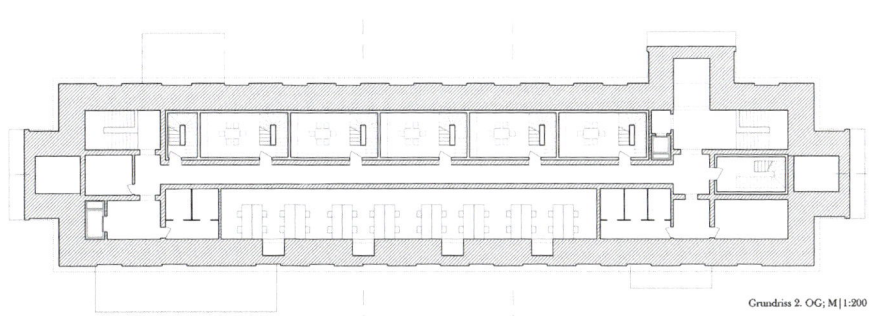

Grundriss 2. OG; M | 1:200

183

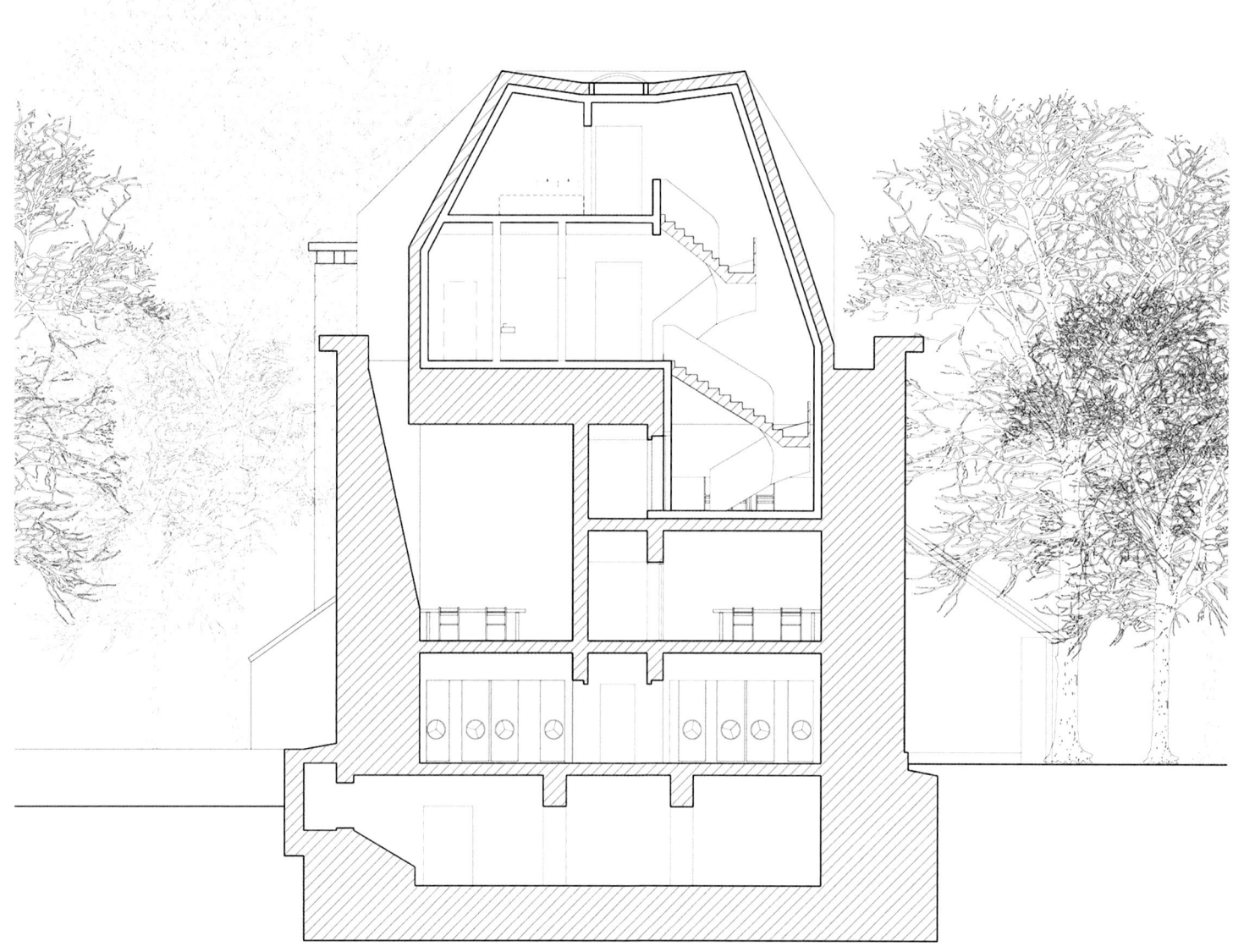

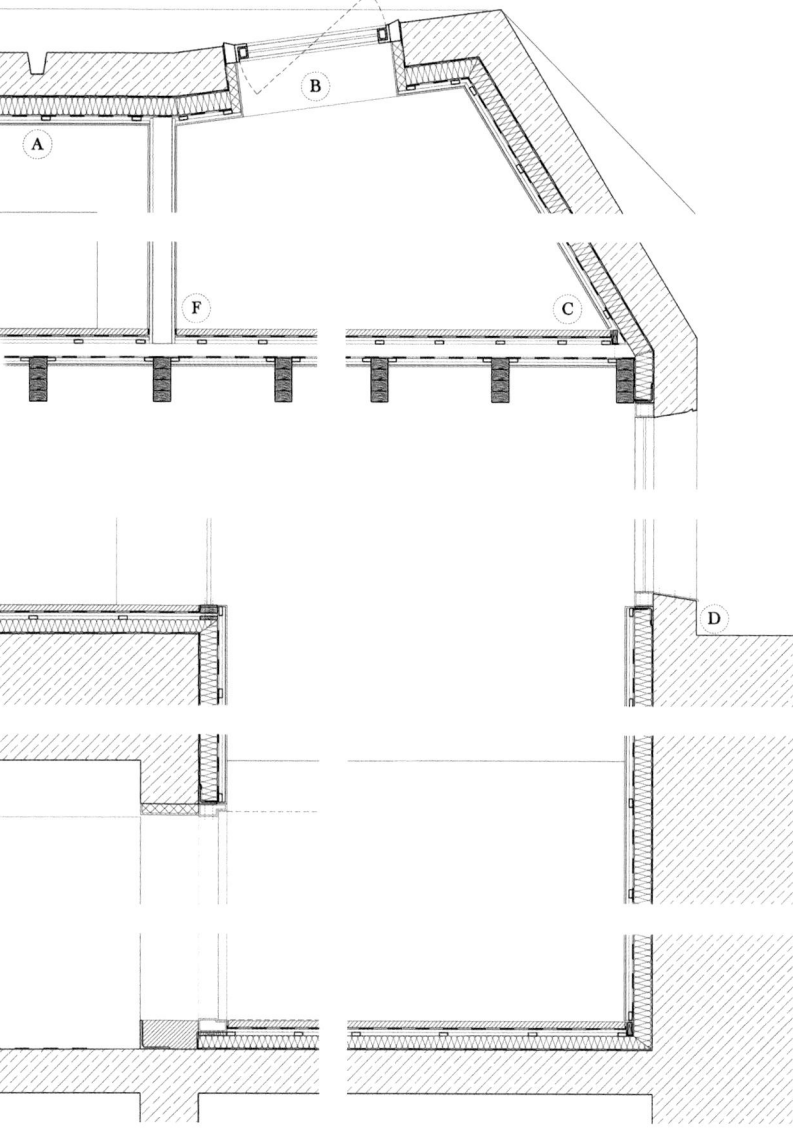

Materialisierung Fassade; M | 1:20

Konstruktiver Vertikalschnitt; M | 1:20

Wandaufbau, Dach: *von innen nach außen*	(A)	- Muschelkalkputz - OSB-Platte - Konterlattung, KVH - Dampfsperre - Sparren, KVH - Mineralwolle - Dampfsperre - WU-Beton, armiert	11 mm 22 mm 24 / 65 mm ca. 1 mm 150 / 80 mm 150 mm ca. 1 mm 300 mm
Wangen, Dachflächenfenster *von innen nach außen*	(B)	- Muschelkalkputz - XPS (resp. Fensterprofil) - Dampfsperre - WU-Beton, armiert	11 mm 75 mm ca. 1 mm 300 mm
Deckenaufbau, wohnungsintern *von innen nach außen*	(C)	- Zementestrich (schwimmend) - OSB-Platte - Konterlattung, KVH - Sparren, KVH - Dampfsperre - Konterlattung, KVH - OSB-Platte - Muschelkalkputz - Untertige, BSH	60 mm 22 mm 24 / 65 mm 150 / 80 mm ca. 1 mm 24 / 65 mm 22 mm 11 mm 300 / 120 mm
Befestigung, Bogenfenster *von innen nach außen*	(D)	Anschlag Stahlwinkel Wasserführung Stahlblech bitum. Kompressionsdichtung	150 / 150 mm 5 mm 10 mm
Detaillierung Loggia *von innen nach außen*	(E)	- Bogenfenster (öffenbar) - Stahlblech - bitum. Kompressionsdichtung - Holzdielen (Lärche) - WU-Beton (armiert) - Flachstahl, gefalzt	125 mm 5 mm 10 mm 35 mm 300 mm 50 / 10 mm

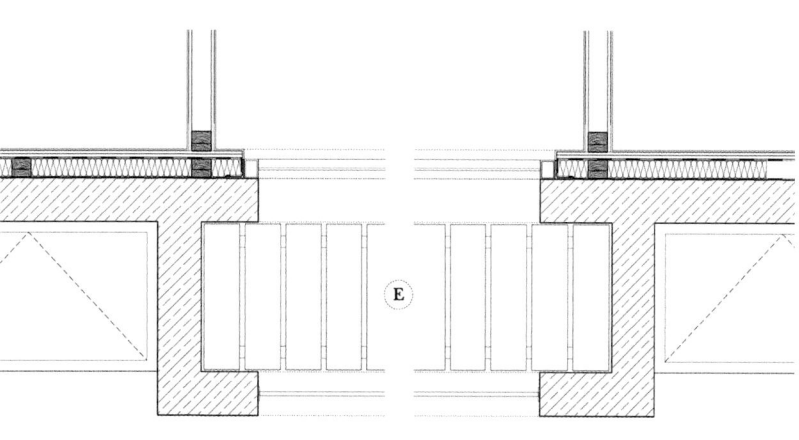

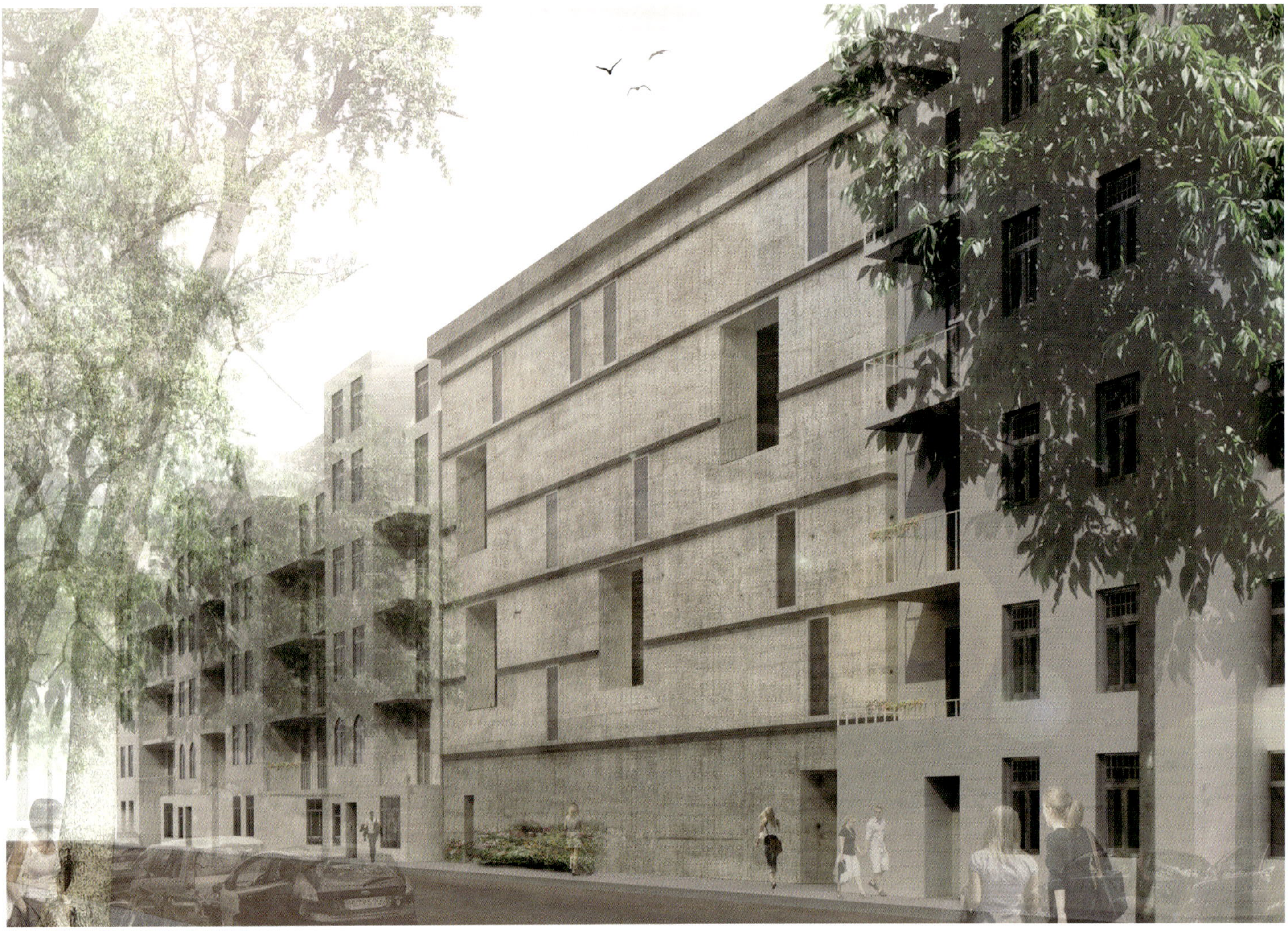

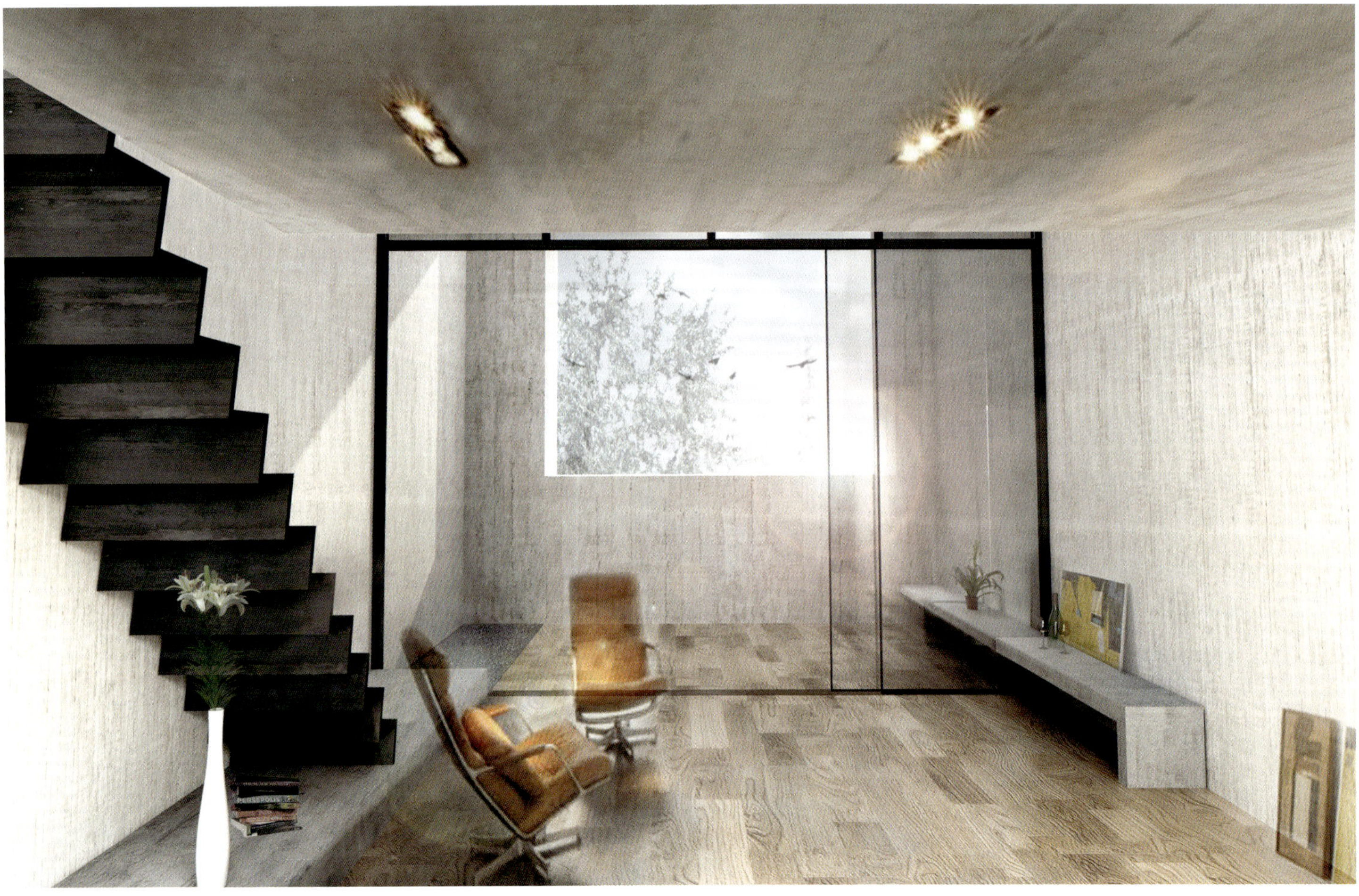

„HOFBUNKER"

2. Preisträger

Sarah Rihm und Mirjam Porfetye, HafenCity Universität Hamburg

Auszug Erläuterungstext

„Der Entwurf (…) basiert auf dem Ansatz möglichst viel der Struktur und des Charakters des Luftschutzbunkers beizubehalten. (…) Das Erdgeschoss dient als Sockelzone, welche neben der Erschließung die Abstellflächen und einen Blumenladen beherbergt. Dabei werden die Bestandswände im Grundriss nicht berührt, sondern die einzelnen neuen Funktionen in die vorhandene Struktur eingebettet. Beide bestehenden Treppenhäuser werden übernommen, jedoch wird das eine Treppenhaus auf einen Treppenlauf reduziert. So lässt sich in den ersten vier Obergeschossen eine Grundrisseinteilung in vier Spuren vornehmen, in denen Maisonettewohnungen angeordnet werden. Die Belichtung (…) erfolgt durch die Ausbildung eines Hofes an der Fassade. Durch einen großflächigen Einschnitt in der Fassade sowie das Zurücksetzen der neuen Glasfassade entstehen Wohnhöfe, die als Erweiterung des Wohnraumes dienen. Auf der anderen Seite gibt es ein bodentiefes Orientierungsfenster (…) Auf einer Galerie im Obergeschoss befinden sich der Schlafbereich sowie das private Badezimmer. Die zurückgesetzte Galerie ermöglicht einen großzügigen Wohnraum sowie eine gute Belichtung der beiden Geschosse mit nur einem Einschnitt. Im fünften Obergeschoss sind zwei größere Etagenwohnungen angeordnet. Diese orientieren sich um zwei Höfe herum, die öffentlichen Funktionen um den größeren Hof und die Schlafzimmer um einen (…) kleineren Hof. Aus der inneren Funktionsstruktur leitet sich die Aufteilung der Fassade ab. In der Grundebene der Bestandsfassade finden lediglich die Einschnitte statt, die neue Fassade wird im Inneren des Bunkers zurückgesetzt angeordnet, die untergeordneten Fenster heben sich durch ein deutliches Aufsetzen von außen von der ursprünglichen Ebene ab."

Urteil Preisgericht

Das Wohnprojekt entwickelt sich konsequent aus der Struktur des Bunkers. Gezielte mehrgeschossige Einschnitte erzeugen Außenräume besonderer Identität. Die Massivität bleibt sowohl im Inneren als auch Äußeren lesbar. Der angemessene Umgang zeigt sich auch in der Erdgeschossnutzung, die trotz der Geschlossenheit der Fassade eine Belebung durch den kleinen Blumenladen erfährt.

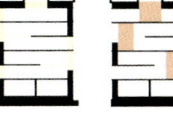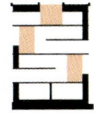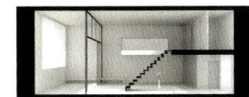

A) Konzeptpiktogramm

◀
Von oben nach unten:
Ansicht von der Straßenseite,
Innenansicht Lichthof

Straßenansicht 1:200

Hofansicht 1:200

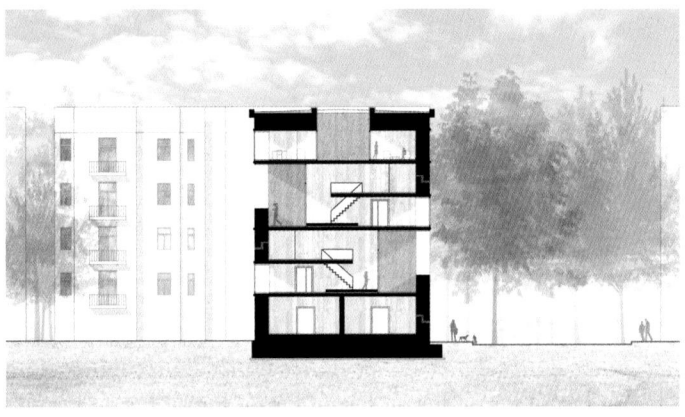

Querschnitt 1:200

Längsschnitt 1:200

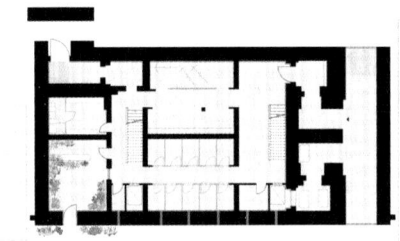

Grundriss Erdgeschoss 1:200

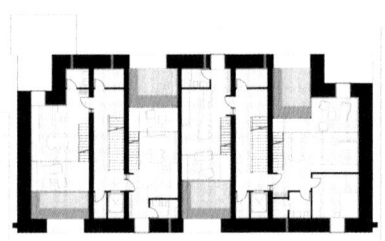

Grundriss 1. Obergeschoss 1:200

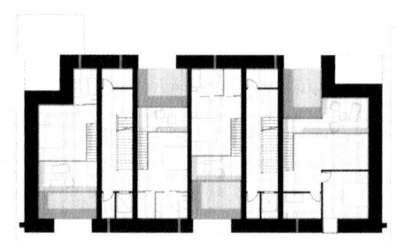

Grundriss 2. Obergeschoss 1:200

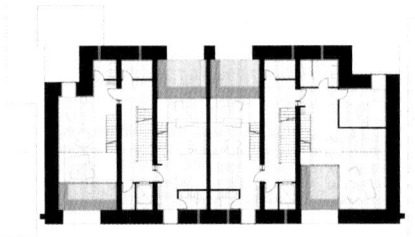

Grundriss 3. Obergeschoss 1:200

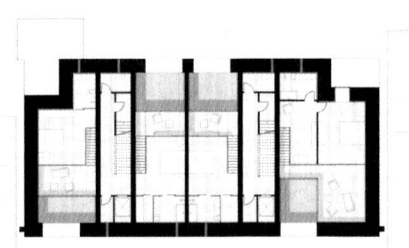

Grundriss 4. Obergeschoss 1:200

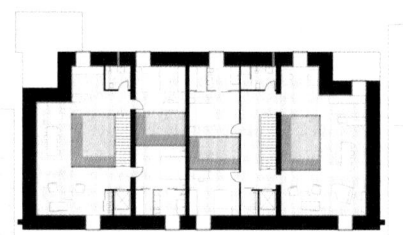

Grundriss 5. Obergeschoss 1:200

Detailansicht 1:20

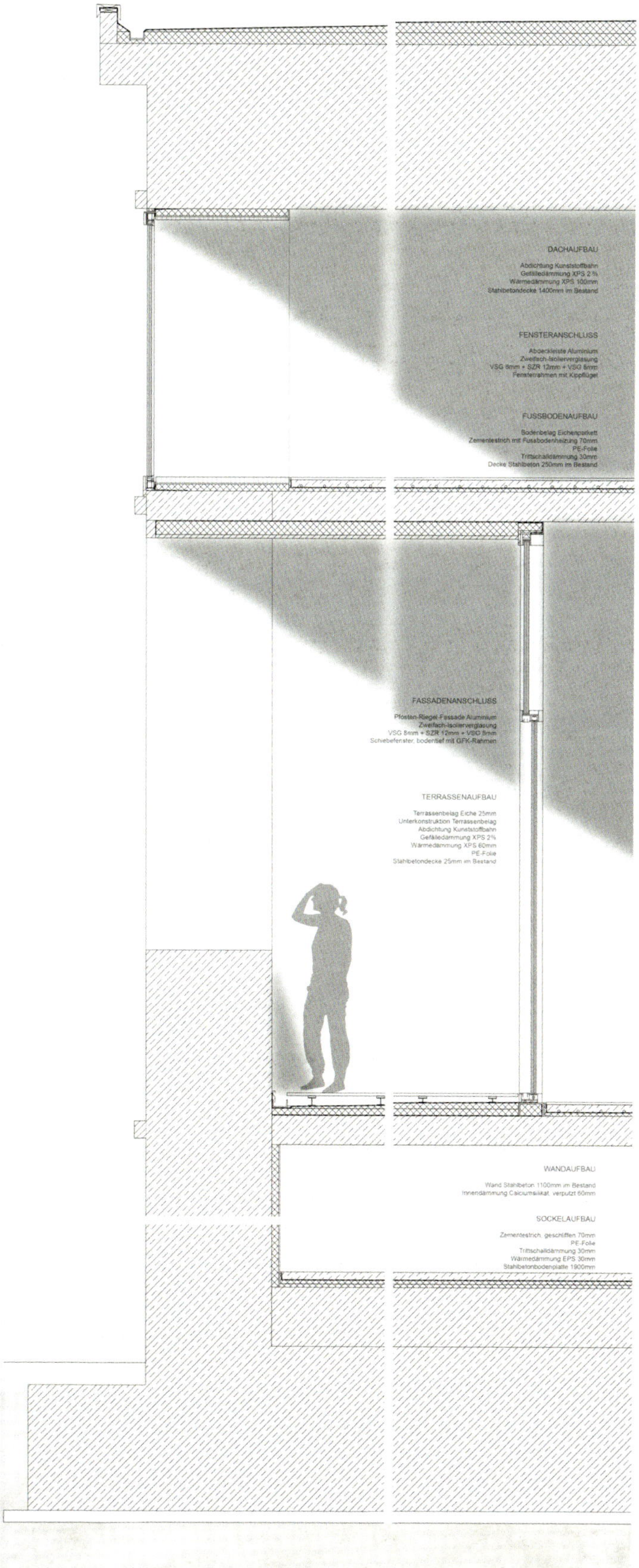

DACHAUFBAU
Abdichtung Kunststoffbahn
Gefälledämmung XPS 2%
Wärmedämmung XPS 180mm
Stahlbetondecke 1400mm im Bestand

FENSTERANSCHLUSS
Abdeckleiste Aluminium
Zweifach-Isolierverglasung
VSG 6mm + SZR 12cm + VSG 8mm
Fensterrahmen mit Kippflügel

FUSSBODENAUFBAU
Bodenbelag Eichenparkett
Zementestrich mit Fussbodenheizung 70mm
PE-Folie
Trittschalldämmung 30mm
Decke Stahlbeton 250mm im Bestand

FASSADENANSCHLUSS
Pfosten-Riegel-Fassade Aluminium
Zweifach-Isolierverglasung
VSG 8mm + SZR 12mm + VSG 8mm
Schiebefenster: bodentief mit GFK-Rahmen

TERRASSENAUFBAU
Terrassenbelag Eiche 25mm
Unterkonstruktion Terrassenbelag
Abdichtung Kunststoffbahn
Gefälledämmung XPS 2%
Wärmedämmung XPS 60mm
PE-Folie
Stahlbetondecke 25mm im Bestand

WANDAUFBAU
Wand Stahlbeton 1100mm im Bestand
Innendämmung Calciumsilikat, verputzt 60mm

SOCKELAUFBAU
Zementestrich, geschliffen 70mm
PE-Folie
Trittschalldämmung 30mm
Wärmedämmung EPS 30mm
Stahlbetonbodenplatte 1800mm

Fassadenschnitt 1:20

„ELEVATED LIVING"

3. Preisträger
Anastasia Alexsejenko, Technische Universität Kaiserslautern

Auszug Erläuterungstext
„Das Projekt (…) schlägt neue Wohnnutzungen in Form eines Mantels aus belichteten Funktionen vor, der sich wie eine neue Haut über den alten Bunkerkern legt. Dieses Konzept löst zwei Probleme: die Frage nach der klimatechnischen Ertüchtigung, die in der Mantelschicht komplett neu behandelt werden kann und die Frage nach dem Umgang mit dem alten Bunkerbestand, der kaum angegriffen werden muss. Lediglich minimalste Öffnungen werden in die Außenwand geschnitten und Teile des Daches entfernt. (…). Die drei neuen Dachgeschosse setzen sich aus konzentrischen Schotten zusammen, die in der Mitte an einem Druckring befestigt sind, fünf Meter auskragen und als drei Geschosse hoher Kragarm, die daran angehängten Mantelgeschosse tragen.

Stadträumlich funktioniert die neue Nutzung als zweite angehobene Ebene (…). Der (…) Haupteingang (…) adressiert einen Ort am kleinen Park vor der gegenüberliegenden Kirche. Eine spannende Raumfolge führt zu der modernisierten Erschließung, die die Großzügigkeit großstädtischer Wohnhäuser aufweist. Die unteren Geschosse werden in ihrer ursprünglichen Struktur als Funktion und Lager für das gesamte Haus (…) genutzt. Die oberen Geschosse, die mit der Mantelschicht umhüllt sind, bieten Maisonettewohnungen (…). Diese bedienen sich des Kniffs, die Erschließung und Bäder in den Bunkerbestand zu legen, sodass nur minimalste Öffnungen in die dicken Wände geschnitten werden müssen und eine maximal belichtete Außenraumschicht darüber erschlossen werden kann. (…)

Die drei Dachgeschosse wechseln die Art der Erschließung und bieten eine Vielzahl variierender kleiner Apartmentwohnungen. Jedes dieser Apartments hat einen kleinen privaten Außenbereich, der sich nach innen zum neuen Dachgarten hin orientiert. Das Haus besitzt außerdem einen Grillplatz am alten Kaminzug im neuen Dachgarten."

Urteil Preisgericht
Das Konzept interpretiert den Bunker als Fundament und Kern für eine neue Wohnnutzung mit maximaler Belichtung und hohem Flächengewinn. Es entsteht eine neue *landmark*, die die überlieferte Substanz im Sockel weiter zeigt.

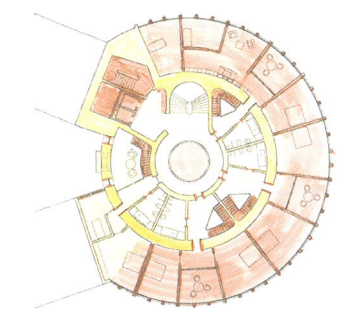

A) Konzeptpiktogramm

◄

Von oben nach unten:
Modellfotos: Ansicht von der Straßenseite,
Innenansicht

Ansicht 1:200

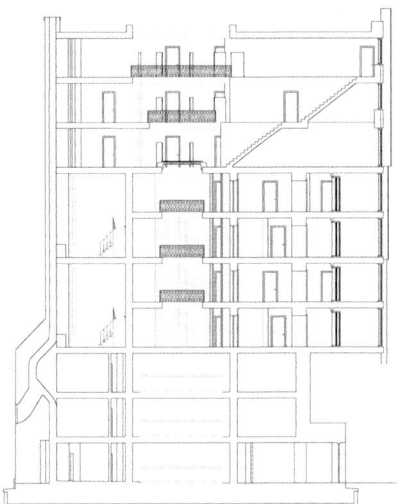

Schnitt 1:200

Ansicht 1:200

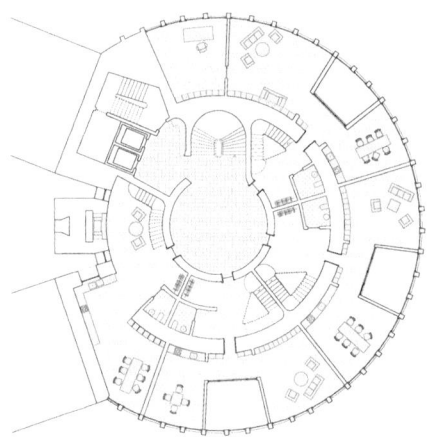

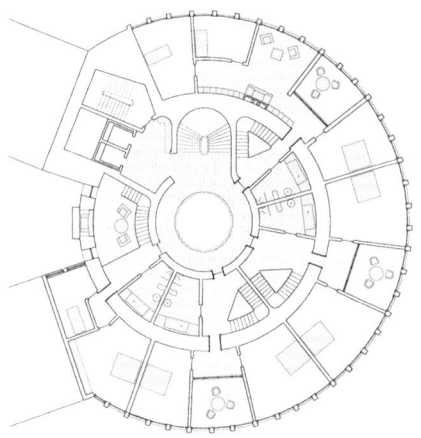

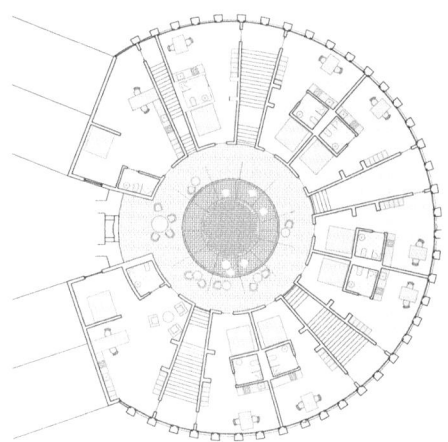

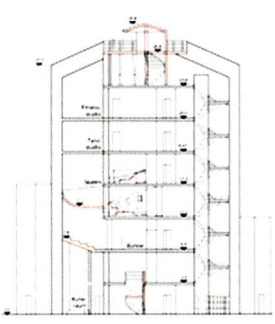

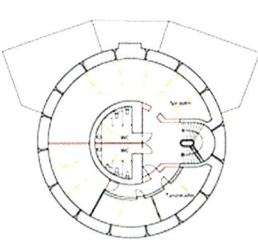

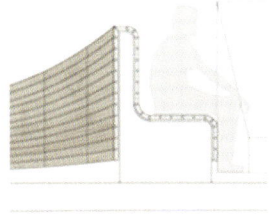

„JUGENDBERG"

Anerkennung

Céline Stadler, Rheinisch-Westfälische Technische Hochschule Aachen

Auszug Erläuterungstext

„Die Untersuchung des Ortes und die Befragung der Anwohner ergab, dass in diesem Stadtteil eine Einrichtung für Jugendliche fehlt. (…) Dies war der Anlass, eine interessante Nutzung speziell für Jugendliche zu planen. Hierbei liegt das Augenmerk auf jenen Aktivitäten, die einer besonderen Raumtopografie bedürfen.

(…) Dieses Konzept arbeitet mit dem Bild eines Berganstiegs. Das Gebäude soll erlebt und durchschritten werden und verfügt daher auch über keinen Aufzug. Betrachtende Besucher besteigen es über die Treppe und werden hin und wieder eingeladen, innezuhalten und gewisse Aussichten zu betrachten. Vom Kern aus geben Öffnungen an interessanten Stellen gerahmte Ausschnitte frei. An mehreren Stellen (…) gelangt man auf Galerien, die einen umfassenden Ausblick erlauben. Diese Übergänge von Kern zu ,Landschaft' liegen bewusst leicht versteckt und nicht auf dem direkten Weg des Betrachters. Schließlich gelangt man auf das Dach und kann von dort in die Umgebung und den umgestalteten Park schauen.

(…) Nicht zuletzt die Lichtsituationen im inneren und äußeren Gebäudeteil zeigen eine klare Unterscheidung zwischen Beobachter und Beobachtetem. Im Kern befinden sich im 3. und 4. Stockwerk ,Landschaften' in Form von Mehrzweckmöbeln, die sich über den gesamten Raum erstrecken und zum einen zu den Öffnungen lenken, zum anderen Möglichkeiten zum Verweilen bieten."

Urteil Preisgericht

Der Jugendberg als Begegnungsstätte lässt den Bunker nahezu unverändert in seiner äußeren Erscheinung. Mit wenigen Eingriffen werden neue Nutzungen ermöglicht (Klettern, Skaten, Sprayen). Die runde Typologie des Gebäudes wird in einer spiralförmigen Abfolge unterschiedlicher Raumqualitäten erlebbar.

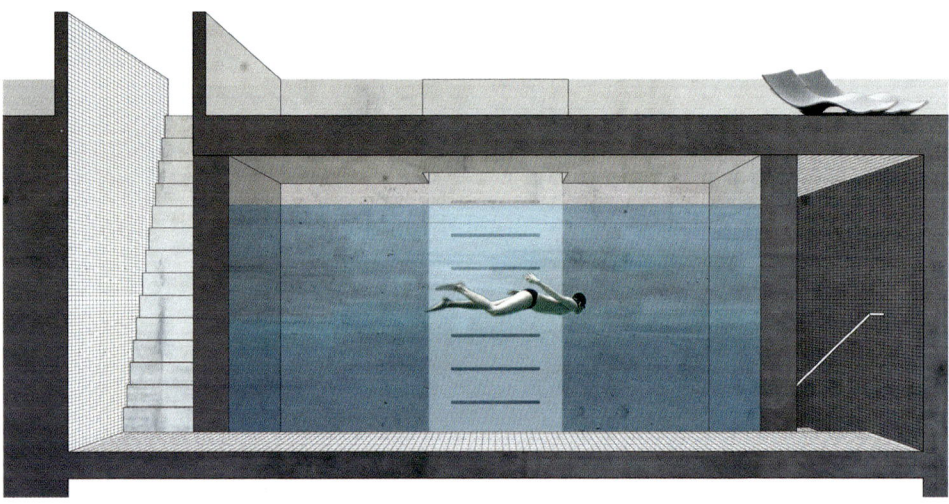

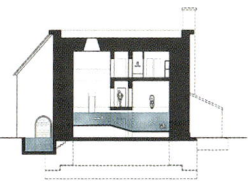

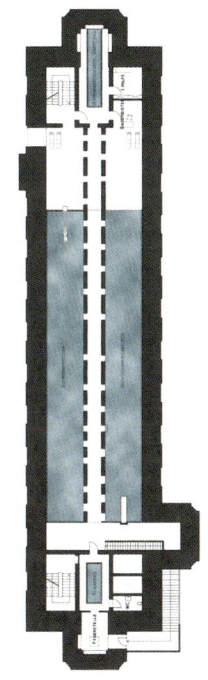

„MYSTIK BAD"

Anerkennung
Alina Kretschmer, Rheinisch-Westfälische Technische Hochschule Aachen

Auszug Erläuterungstext
„Das Mystik Bad ermöglicht jedem Besucher einen einzigartigen Aufenthalt, der durch eine geheimnisvolle Atmosphäre und Überraschungen geprägt ist. (…) Verschiedene Arten von Becken versetzen den Besucher immer wieder in eine andere Stimmung. Die Belichtung erfolgt meist indirekt (…), um eine mystische Stimmung zu generieren und wenige inszenierte Ausblicke zu schaffen. (…) Der Bunker soll in seiner ursprünglichen Nutzung noch erkennbar bleiben. Dies gelingt unter anderem durch den Erhalt der langen Korridore (…). Im zweiten Obergeschoss als Galerie ausgebildet, dienen sie der Erschließung der Umkleiden und im ersten Obergeschoss trennen und erschließen sie das Schwimmer- und Nichtschwimmerbecken (…), die sich unter dem aufgeständerten Steg miteinander verbinden, um die maximale Schwimmfläche zu erhalten. Da der Anbau im Erdgeschoss über eine Verbindung zum Keller verfügt, die früher ein Technikschacht war, entsteht dort ein labyrinthartiger Weg, der in einem Solebad endet, welches über eine andere Treppe verlassen werden kann. Der Außenbereich verbindet die zur Straße gelegenen Anbauten durch einen Schwimmweg, welcher an zwei weitere Erschließungssyteme geknüpft ist. So kann jeder Besucher auf seinem Weg durch das Schwimmbad immer wieder Neues entdecken und wird ungewohnten Situationen ausgesetzt."

Urteil Preisgericht
Die Nutzung als Schwimmbad wird als angemessener Vorschlag für die Form des Bunkers angesehen. Gleichzeitig bleibt die Erscheinung unverändert und die Atmosphäre im Innen- und Außenraum stellt eine identitätsstiftende Besonderheit dar. Die Eingriffe im Inneren sind jedoch massiv.

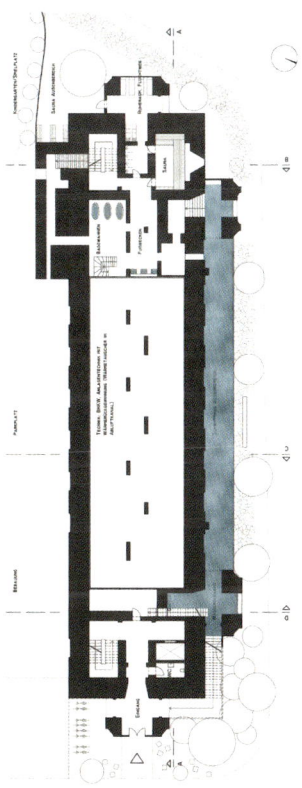

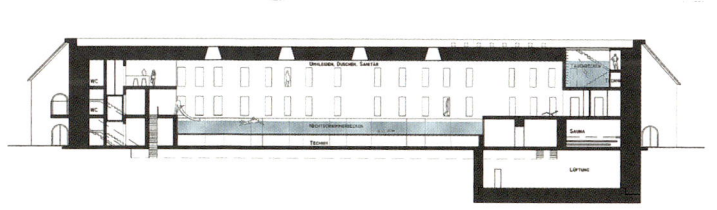

ANHANG

A	B	C
D	E	
	F	G
H	I	J
K	L	
M	N	O

Seite 35, 41, 45, 47

Karte NRW
erstellt auf Basis der „Deutschlandkarte" von kajot
www.vecteezy.com/map-vector/28374-deutsch-
landkarte-germany-map-vector, unter einer Creative Commons-Lizenz lizenziert http://creativecom-
mons.org/licenses/by/3.0/

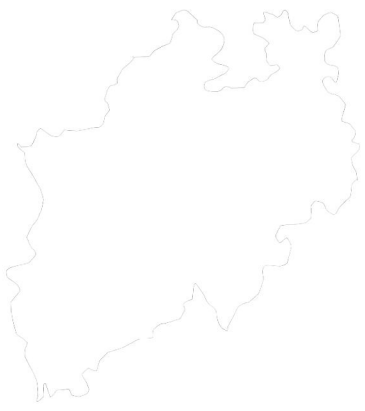

Seite 46

A) 47798 Krefeld, Seyffahrtstraße (as)
B) 45968 Gladbeck, Uferstraße (as)
C) 59065 Hamm, Feidikstraße (as)
D) 44137 Dortmund, Faßstraße (al)
E) 44866 Bochum, Bahnhofstraße (as)
F) 45899 Gelsenkirchen, An-der-Friedweide (as)
G) 45968 Gladbeck, Bohnekampstraße (as)
H) 45701 Herten, Ackerstraße (as)
I) 51061 Köln, Pützlachstraße (as)
J) 42897 Remscheid, Wallstraße (as)

A	B
C	D
E	F
G	H
I	J

Seite 68

A) 53129 Bonn, Quirinusplatz (as)
B) 42859 Remscheid, Stahlstraße (as)
C) 59065 Hamm, Feidikstraße (as)
D) 51373 Leverkusen, Carl-Duisberg-Straße (as)
E) 46238 Bottrop, Mathias-Stinnes-Platz (as)
F) 47055 Duisburg, Nikolaistraße (as)
G) 42855 Remscheid, Rudloffstraße (as)
H) 59065 Hamm, Widumstraße (as)
I) 44625 Herne, Langekampstraße (as)

A	B	C
D	E	F
G	H	I

Seite 69

A) 47228 Duisburg, Hüttenstraße (as)
B) 42859 Remscheid, Bliedinghauserstraße (as)
C) 48161 Münster, Wörthstraße (as)
D) 44627 Herten, Mühlhauser-Straße (as)
E) 51061 Köln, Pützlachstraße (as)
F) 45968 Gladbeck, Bohnekampstraße (as)
G) 41464 Neuss, Berghäuschensweg (as)
H) 41460 Neuss, Adolf-Flecken-Straße (as)
I) 44137 Dortmund, Faßstraße (al)

A	B	C
D	E	F
G	H	I

Seite 70

A) 48145 Münster, Johanniterstraße (as)
B) 46240 Bottrop, Eigener Markt (as)
C) 44866 Bochum, Günnigfelder-Straße (as)
D) 45888 Gelsenkirchen, Emmastraße (as)
E) 45968 Gladbeck, Uferstraße (as)
F) 51061 Köln, Pützlachstraße (as)
G) 45143 Essen, Körnerstraße (as)

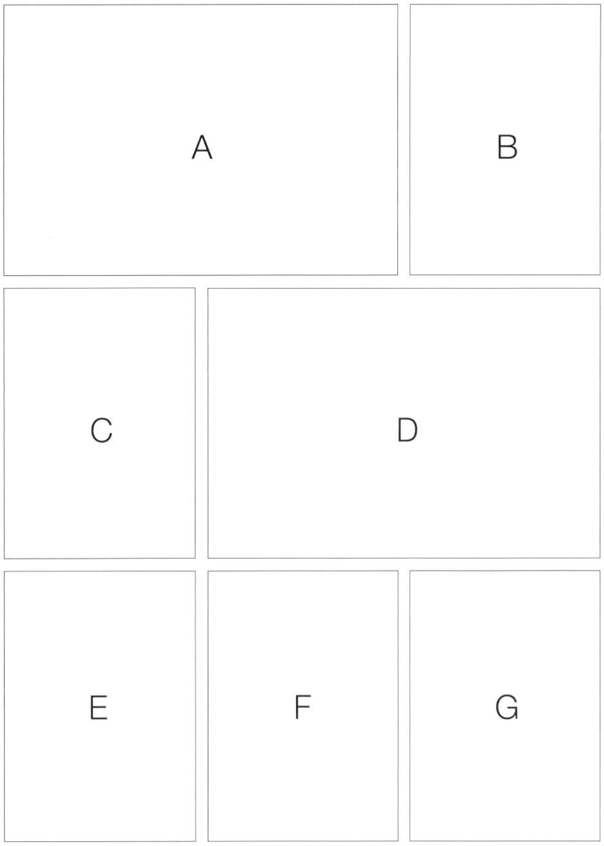

Seite 71

A) 41460 Neuss, Adolf-Flecken-Straße (as)
B) 40223 Düsseldorf, Aachener-Straße (as)
C) 59065 Hamm, Südring (as)
D) 40597 Düsseldorf, Paulsmühlenstraße (as)
E) 45879 Gelsenkirchen, Steinmetzstraße (as)
F) 59071 Hamm, Vorheider-Weg (Peter L. Schmitz)
G) 44866 Bochum, Bahnhofstraße (as)

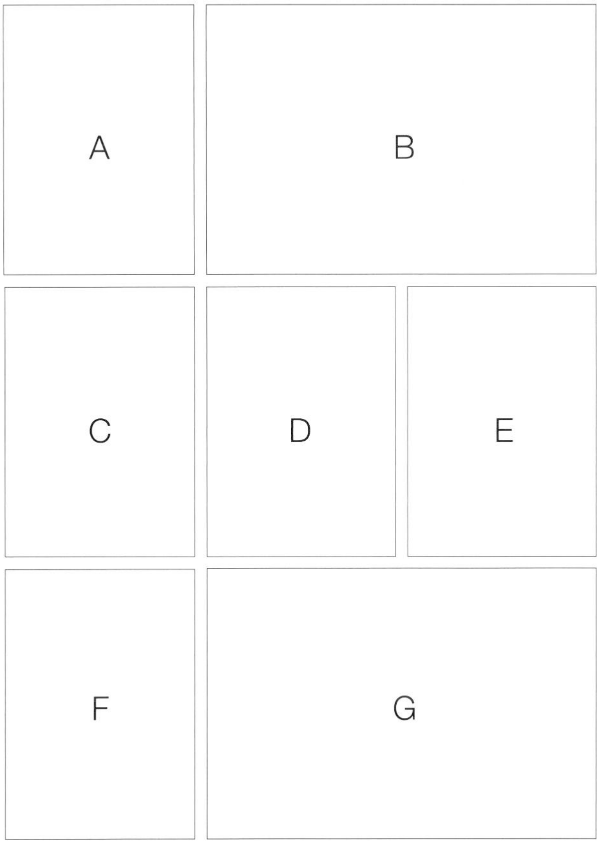

Seite 72

A) 47799 Krefeld, Oppumer Straße (as)
B) 44143 Dortmund, Hallesche Straße (as)
C) 47055 Duisburg, Eberstraße (as)
D) 46238 Bottrop, Mathias-Stinnes-Platz (as)
E) 47058 Duisburg, Zieglerstraße (as)
F) 47057 Duisburg, Kammerstraße (as)

Seite 73

A) 53111 Bonn, Windeckstraße (as)
B) 44627 Herten, Mühlhauserstraße (as)
C) 59063 Hamm, Ostenallee (as)
D) 59065 Hamm, Widumstraße (as)
E) 44137 Dortmund, Faßstraße (as)
F) 45721 Haltern, Schulstraße (as)

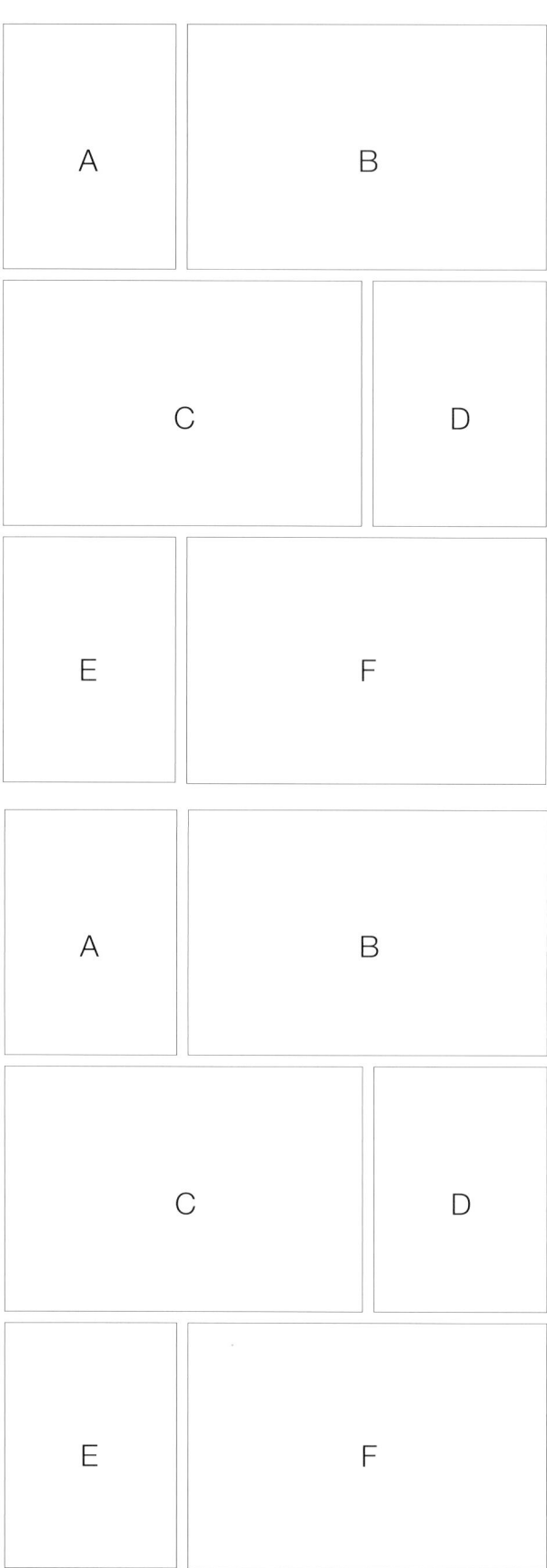

(Weiterführende) Literatur

Adamschewski, Dirk: „Der Schützenhofbunker in Münster in den Kriegsjahren", in: *Schon fast vergessen. Alltag in Münster 1933–1945* (hg. Heinz-Ulrich Eggert). Münster 1994

Brugman: „Baustab Speer im Luftschutz", in: *Baulicher Luftschutz* 1/1942 (1. Jg.), S. 4f.

Ernst, Wolfgang: *Über Lebensorte. Bunker in Braunschweig von der Planung bis zur Gegenwart*. Braunschweig 2007

Fachverband Bohren und Sägen Deutschland e.V., Zeitschriftenreihe *Der Betonbohrer*

Fehlauer, Michael/Rethfeld, Stefan: „Hochbunker in Münster" (Broschüre). Münster 2013

Friedrich, Jörg: *Der Brand. Deutschland im Bombenkrieg 1940–1945*. München 2002

Foedrowitz, Michael: *Bunkerwelten. Luftschutzanlagen in Norddeutschland*. Berlin 1998

Ders.: „Beten in Beton – Der Luftschutzbunkerbau in Deutschland 1940–1945", in: *monumentum.magazin*, 18.03.2014; http://momentum-magazin.de/de/beten-in-beton-der-luftschutzbunkerbau-in-deutschland-1940-1945/ (20.04.2015)

Ders.: *Luftschutztürme und ihre Bauarten, 1934 bis heute*. Wölfersheim-Berstadt 1998

Hampe, Erich: *Der zivile Luftschutz im zweiten Weltkrieg: Dokumentation und Erfahrungsberichte über Aufbau und Einsatz*. Frankfurt am Main 1963

Hampel, Andrea: *Hochbunker in Frankfurt am Main*. Frankfurt am Main 2012

Heinemann, Andrea/Zieher, Heike: „Bunker update", Lemgo 2008

Hinz, Lothar: *Mahnmale in Beton. Luftschutzbunker in Hannover*. Uelvesbüll 2011

Kaule, Martin: *Bunkeranlagen. Gigantische Bauten in Deutschland und Europa*. Augsburg 2013

Kimpel, Harald (Hg.): *Innere Sicherheit - Bunkerästhetik*. Marburg 2006

Lammers, Joseph: „Luftschutzeinrichtungen", in: *Denkmalpflege und Architektur in Westfalen 1933–1945* (hg. Edeltraud Klueting) Münster 1995, S. 86–88

Luftschutz durch Bauen. Zusst. aus Veröffentlichungen der *Bauwelt*. Berlin 1939

Maehler, Wilfried: *Luftschutz in Bochum. Luftschutz und Luftschutzbauten in Bochum*. Bochum 2004

Marszolek, Inge/Buggeln, Marc (Hg.): *Bunker. Kriegsort, Zuflucht, Erinnerungsraum*. Frankfurt am Main 2008

Mertens, Melanie: „Unbequeme Kolosse. Hochbunker in Mannheim", in: *Denkmalpflege in Baden-Württemberg* 2011

Plate, Ulrike: „Öffentlicher Luftschutzbau in Mönchengladbach", in: *Denkmalpflege im Rheinland* 1993, S. 163–171

Purpus, Elke/Sellen, Günther B.: *Bunker in Köln.* Essen 2006

Schmal, Helga/Selke, Tobias: *Bunker, Luftschutz und Luftschutzbau in Hamburg*. Hamburg 2001

Schoszberger, Hans: *Bautechnischer Luftschutz: Grundsätze des bautechnischen Schutzes gegen Fliegerbomben bei der Landesplanung, beim Aufbau der Gebäude und beim Schutzraumbau.* Berlin 1934

Schrader, Hermann: „Über die Planung von LS.-Bunkern des LS.-Führerprogramms. Rückschau und Ausblick", in: *Baulicher Luftschutz,* Heft 5, (7. Jg.) 1943, S. 74–103

Virilio, Paul: *Bunkerarchäologie*. München 2011

Welzbacher, Christian: *Bunker – Expeditionen zum Nullpunkt der Moderne.* Berlin 2013

Wenk, Silke (Hg.): *Erinnerungsorte aus Beton. Bunker in Städten und Landschaften*. Berlin 2001

Bunker beleben

Bundesanstalt für
Immobilienaufgaben

Bundesanstalt für Immobilienaufgaben –AöR–
Herausgeber
Ellerstrasse 56, D-53119 Bonn

Jörg Musial
Leiter Sparte Verkauf

Michael Odenthal
Leiter Zentrales Marketing

Lars Drewes
Zentrales Marketing

technische universität
dortmund

Technische Universität Dortmund
Fakultät Architektur und Bauingenieurwesen
Lehrstuhl Grundlagen und Theorie der Baukonstruktion
August-Schmidt-Straße 6, GB I, D-44227 Dortmund

Paul Kahlfeldt (pk)
Univ.-Professor, Dr.-Ing.
Petra und Paul Kahlfeldt Architekten

Alexandra Schmitz (as)
Dipl.-Ing. Architektin, Projektleitung
Wissenschaftliche Mitarbeiterin
asdfg Architekten
Loeper Schmitz Grenz Partnerschaftsgesellschaft

Anna-Lena Letsch (al)
B. Sc. Architektur
Wissenschaftliche Hilfskraft

Gastautorin

Dr. Anke Kuhrmann
Landschaftsverband Westfalen-Lippe (LWL)
Amt für Denkmalpflege, Landschafts- und Baukultur in Westfalen,
Referentin in der Inventarisation, Betreuung des Erfassungs- und
Bewertungsprojektes zu den Hochbunkern des Zweiten Welt-
kriegs in Westfalen.

Dank

Ohne die Unterstützung der hier im Buch gezeigten Büros und der Fotografen, die uns ihr Material zur Verfügung gestellt haben, hätte ein entscheidender Teil gefehlt. Allen, die das Kapitel Umnutzung so umfangreich haben werden lassen, danken wir für ihren Aufwand. Besonders Rainer Mielke hat durch seine Erfahrung viele Hinweise geben können. Dank gilt auch Bianca Streicher, Constantin P. Schmitz, Peter L. Schmitz, Ulrich Grenz und Wilhelm Schmitz für ihre logistische und inhaltliche Unterstützung beim Zustandekommen dieses Projektes.

Impressum

© 2015 by jovis Verlag GmbH
Das Copyright für die Texte liegt bei den Autoren.
Das Copyright für die Abbildungen liegt bei den Fotografen
bzw. bei den Inhabern der Bildrechte.

Alle Rechte vorbehalten.

Umschlagmotiv: Alexandra Schmitz
Gestaltung und Satz: Alexandra Schmitz
Herstellung: jovis: Susanne Rösler
Lithografie: Bild1Druck, Berlin
Druck und Bindung: DZS Grafik, d. o. o., Ljubljana

Bibliografische Information der Deutschen Nationalbibliothek
Die Deutsche Nationalbibliothek verzeichnet diese Publikation in der Deutschen Nationalbibliografie; detaillierte bibliografische Daten sind im Internet über http://dnb.d-nb.de abrufbar.

jovis Verlag GmbH
Kurfürstenstraße 15/16
10785 Berlin

www.jovis.de

jovis-Bücher sind weltweit im ausgewählten Buchhandel erhältlich. Informationen zu unserem internationalen Vertrieb erhalten Sie von Ihrem Buchhändler oder unter www.jovis.de.

ISBN 978-3-86859-363-1